《经济大趋势系列》

中国城市大趋势

未来10年的超级新格局

凯风 著

清华大学出版社
北京

本书封面贴有清华大学出版社防伪标签，无标签者不得销售。
版权所有，侵权必究。举报：010-62782989，beiqinquan@tup.tsinghua.edu.cn。

图书在版编目(CIP)数据

中国城市大趋势：未来10年的超级新格局 / 凯风著. —北京：清华大学出版社，2021.12（2022.7重印）
（经济大趋势系列）
ISBN 978-7-302-59629-5

Ⅰ.①中… Ⅱ.①凯… Ⅲ.①城市发展－研究－中国 Ⅳ.① F299.2

中国版本图书馆 CIP 数据核字 (2021) 第 239698 号

责任编辑：顾　强
装帧设计：方加青
责任校对：王凤芝
责任印制：曹婉颖

出版发行：	清华大学出版社
网　　址：	http://www.tup.com.cn，http://www.wqbook.com
地　　址：	北京清华大学学研大厦A座　邮　编：100084
社 总 机：	010-83470000　邮　购：010-62786544
投稿与读者服务：	010-62776969，c-service@tup.tsinghua.edu.cn
质 量 反 馈：	010-62772015，zhiliang@tup.tsinghua.edu.cn
印 装 者：	三河市国英印务有限公司
经　　销：	全国新华书店
开　　本：	148mm×210mm　印　张：11.125　字　数：268千字
版　　次：	2022年1月第1版　印　次：2022年7月第6次印刷
定　　价：	79.00元

产品编号：093734-01

序言

十年河东,十年河西。

每隔十年,城市格局都会为之一变。1978年之前,重工业城市一枝独秀,东北经济雄冠全国;20世纪80年代,改革大幕拉开,沿海城市借对外开放政策迅速站稳跟脚,与内陆中心城市分庭抗礼;20世纪90年代,"春天的故事"唱响大江南北,长三角、珠三角齐头并进,"世界工厂"的雏形初显;21世纪头十年,随着中国加入世界贸易组织(WTO),外贸空前繁荣,沿海贸易城市步入黄金发展年代;21世纪第二个十年,"四万亿"投资带动基建飙升,消费升级促进内需崛起,产业转型助力高新产业腾飞,从外贸驱动转向投资驱动再到消费驱动、创新驱动,超大、特大城市领先优势凸显。

步入21世纪第三个十年,中国GDP体量已跻身世界第二,成为全球第二大消费市场、第一贸易大国,数十个城市跻身世界城市之列,北上广深港的影响力遍及全球。然而,世界正经历百年未有之大变局,面对新的国内外形势,高质量发展、以人为本的新型城镇化、科技自立自强、国内国际双循环、共同富裕等成为新时期的关键词,城市格局将随之发生怎样的大洗牌?

在我们看来,至少有以下几个趋势值得注意。

1. 广州、深圳不会跌出一线城市

自一线城市概念出现以来，挑战一线城市，就成为诸多强二线城市的雄心壮志。最近几年，"北上深杭"取代"北上广深"、"北上深重"取代"北上广深"等说法不绝于耳，广州、深圳乃至上海都成了挑战对象。

京沪相对超然，一个是首都，汇聚全国资源，另一个是国际经济中心和金融中心，地位稳固。广深则会成为强二线城市的重点"挑战"对象，但两城的一线城市之位不会轻易跌落。两城率先进行新旧动能转换，步入高质量发展阶段，为长期增长积蓄更大能量，而且广深还拥有粤港澳大湾区这一世界级城市群的强劲支撑。未来，粤港澳三地深度融合是大势所趋，这一局面会进一步巩固广深的领先优势。不难预测，新一线城市竞争无论如何激烈，短期都难以对一线城市构成实质性挑战。

2. 一省一城，"强省会"时代到来

"中心城市和城市群正在成为承载发展要素的主要空间形式"，这是官方对于经济发展空间结构变迁的高度概括。因此，"增强中心城市和城市群等经济发展优势区域的经济和人口承载能力"势必成为大方向，而"强省会"战略正是在这种背景下孕育而生的。

省会，本就是行政、经济、交通、教育、医疗、文化和科创中心，天然就有做大的底气。再加上中心城市、都市圈、城市群战略的日益凸显，通过做大"强省会"参与区域竞争就成为各省的普遍选择。成都、武汉、西安等众多强省会城市在经济发展、产业布局以及一些重大战略中的崭露头角，让其他地区看到了强省会的现实必要性。

"十四五"期间，南京、济南、福州、昆明、贵阳、南宁、南昌、太原等省会（首府）已将做大省会城市纳入重要规划，并出台一系

列政策提升省会城市的"首位度"和影响力。而合并周边地市、撤县（市）设区、竞争国家中心城市、提升城市能级、做强支柱产业、做大以省会为中心城市的都市圈等，将成为主要的政策选择。

3. 经济重心南移，南北差距取代东西差距

长期以来，以胡焕庸线为标志，东西差距始终是我国区域经济面临的重大课题。但随着西部大开发等战略的推进，东西差距呈收缩之势。与此同时，南北差距则不断扩大，"南北差距"取代"东西差距"正在变成现实。

唐宋以降，全国经济重心就在持续南移。这一趋势在计划经济时期一度被打断，北方借助资源优势大力发展重工业，在全国经济版图中的比重一度接近50%。但随着市场化改革和对外开放的持续推进，南北经济差距不断拉大，经济重心向南方转移呈现加速之势。数据显示，1978年，南北地区经济总量占全国比重分别为53.7%、46.3%，差距仅为7.4个百分点。到了2020年，南方经济比重上升到64.8%，北方经济比重进一步降低到35.2%，差距扩大到29.6个百分点，达到历史之最。

南北差距扩大，是自然地理、气候环境、产业转型、人口流动、营商环境差异等一系列因素共同作用的结果。基于产业升级、创新驱动和人口流动的现实，未来南方差距扩大势头或许会有所收缩，但短期难以逆转。

4. 扩张、收缩并存，中小城市"鹤岗化"

鹤岗是东北重要的能源工业城市之一。这个城市因资源枯竭、人口外流、房价跌破"白菜价"而多次上了热搜，被视为收缩型城市的代表。未来，大量中小城市"鹤岗化"恐怕是难以避免的趋势。

收缩与扩张相对，收缩型城市，普遍面临经济增速放缓、支柱产业衰退、人口持续流失、部分区域"空心化"等问题。在以"做大蛋糕"为主的过去时代，几乎所有城市都能从高速增长中获益，扩张是主旋律。如今，随着经济步入新常态，人口高增长成为过去式，部分城市或因资源枯竭，或因地理位置偏远，或因产业结构不合理，或因大城市虹吸效应的存在，从而面临收缩的命运。

统计显示，2010—2020年，在除直辖市之外的333个地级行政区中，184市实现人口增长，149市出现下降。下降城市主要来自东北、中部地区和西北，其中，偌大的东北地区只有沈阳、大连、长春三市正增长，其他30多个地级市全部负增长。这种趋势，在未来还会进一步加剧。为此，国家层面多次提出"收缩型城市要瘦身强体"，及时转变增量规划思维，严控增量，盘活存量，引导人口和公共资源向城区集中。

5. 大城大圈，抱团竞争取代单打独斗

过去的区域竞争多数都是城市之间的单打独斗。但随着城市群、都市圈战略的推出，抱团竞争有望变成主流，而都市圈规模和实力也将成为衡量城市综合实力的重要指标之一，许多中小城市借助都市圈得以共享中心城市的发展成果。

都市圈以"1小时通勤圈"为基本特征，以同城化为发展目标的空间格局。广佛肇、深莞惠、苏锡常、南京都市圈等均为相对成熟的现代化都市圈，成员城市地缘相近、文化相通、人缘相亲，地理边界几近消失，产业协同化发展，人口流动频繁，跨城通勤群体众多，由此带动一体化发展。

目前，都市圈交通一体化发展基本成形，跨城地铁、城轨基本成网。未来，都市圈将向产业集群协同发展、公共服务均等化、户

籍互认、规划一体化、土地指标互认等方向发展，都市圈将会变成更大意义上的城市，从而提升城市竞争的层级和能量。届时，衡量城市综合实力的，将不再是单个城市的发展成果，而是整个都市圈的竞争力。

6. 陆权复兴，内陆城市重回高光时代

长期以来，以海洋为主的国际贸易体系形成了"海权至上"的竞争模式，谁靠近港口，谁就靠近国际市场，这是我国沿海城市得以迅速崛起的重要逻辑。然而，随着国际局势变迁，"一带一路"倡议和国内大循环战略先后登场，陆权开始复兴，内陆城市即将重回高光时代。

内陆复兴，首先得益于以"八纵八横"高铁网、国际航空枢纽为代表的国家综合立体交通体系的完善，提升了内陆城市的通达性，带动"全国123出行交通圈"和"全球123快货物流圈"的形成，而中欧班列借助新亚欧大陆桥将内地生产的货物输送到世界各地，内陆城市得以蜕变成开放前沿。而以互联网为代表的数字经济等新型基础设施的完善，更是抹平不同地区之间的差距。同时，内陆地区人口众多，且拥有超大规模市场，这为国内大循环战略的推进提供了强大助力。

陆权复兴，国内大循环成为主体，沿海贸易城市势必面临转型，而内陆城市则叠加了产业转移、人口回流、内需驱动、内陆开放、国家综合交通体系完善多重利好，经济增速有望跑赢沿海地区，重回高光时刻。

7. 人口拐点将至，抢人大战白热化

"少子化＋老龄化"将是我国人口形势面临的长期基本面。一

边是出生率持续走低，出生人口很有可能跌破千万大关；另一边是老龄化率不断攀升，积极应对人口老龄化已经上升为国家战略。在不远的将来，年度出生人口或低于死亡人口，全国人口数十年来首次面临负增长的历史性拐点。

虽然二孩政策、三孩政策先后放开，取消社会抚养费迅速落地，但短期恐怕难以扭转这一趋势。"低生育"的形成，并非单纯由政策所导致，而是社会进步、观念变迁以及生育养育成本高企等一系列因素带来的结果。松绑生育限制乃至出台鼓励性政策都不可或缺，但刺激生育不是一日之功，扭转生育趋势需要更长的时间和更大的努力。

"少子化+老龄化"的人口格局影响深远。一方面，劳动力红利不复存在，依赖劳动力密集型产业的城市必然面临转型升级的压力，能否迈过这一关很大程度上决定着城市的发展未来；另一方面，当人口从高增长步入低增长乃至负增长时代，人口早已不再被视为负担，而是资源和财富，抢人大战的爆发就有了必然性，而争抢的不只是高学历人才，还有劳动力人口。

这种人口格局，已经带动户籍制度的全面松绑，"零门槛落户"在众多城市已经开花，未来绝大多数城市的户籍都将"名存实亡"。即使如此，也有诸多中小城市不得不面临人口持续外流的压力，失去了人口增长的支撑，城市规划、房产价格都有可能面临新的调整。

8. 楼市分化，房价普涨沦为过去式

房价只涨不跌的"神话"可谓深入人心。自1998年住房商品化改革启动以来，中国楼市创造了罕见的20多年的持续上行史，全国住房每平方米均价从2000元左右攀升到1万元左右，一线城市中心城区房价更是攀升到10万元/平方米，向众多国际大都市看

齐。房价涨幅之高，房地产规模之大，让许多有房一族的资产迅速膨胀，更让买房成为"国民信仰"，在我国，近70%的家庭财富都集中在房子上。

然而，这一模式即将成为过去式，楼市进入白银时代不再是传说。楼市普涨，背后是经济、人口、城镇化和金融政策的多方加持。如今，这些支撑都已开始消退，经济增速放缓已是公认的长期趋势，少子化、老龄化的现实叠加而至，城镇化率离70%的城镇化加速发展阶段的上限所剩无几，而在居民杠杆率不断创下新高的现实背景下，"大水漫灌"的可能性越来越小。

无论就短期还是长期来看，楼市都已呈见顶迹象。过去那种从一、二线到三、四线乃至乡镇房价普涨的格局将会彻底沦为过去式，大多数中小城市楼市将遭遇长期横盘，只有经济强劲、人口持续涌入的中心城市仍有上涨的可能，这种分化趋势在未来将成为常态。显然，未来，不是每个城市都还有上涨空间，也不是每个城市都能靠房子赚得盆满钵满。蒙眼买房、豪赌式加杠杆的逻辑不复存在，将资金全部投资于不动产上的风险越来越大。

第一章
进击的一线城市／1

北上广深：中国为何只有 4 个一线城市／2

京沪津渝之后，谁是下一个直辖市／12

北京不只是首都，更是北方经济第一大城市／19

上海沦为"环杭州城市"？不要低估一线城市／26

追兵逼近，广州会不会跌出一线城市／35

深圳将成"地球经济中心"？比起北上广还差了什么／45

第二章
中国正在进入"强省会"时代／54

一省一城，"强省会"的未来势不可当／55

硝烟再起，国家中心城市之争为何白热化／62

区域经济大洗牌，副省级城市为何不再扩容／68

特区不特？五大经济特区，谁掉队了 / 74

10年少了100多个县，大城市集体奔向"无县"时代 / 82

北方只剩一座TOP10城市，谁是破局的希望 / 88

第三章
三四线城市，艰难的突围战 / 96

避免"一市独大"，副中心城市最后的"突围"机会 / 97

环京、环沪、环广深：超级城市的"第一圈层" / 105

三四线城市，凭何跻身先进制造业"国家队" / 112

一个广东"两个世界"，粤东西北何以崛起 / 120

100多个县城房价破万元，中小城市房价天花板有多高 / 128

人口持续流失，收缩型城市有没有未来 / 137

第四章
告别单打独斗，城市群崛起 / 145

"央区"、雄安、通州，京津冀城市群的三大支点 / 146

长三角：41城聚集，中国最大城市群诞生 / 153

广深港澳引领，粤港澳剑指世界第四大湾区 / 162

成渝、长江中游：谁是中国城市群第四极 / 173
超大城市再扩张！三个超级"大都市圈"逐渐成熟 / 181
大城大圈！从都市圈看中心城市的"势力范围" / 188

第五章
布局未来的国家战略 / 196

服贸会、进博会、广交会，北上广各拿到一张贸易"王牌" / 197
海南自贸港，下一个香港？ / 205
全国首个"共同富裕示范区"，为什么是浙江 / 214
东西差距缩小！西部大开发20年，"西三角"呼之欲出 / 223
告别"中部塌陷"，中部崛起谁是领头羊 / 232
停滞十多年！振兴东北，又到了关键时刻 / 241

第六章
一触即发的人口争夺战 / 251

人口大变局：孔雀东南飞，中西部回流，东北持续流失 / 252
赶超四川、山东，中国人口第一大省是怎样形成的 / 259
"零门槛落户"时代开启，大城市抢人进行时 / 265

人口"余额"不足，超大城市能不能继续扩张 / 274

二十岁的珠三角，四十岁的长三角 / 282

人口或将负增长，房地产最大的"灰犀牛"来了 / 291

第七章
选城市，就是选未来 / 298

买房：楼市分化，哪些城市有投资价值 / 299

教育：学区房是不是智商税 / 307

高考：选城市还是选大学 / 313

择业："985"高校毕业生都去了哪里 / 322

定居：回家乡还是大城市 / 328

养老：大城市还是沿海小城镇 / 333

参考文献 / 340

第一章 —— 进击的一线城市

北上广深：中国为何只有4个一线城市
京沪津渝之后，谁是下一个直辖市
北京不只是首都，更是北方经济第一大城市
上海沦为"环杭州城市"？不要低估一线城市
追兵逼近，广州会不会跌出一线城市
深圳将成"地球经济中心"？比起北上广还差了什么

北上广深：中国为何只有 4 个一线城市

每一次城市格局之变，无不是时代变迁的结果。

从民国时期的上海、天津、汉口争锋，到中华人民共和国成立之后的京津沪争雄，再到改革开放年代的京沪穗鼎立，直至新世纪以来的深圳崛起，"北上广深"四大一线城市的格局就此定型。

这其中，北京、上海一直都是一线城市。北京作为首都，既是政治中心又是文化中心、国际交往中心、科创中心，影响无远弗届；上海是经济中心、金融中心、贸易中心、航运中心和科创中心，经济总量很高，地位相对独特。无论是计划经济时代还是改革开放时期，京沪的一线城市地位始终极为稳固。

中国城市第一梯队中，除京沪之外，可谓你方唱罢我登场，竞争者如过江之鲫，更是出现"新一线城市"的概念。不仅如此，近年来，还有"北上深杭"取代"北上广深"和"北上深重"的说法。但迄今为止，北京、上海、广州、深圳仍旧是最被公认的四大一线城市。

京沪的领跑、深圳的上位、广州的坚挺、天津的淡出、重庆杭州等强二线城市的异军突起，无不体现了政治和经济格局的变迁。

■ **一线城市是怎么来的**

一线城市并非学术概念，而是民间约定俗成的说法。在此之前，诸如京津沪、京沪穗作为城市第一梯队的说法不绝于耳，但一线城市概念的形成，却只有20多年的历史。

据有关媒体考证，一线城市的叫法，最早可能来源于广州的快消行业。20世纪90年代，宝洁进军中国后，为了获取市场情况，联合广州社科院软科学研究所成立了中国第一家市场研究公司，这家公司后来又与当时世界最大的市场研究企业——国际市场研究集团（RI）合资，成立了华南国际市场研究公司。

正是这家市场研究公司，于1999年首次系统提出了一二三四线城市的概念。以市场容量、经济发展、城市化作为标准，选出了17个一线城市、50个二线城市、197个三线城市以及369个四线城市。值得一提的是，当时的深圳，与太原、南宁、唐山、鞍山、淄博等位列二线城市。

这或许是一线城市概念的滥觞之源，但真正将这一概念发扬光大的则是房地产业。作为房价最高、房地产市场份额最大的4个城市，北上广深被开发商单列出来，援引一线城市的概念，作为第一阵营进行宣传。久而久之，"一线城市"的说法逐渐成形。

不过，最初一线城市的叫法是"京沪穗"，这是基于城市简称而来，与"京津沪"可谓一脉相承，显得文雅而正式，被传统媒体大规模使用，反倒是"北上广"，无论是报端还是网络，均不多见。

变化发生在2010年前后。这一年，"逃离北上广"从年初热议到年尾。这场争议，将一线城市的交通拥堵、房价高涨、生活成本高昂等生活困境，以及城市新市民的困惑与彷徨，彻底呈现出来。争议从互联网席卷到传统媒体，主流报纸开辟专版讨论"逃离北上广"现象。

当时有出版社趁机出版《逃离北上广》系列丛书，不过其中的"广"并非指代"广州"，而是广州、深圳所在的广东省。不过基于对京沪穗的传统认知,"北上广"自然而然就成为北京、上海、广州的通俗称呼,加上后来深圳崛起,影响力与日俱增,"北上广"进一步演变成"北上广深",成为一线城市的代名词。

然而,"北上广"取代"京沪穗"之说,一开始并未得到主流媒体的认可。直到2011年,还有学者愤愤不平,认为"北上广"取代"京沪穗"是文化退步,声称不能将文化降格至纯粹代码的高度。

网络话语对于主流话语的颠覆,无时无刻不在发生。作为一线城市代名词,"北上广"与"京沪穗"的表述并不存在高下之分,所谓文化退步更是无稽之谈。

十多年过去了,"北上广深"的概念早已深入人心,而"京沪穗"逐渐淡出,至于"京沪穗鹏"之类的概念,则从头到尾都没有任何市场。

■ 何为一线城市

今天我们谈论一线城市,早已超出快消行业或房地产行业的范畴,而变成对城市综合竞争力的考量。

过去,衡量城市层级主要有两套体系:一套是行政级别,直辖市、副省级市、地级市、县级市,可谓层级分明;另一套是规模层级,以城区人口数量作为标准,将城市分为特大城市、超大城市、大城市、中小城市等。这两套体系对应的分别是行政级别和人口规模,但均有一定局限性。相比而言,一线城市、二线城市、三四线城市,更能直接反映一个城市的综合影响力。

一个城市算不算一线城市,并无统一标准。但显而易见的一点是,经济总量并非衡量的唯一标准,而高房价更非一线城市的必要条件。

北上广深之所以能位列一线城市,至少有四点理由:一是四大城市的生产总值位居全国前列,为第一阵营;二是这些城市都有相当强的区域辐射力；三是都有一定的优势性主导产业，这些产业在区域甚至全国都有举足轻重的地位；四是都有一个强大的城市群作为依托，城市群为其发展壮大提供了广阔的腹地。

可见，经济实力是关键，但不是全部，而区域辐射力、优势产业、城市群同样重要。就经济实力而言，北上广深位居全国前列（见图1-1）；就区域辐射力来看，北上广深的影响不局限于一城一地，而扩散到都市圈乃至周边省份；就优势产业来看，北京的互联网、科创、文化，上海的金融、汽车、集成电路、生物医药，广州的汽车、电子、商务贸易，深圳的高科技、互联网等在全国都有相当大的影响力。城市群更不用说，中国有3个世界级城市群——长三角、粤港澳大湾区、京津冀，正是这三大城市群，承载起4个一线城市。

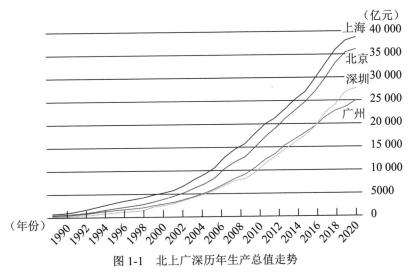

图1-1　北上广深历年生产总值走势

资料来源：各地统计公报、统计年鉴

其中，城市群在新型城镇化的后半场越来越重要。以中心城市促进城市群发展，已经成为新的大战略，未来城市之间的竞争，不再是城市之间的单打独斗，而是城市群与城市群之间的较量。基于区域辐射力和城市群的视角，我们不难理解，为何中国只有4个一线城市。

许多二线城市或许在某一方面存在闪光点，但未必四大条件都完全具备，尚无法对一线城市形成挑战。

■ 最早的一线城市：京津沪

北上广深是国内现在四大一线城市，但最早的一线城市却是京津沪。

在20世纪90年代之前，天津与京沪并立，可谓是连小学生都熟悉的常识。当时的天津，不仅拥有直辖市的特殊身份，而且还是北方第一大工业城市、港口城市，声名远播，更甚于如今的深圳、杭州。

天津是我国较早进行开埠通商的城市之一，近代化进程领先于内陆，加上坐拥一流的港口，在全球贸易时代，顺势成为华北地区最大的出海口。

与地理区位相比，天津的政治区位更为独特。自晚清以来，天津一直都是拱卫京畿的门户所在。近水楼台先得月，北京难以承担的经济功能，则由天津担起，因此发展得以蒸蒸日上。

无论是计划经济时代还是改革开放前期，天津都是中国首屈一指的工业重镇。新中国第一辆自行车就出自天津，而风靡全国的海鸥手表、飞鸽自行车、牡丹缝纫机等"老三件"，更是天津作为工业重镇的见证。

开始实行改革开放政策之后，天津被确立为第一批沿海开放城市，天津技术开发区、天津港保税区、滨海新区相继成立，借助石化、钢铁、装备制造、航空航天、国防科技等行业，天津经济突飞猛进，虽然生产总值在1991年就被广州超越，但始终保持着优势地位。

2010年前后,天津的发展势头仍然不弱,当时广东媒体曾以"第三城之争"对天津做了广泛报道,将天津作为广州赶超的最大对手之一。

这应该是天津最后的高光时刻。

2017年以来,作为重要桥头堡的滨海新区生产总值一度缩水了三分之一。2018年第四次全国经济普查中,大量省份经济数据遭遇调整,天津生产总值缩水近5000亿元,被成都、武汉、杭州等城市接连超越。

2020年,疫情冲击之下,抗压能力较强的南京生产总值超越天津,首次跻身第十城。数十年来,天津首次滑落到了前十名开外(见表1-1)。自此,天津的竞争者从广州、重庆、苏州,变成了青岛、郑州等北方城市,北方"第二城"之争悬念重重。

表1-1 主要年份生产总值十强城市

序号	1980年	1990年	2000年	2010年	2020年
1	上海	上海	上海	上海	上海
2	北京	北京	北京	北京	北京
3	天津	重庆	广州	广州	深圳
4	重庆	广州	深圳	深圳	广州
5	广州	天津	重庆	天津	重庆
6	沈阳	沈阳	天津	苏州	苏州
7	武汉	苏州	苏州	重庆	成都
8	青岛	成都	杭州	杭州	杭州
9	大连	大连	武汉	无锡	武汉
10	成都	杭州	青岛	青岛	南京

从第一梯队到前十名开外,天津究竟怎么了?

这背后,产业格局的变迁、经济重心的转移、国家战略的重塑,都对天津发展带来了明显影响。

天津是工业城市，但石化、钢铁等传统产能突出，在"碳中和"和"碳达峰"的时代背景下，这些产业首当其冲。同时，先进制造业不足，互联网、金融、数字经济等新经济付之阙如，导致天津在面对经济转型时缺乏一定的竞争力，也缺少相应的抗压力。

此外，进入21世纪第三个十年，中国经济正从外贸驱动、投资驱动转向了内需驱动、科技驱动。天津过去曾依靠大项目、大产业等投资拉动经济，随着投资动能衰退、创新能力相对不足，经济增长必然受到影响。

不容忽视的一点是，天津位居北京之侧，这一区位是把"双刃剑"，近水楼台先得月，但也难免面临来自强中心的虹吸，加上雄安新区等新国家战略的实施，天津过去享有的政策红利、资源优势将逐渐不复存在。

可以说，种种复杂的因素导致天津退出了中国城市第一梯队，天津的存在感越来越弱，京津沪这样的说法越来越少见了。

■ 广州深圳上位，"北上广深"时代到来

天津淡出的背后，是广州和深圳的先后上位。

相比而言，广州、深圳则是借助改革开放的东风，一路扶摇直上，晋级一线城市阵营，与北京、上海并立。

自1989年起，广东超越江苏、山东，连续30多年跻身中国经济第一大省。同一年，广州生产总值超越天津，次年超越重庆，站稳了第三城的位置。虽说20多年后，深圳生产总值后来居上反超广州，但广州在经济、商贸、交通及教科文卫领域的综合影响力支撑之下，一线城市的位置牢不可破。

广州的区位优势丝毫不弱于天津。广州本就是千年商都，且作为中国最早开埠的城市之一，明清时期曾经占有"一口通商"的垄

断之利,商都之名蜚声海内外。1957年,第一届广交会召开,自此创下了连续60多年举办的纪录,更奠定了广州作为国际商贸中心的特殊地位。

此外,广州作为中国的"南大门"、国家中心城市,还是国际综合交通枢纽、国际航空枢纽,立足粤港澳大湾区,辐射整个华南地区,影响东南亚,这些区位优势巩固了广州的一线城市之位。

与广州不同,深圳则是从小到大、从无到有的类型。

1980年前后,深圳经济特区横空出世之时,只是生产总值不到2亿元、人口仅有30万、仅有几条街道的"小渔村",不及香港的一条普通街道。如今深圳生产总值已直奔3万亿元,实际管理人口超过2000万,无论是经济、金融、外贸还是科技,与一水之隔的香港都有了一争之力。40年来,深圳生产总值增长约1万倍,堪称世界城市史上的发展奇迹(见图1-2)。

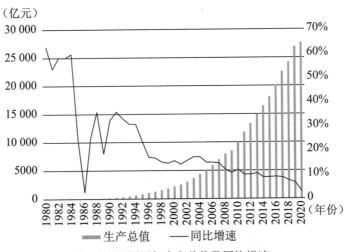

图1-2 深圳历年生产总值及同比增速

资料来源:深圳市统计年鉴

这背后，自然是改革开放的力量。深圳"摸着石头过河"，创下了无数个第一，不仅自身取得了成功，也为社会主义建设做出了积极的探索。

不过，深圳跻身一线城市时间并不长。2010年之前，深圳虽然发展迅猛，经济特区之名无人不知，但无论是经济规模还是影响力，都与北上广有一定差距，且直接面临天津、重庆、苏州等地的直接竞争，远没有如今的声势。

深圳的巨大蜕变，发生在最近十年。这十年，正是中国产业转型升级的十年，深圳凭借着高科技产业布局，从"世界工厂"摇身一变成为首屈一指的科创中心，在历次经济周期波动中岿然不动，生产总值先后超越广州、香港，站稳第三城的位置。

同时，深圳屡获顶级政策支持。从最初的经济特区、计划单列市，到粤港澳大湾区中心城市、中国特色社会主义先行示范区，深圳从改革开放的试验田一跃成为社会主义的示范区，担子越来越重，红利越来越多。

当初，香港是许多内地城市的榜样。如今，深圳已经成了内地城市乃至东南亚城市的新榜样。时至今日，不少城市在推销自身时，总是以"下一个深圳"作为冠名，其中的意味可想而知。

■ 谁是下一个一线城市

一线城市之争，总是容易搅起区域经济的舆论巨浪。

最近几年，杭州借助G20峰会和数字经济的浪潮，声势大振，风头一时超过了广州，"上海沦为环杭州城市""北上广深变成北上深杭"的说法不绝于耳。除杭州之外，重庆也借助经济的一路赶超，开始挑战广州的生产总值第四城之位。一时之间，重庆赶超广州乃至深圳的声音不绝于耳，"北上深重"的说法不胫而走。

然而，杭州虽然把握住新经济的时代浪潮，且拥有阿里巴巴等超级企业，但无论是经济规模、产业结构还是综合实力，都还与苏州、成都等二线城市有着一定距离，遑论广州？

重庆更为特殊。作为直辖市，重庆城市面积远超一般城市，常住人口超过3000万，从体量上相当于一个中等省份。虽然经济总量有望赶超广州，但从人均指标来看，还存在不小差距，至于区域辐射力等综合指标，更与广州存在明显差距。

所以，至少在未来5～10年，广州一线城市的地位仍旧牢不可破，所谓"北上深杭""北上深重"更多只是概念游戏。

"一线"是发展的结果，而非为城市加冕的皇冠，更非一劳永逸的荣誉。任何城市，一旦失去发展动力和改革锐气，城市地位不可避免会节节下降，这是所有城市都必须警惕的。

京沪津渝之后,谁是下一个直辖市

近年来,"深圳、青岛、大连、厦门直辖"的传闻不绝于耳。

最近的一例是由一篇学术论文引爆。2020年7月,《中国科学院院刊》刊发《"十四五"时期,如何优化我国的行政区划设置》一文,文章提出"支持深圳、青岛、大连、喀什升格为直辖市,充分发挥优势地区增长极、稳疆固边、带动区域发展的作用"。这一说法瞬间引爆舆论场,更是一度上了热搜,引发社会各界对于深圳等城市直辖的猜想。

时隔不久,中科院在官方微博辟谣表示,这篇论文只是学术文章。该文章作者也对媒体表示,论文中的观点仅是一家之言。

事实上,深圳、厦门等地已经多次针对直辖传闻进行辟谣。2018年,深圳、厦门两地先后表示,传闻毫无事实根据,纯属个别网友的猜测。当年,民政部有关负责人也表示,深圳升格为直辖市是谣言,毫无事实根据,纯属部分网友的推测。

一边是网络上乐此不疲的直辖猜想,另一边是各地的连番辟谣。这场热议背后,反映出直辖市的吸引力之大。事实上,我国已经20多年没有新设立直辖市了。

■ 四大直辖市

目前,我国有四大直辖市:北京、上海、天津、重庆。

中华人民共和国成立之初,全国共有12个直辖市,包括北京、上海、天津、广州、武汉、重庆、南京、鞍山、抚顺等城市。除了北京、天津,其他直辖市皆由大区代管。当时,我国在省级之上设立了"大区"作为一级行政区,共有华北、西北、东北、华东、中南、西南六大行政区。1954年,大行政区被撤销,省级变成一级行政区,多个中央直辖市变成省辖市,仅有北京、上海、天津三地得以保留。

北京、上海地位超然,一直保持着直辖市的身份。天津一度被改为河北省会,直到1967年再次恢复成直辖市至今。重庆在1954年被改为四川省辖市,直到1997年才再次恢复直辖市的身份。可以说,自改革开放以来,除了重庆升格为直辖市之外,我国再没新增任何一个直辖市。

四大直辖市中,北京是政治中心,上海是经济中心,天津虽然近年来经济实力有所下滑,但在成为直辖市的20世纪五六十年代,曾是北方经济中心城市,重庆直辖则与三峡工程有关。如今,四大直辖市各项经济指标均位居全国前列(见表1-2)。

表1-2 四大直辖市主要指标

各项指标 \ 城市	北京	上海	天津	重庆
地区生产总值(亿元)	36 102.60	38 700.58	14 083.73	25 002.79
常住人口(万人)	2189.30	2487.10	1386.60	3205.40
城市面积(平方公里)	1.68万	0.63万	1.1万	8.2万
辖区(市、县)数	16	16	16	38
一般预算收入(亿元)	5483.90	7046.30	1923.05	2094.80

资料资源:各城市2020年统计公报、第七次全国人口普查公报

随着全国区域经济格局的变化,一些过去名不见经传的城市强势崛起,一些产业有了全国性的影响力,生产总值超过一些副省级城市乃至直辖市。经济带来底气,自然呼唤更高的城市行政层级,"谁

是下一个副省级城市""深圳直辖传闻"等都是这一现象的体现。

事实上,一个城市能否成为直辖市,不能单看经济发展水平的高低,而要视其历史地位、战略重要性和在国家发展中的地位。京沪地位相对特殊,我们存而不论,天津、重庆成为直辖市,均有其特殊背景。

■ 天津:老牌直辖市

天津成为直辖市的历史颇为曲折。

民国时期,天津是北方首屈一指的大都市,且在中华人民共和国成立初期一度作为直辖市而存在,但在1958年,天津被降为河北省会,其间虽然天津作为计划单列市进行管理,但大量工厂、学校外迁到河北,对本地经济发展带来一定影响。1966年,河北省会迁往保定(后又迁往石家庄),天津一度成了普通省辖地级市;直到1967年,天津才重新恢复直辖市地位,保持至今。

天津从直辖市到省会到地级市再到恢复直辖市的过程,生动体现了北京、天津、河北三地政治经济关系的变化。天津能恢复为直辖市,既有当时特殊时代背景带来的影响,也与天津自开埠以来逐渐晋级为北方经济中心不无关系。事实上,直到2020年,天津一直都是全国TOP10城市,稳守北方第二城之位。

不过,京津冀的关系却一直处于调整之中。天津本是因拱卫京畿而生,与首都可谓深度捆绑,如果说北京承担的更多是政治功能,天津承担的则是经济功能,但这些定位并非一成不变。改革开放之前,天津虽然被定位为工业城市,但北京的工业同样重要,两城之间存在一定的竞争。改革开放以来,北京被明确为全国政治中心和文化中心,天津开始被强调作为北方经济中心的角色,两城分工开始逐步明确。2006年,天津的定位被进一步细化为"国际港口城市、北方经济中心、生态城市",这一阶段,天津经济飞速发展,与广州有了一争之力。

2010年以来,随着京津冀一体化的推进,北京、天津、河北三地分工日益清晰化。根据2015年发布的《京津冀协同发展规划纲要》,北京是全国政治中心、文化中心、国际交往中心、科技创新中心,天津则是全国先进制造研发基地、北方国际航运核心区、金融创新运营示范区、改革开放先行区,河北是全国现代商贸物流重要基地、产业转型升级试验区、新型城镇化与城乡统筹示范区、京津冀生态环境支撑区。

随着北京"四中心"定位的明确,一些非首都功能开始向外分流,作为承接者的天津、河北均从中受益。但是,2017年雄安新区的横空出世,成为天津不容忽视的竞争者之一,天津享受的央企等公共资源开始被摊薄。加上天津未能迅速适应从投资驱动向消费驱动、创新驱动转换的时代新格局,同时又面临整治环境污染攻坚战对传统产能行业的限制,经济遭遇挤水分,生产总值被武汉、杭州、南京等二线省会城市超越。

在四大直辖市中,天津面临的争议最多,或许正是因为经济地位的此消彼长所致。未来,天津若能守住北方经济中心的超级地位,直辖市这一身份面临的争议将会大幅减少。

■ 消失的三峡省与重庆直辖市

重庆是我国最后设立的一个直辖市。

1997年3月,重庆正式升格为直辖市。原重庆市、万县市、涪陵市和黔江地区,被划入重庆直辖范围,幅员面积8.2万平方公里,总人口超过3000万人。

重庆为什么会被直辖?重庆被直辖后的首任市长蒲海清曾在

《中国经济周刊》撰文指出,重庆被直辖的直接动因是三峡工程。

作为世纪工程,三峡工程涉及上百万移民,为了更好统筹移民工作,早在20世纪80年代,就有成立三峡省的倡议,中央为此还成立了三峡省筹备组。根据相关文件,三峡省省会拟设在宜昌,省域覆盖现宜昌市、涪陵、万县等区域。后来由于种种原因,加上缺乏一个经济相对发达的中心城市作为支撑,三峡省筹备组被撤销。

三峡省无疾而终,随之而来的是重庆被直辖。当时,重庆已是全国经济十强城市,工业相对发达,城市能级较高,且是国内首批计划单列市,以重庆为主体设立直辖市,不仅能更有效统筹三峡工程建设和库区移民管理等问题,还能进一步推动长江上游地区的经济发展。

重庆被直辖,原来的四川省一分为二。四川省面积过大、人口众多等问题,早就引起了重视。1985年,当时的中央领导人在听取三峡工程情况汇报时提出,可以考虑把四川分为两个省,以解决"面积太大、人口太多、不便管理、不便发展"的问题。

数据显示,重庆被直辖之前,原四川省下辖23个地级市、200多个县级行政区,面积超过56万平方公里,人口过亿,远超河南、山东等人口大省。直到20多年后,原四川省创造的人口纪录才被广东打破。

重庆被直辖,意味着原四川省被分成两块。一边是以成都为中心,另一边以重庆为中心,成渝地区自此步入"双子星"时代。2020年10月,中共中央政治局审议《成渝地区双城经济圈建设规划纲要》并指出,突出重庆、成都两个中心城市的协同带动,注重体现区域优势和特色,使成渝地区成为具有全国影响力的重要经济中心、科技创新中心、改革开放新高地、高品质生活宜居地,打造带动全国高质量发展的重要增长极和新的动力源。

成渝地区再次"合体",双城经济步入飞速发展阶段。

■ 深圳会不会被直辖

在关于直辖的各种传闻中,深圳是出场率最高的一个。深圳若无被直辖的可能,其他城市的概率就更低。

深圳会不会被直辖?这不是深圳一地的问题,不仅仅关乎深圳及周边地区,更事关粤港澳大湾区建设、广东经济整体性以及国家经济部署。

从广东来看,深圳本身体量太小,土地资源不足,仅仅是深圳市升格为直辖市意义不大。若要直辖,只能将东莞、惠州等地一并合并入直辖范围,一旦如此,珠三角经济圈就失去一半。必须说明的一点是,广东虽然经济总量富可敌国,但广东既有富裕的珠三角,也有需要扶持的粤东西北,广州和佛山身上的担子本来就很重,如果东莞、惠州等地跟随深圳被直辖,那么广东经济的正常发展势必受到影响。

从大湾区层面来看,珠三角是一个整体,而国家层面对大湾区的远景规划是一体化,深圳不可能脱离其他城市而独立发展。目前,大湾区本身就涉及广东、香港、澳门三地关系的协调,如果再多出一个直辖市,那么一个大湾区将变成四地关系,无论是协调成本还是一体化的难度,都将大幅提高。

从全国行政区划来看,全国已有四大直辖市。北京、上海乃是地位使然;天津则与北方经济中心的历史地位有关;重庆与三峡工程相关,从目前的政治经济形势来看,似乎并无增加直辖市的充分理由。

毕竟,深圳本身就已坐拥先行示范区、经济特区、计划单列市、副省级城市、全国经济中心城市等一系列殊荣,还需要一个直辖市的行政级别作为支撑吗？

相比直辖，都市圈和城市群才是大势所趋。广东目前已经规划了5大都市圈：广州、深圳、珠江口西岸、汕潮揭、湛茂。其中，深圳都市圈已经超出传统的"深莞惠"的范畴，而将汕尾、河源都纳入其中，深圳与汕尾的深汕特别合作区早已横空出世，而深圳与河源联合打造的深河特别合作区正在路上。就此而言，深圳已经完成了事实上的"扩容"，只不过这种"扩容"不是行政区划的扩张，而是都市圈的一体化。这样既能为产业发展拓展腹地，又能带动粤东西北区域发展，这或许才是最有利于大湾区、广东的选择。

无论如何，直辖与否、扩张与否，都要脱离一城一地，站在都市圈、城市群乃至全国区域发展的大视角，别让直辖成了概念炒作游戏。

北京不只是首都,更是北方经济第一大城市

北京,全国政治中心、文化中心、国际交往中心、科技创新中心。

作为首都,北京天然就有了政治中心和国际交往中心的地位,而人才、资源向首都集聚,又让北京成为全国文化中心和科技创新中心。正因为作为首都拥有的特殊性,在《京津冀协同发展规划纲要》中,北京获得了"四中心"的超高定位。

值得注意的是,北京"四中心"里并无"经济中心"和"金融中心"的相关提法,从而与上海体现出明显差别。上海在2035年总体规划里的城市定位"五中心"为:国际经济中心、金融中心、贸易中心、航运中心和科技创新中心。

表面上看,上海更着眼于经济,北京更侧重于首都功能,因此将分流非首都功能放在首位。但作为京津冀这一世界级城市群的龙头城市,北京的经济引领作用不容低估,经济总量长期位居全国第二、北方第一,在诸多产业都有相当大的竞争力,而这些竞争优势往往容易被人忽视。

北京不仅是中国互联网的主要发源地,更是互联网企业最为集中的互联网第一城;不仅是金融监管、决策部门的集聚地,还是大型金融机构云集的金融中心;虽然制造业已经退出主要经济支柱产业,但北京仍旧是科技创新的高地;不仅是交通物流意义上的国际

综合交通枢纽,而且是服务贸易对外开放的积极探索者……

一言以蔽之,北京远比我们想象的丰富而多元。

■ 互联网之都

中国互联网最发达的城市,不是深圳、杭州,而是北京。

深圳有腾讯,杭州有阿里巴巴,两大互联网超级巨头的存在,让许多人以为互联网第一城的桂冠非深圳或杭州莫属。事实上,在深圳、杭州,除了腾讯、阿里巴巴之外,很难再找到其他具有强大竞争力的一流互联网企业,这也体现了"只有月亮,不见星星"的尴尬。

事实上,北京作为中国互联网的重要发源地,一直都是互联网产业的发展高地。根据世界互联网大会和互联网发展论坛发布的《中国互联网发展报告》,这一报告从信息基础设施建设、创新能力、数字经济发展、互联网应用、网络安全和网络治理等维度进行评估,北京互联网综合实力最为突出,位列全国互联网行业第一位,广东、上海分列第二、第三位。

这从历年中国互联网协会发布的中国互联网企业100强榜单也可见一斑。从近几年的数据来看,北京以超过30家的总量连续多年稳居全国第一,不仅聚集了以字节跳动、美团、百度、京东、小米、贝壳、新浪为代表的龙头企业,而且不乏以央视网、新华网、人民网为代表的主流新媒体矩阵。相比而言,深圳、杭州拥有的中国互联网百强企业数量均不足10家。

究其根本,互联网经济深入各大领域,不仅包含了传统的新闻门户、电子商务、社交、游戏,还包含了新兴的电子政务、网络直播、在线教育、网络安全、短视频、本地生活,以及与产业相关的工业互联网、云计算、互联网金融、大数据等。能在互联网各个细分领域均有所长的只有北京,深圳更长于社交、游戏和电子政务等,杭州则以电商、互联网金融、云计算为主。

在互联网产业方面,北京有着其他城市不具备的独特优势。作为信息革命的重要载体,互联网是资金密集型和技术密集型产业,对风投、人才和网络基础设施的要求相对较高,北京恰有全国规模最大的风投资金,又不乏高素质人才,同时网络基础设施建设一直走在前列。

从1987年中国第一封国际电子邮件从北京发出,到1994年以北京为起点中国正式接入国际互联网;从1999年中关村科技园区正式成立,到2000年之后大批中国互联网企业启动上市;从2009年3G牌照下发,到2013年4G牌照下发,再到2019年5G牌照正式下发……在中国互联网的每一个历史性时刻,都少不了北京的身影,这一幕幕,成为北京互联网产业做大做强的见证。

■ 国家金融管理中心

北京的定位是"全国政治中心、文化中心、国际交往中心、科技创新中心"。

虽然"四中心"定位里并无国际金融中心的身影,但金融业已经成为北京当之无愧的第一大支柱产业。数据显示,2020年,北京金融业增加值为7188亿元,占北京生产总值的比重高达19.8%(见图1-3),呈现逐年递增之势,整体规模与定位为"国际金融中心"的上海不相上下。

根据全球金融中心指数报告(GFCI)发布的排行,香港、上海、北京、深圳全部跻身国际前十。北京在营商环境、人力资本、基础设施、综合声誉等细分领域均名列前茅。

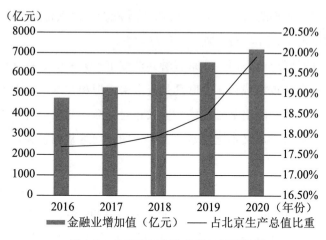

图 1-3　北京历年金融业增加值及比重

数据来源：历年北京市统计公报、统计年鉴

与上海、香港、深圳三大以金融中心作为定位的城市不同，北京是国家金融管理、决策、信息和服务中心。北京聚集了"一行两会"（中国人民银行、银保监会、证监会）等主要金融监管机构、大多数国有大型商业银行总部、15 家全国性金融行业协会、全国 100% 的政策性金融机构、50% 的保险集团总部、四大资产管理公司总部，以及众多外资金融机构。北京总部级法人金融机构突破 900 家，金融资产总量占内地一半，金融机构本外币存款总额接近 20 万亿元，位居全国首位。

2021 年，北京证券交易所横空出世，成为内地第 3 个、包括港澳台地区在内的第 5 个大型证券交易所，成为北京金融地位蒸蒸日上的见证。

可以说，北京的金融业发展优势，基本都是由首都的管理决策功能延伸而来，可谓近水楼台先得月。以此为基础，北京在金融管理、决策、信息、科技、服务、财富管理等方面均有相当大的优势，金融业对北京经济的拉动作用日益明显。

与北京相比，上海、香港、深圳各有所长，四大城市之间形成了一定的错位发展,上海不仅拥有我国最大的证券交易所,而且货币、债券、股票、外汇、期货、黄金和金融衍生品等要素齐全,具备打造国际金融中心的优势;香港充当的是内地与世界的超级联系人,在人民币国际化中扮演着重要角色;深圳更多是金融科技的探索者,这与深圳的科技创新定位相吻合。

■ 国际科技创新中心

北京虽然早已不是全国重要的工业基地,但借助众多高等院校、科研院所、研究机构和高新技术企业的助力,在打造国际科技创新中心上有着其他城市不具备的优势。

党的十九届五中全会明确提出支持北京、上海、粤港澳大湾区形成国际科技创新中心。北京表示,要在2025年率先形成国际科技创新中心,到2035年,北京国际科技创新中心创新力、竞争力和辐射力全球领先。

北京曾经是工业大城,改革开放之前,一度作为重工业城市而存在,高峰时期,第二产业占比超过70%。如今,经过多轮产业结构调整和"分流非首都功能"等举措,北京第二产业占比已不足20%,主要以汽车、电子信息、生物医药和专用设备制造为主;第三产业则跃居到80%以上(见图1-4),其中以研发设计、信息服务、金融服务、商务服务为主的生产性服务业占了半壁江山,北京从传统的工业城市变成以生产性服务业为支柱的标杆城市。

单就研发设计而言,北京全社会研究与试验发展经费支出占北京生产总值的比重超过6%,远超上海、深圳、广州、杭州等城市,位居全国首位,而全国平均研发强度投入不到3%。这其中,四成多来自科研机构的贡献,近四成来自高新企业的贡献。这与北京作为教育高地和人才高地的背景密不可分。数据显示,北京拥有90

多所大学、1000多所科研院所和近3万家国家级高新技术企业,国家重点实验室超过120家,人工智能领域有效发明专利居全球首位,新经济行业上市营业收入居全球第四,高技术制造业企业的市值是全球第五。研发人员超过40万人,其中包括全国将近一半的"两院"院士。

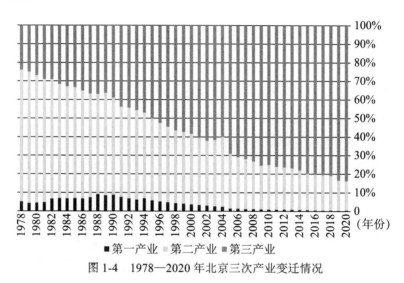

图1-4 1978—2020年北京三次产业变迁情况

数据来源:北京市统计年鉴

所以,与上海、深圳更多集中于产业层面的创新不同,解决重大、关键的"0到1"的问题是北京国际科创中心的一个重要功能。北京承担着大量基础研究的重任,着眼于原始科技创新,且更多围绕支持量子科技、脑科学、人工智能、区块链、纳米能源、应用数学、干细胞与再生医学等新科技革命和产业变革前沿领域,肩负着我国科技自立自强的时代重担。

■ 最独特的自贸区

北京自贸区是最晚一批获批的自贸区。直到2020年,北京才与中部省份湖南、安徽一道跻身自贸区之列，而早在2013年，上海就成立了首个自贸区，而目前2/3以上省份都有了自贸区。

虽然获批时间相对较晚，但北京自贸区一问世就显得与众不同，这一自贸区或许不是定位最高，但绝对最为独特。在我国20多个自贸区中，绝大多数都以传统的货物贸易为对象。而北京自贸区，则以服务贸易为对象，以科技创新、服务业开放、数字经济为主要特征，金融、科技、文化创意、知识产权等都包括在内。

在自贸区方案中，北京被定位为"具有全球影响力的科技创新中心，加快打造服务业扩大开放先行区、数字经济试验区"，这是超出一般城市的定位，北京被赋予了更高的重任，意味着开始承担更多的经济功能。

这与国际大环境的变化有关。过去几十年，全球化狂飙突进，带动国际货物贸易大流通，中国顺势成了首屈一指的"世界工厂"，也成了名副其实的货物贸易顺差大国，超过3万亿美元的外汇储备来自于源源不断的积累。

然而，随着国际形势的变化，多边贸易机制遭受前所未有的冲击，在服务贸易领域扩大开放，不仅有助于应对多边危机，也是经济高质量发展的必然要求。

中国虽然已经连续多年位居全球第二大服务贸易大国，但在服务贸易上却长期存在逆差。服务贸易扩大开放可谓是当务之急，但为何选择北京作为试点？

原因不难理解，北京第三产业最为发达，生产性服务业尤为突出，本身就是政治中心、文化中心、国际交往中心、科技创新中心，在人才、科技、国际交往等方面，有着其他城市所没有的优势。

自贸区是试验区，以北京为起点，有助于探索出可复制的发展经验，进而推广到其他地区。

上海沦为"环杭州城市"？不要低估一线城市

千万不要低估一线城市。

近年来，杭州作为后起之秀一路追赶，借助阿里巴巴等龙头企业将自己打造成全国首屈一指的数字经济高地，G20峰会的举办更是将杭州推上聚光灯舞台。杭州势头之盛，连位于宁波的"杭州湾"也成为网络热词，杭州大湾区与粤港澳大湾区一较高下的说法不绝于耳。在许多人看来，杭州不仅对老牌一线城市广州发起挑战，甚至上海都有沦为"环杭州城市"的可能。

近年来，上海未能抓住互联网的时代浪潮，上海的世界500强企业多是国企，除了金融、汽车之外缺少亮眼的产业，经济发展缺乏更强的动力，上海要被深圳杭州接连超越之类的说法不绝于耳。

然而，无论是广州还是上海，作为一线城市，都不是那么容易衰落的。

■ 不只是金融中心

上海的崛起，堪称世界一流城市飞速发展的缩影。从清朝时期的松江县到民国时期的上海滩，再到如今的上海市，仅仅一百多年时间，上海从一个普通小县城跻身为世界一流城市，在国际金融、贸易、航运、科创等领域都有一席之地。

自1949年以来，上海一直都是中国内地经济第一大市。虽然香港后来居上，但在改革开放之后，上海一路追赶，直到2009年，上海生产总值首次反超香港。如今，无论是经济总量、人口规模、财政收入、工业实力，还是金融市场规模、港口吞吐量、航空吞吐量等，上海对香港均已形成领先之势，坐稳中国经济第一大城市之位。

事实上，上海不仅是经济强市，而且还是名副其实的经济中心。上海之所以能成为经济中心，不仅因为其经济总量位居全国前列，而且上海的金融、贸易、航运、航空、科创等均位居全国乃至全球前列；不仅坐拥全球第三大证券交易所的上交所，而且还有中国国际进口博览会这一国家级平台。更关键的是，上海还有长三角这一世界级城市群作为发展腹地，长三角覆盖三省一市，生产总值超过24万亿元，常住人口规模超过2.3亿。

单看金融，上海已位列全球第一梯队。中国（深圳）综合开发研究院与英国智库Z/Yen集团联合编制的"第29期全球金融中心指数报告（GFCI 29）"中，上海位列第三，仅次于纽约、伦敦（见表1-3）。当然，伦敦、上海、香港、新加坡之间的得分相差并不大，全球顶级金融中心竞争空前激烈。

表1-3 主要金融中心排行

城　　市	GFCI 排名	得　　分
纽约	1	764
伦敦	2	743
上海	3	742
香港	4	741
新加坡	5	740
北京	6	737
东京	7	736
深圳	8	731
法兰克福	9	727
苏黎世	10	720

资料来源：GFCI 29

作为经济中心,上海显然不是一些人只看到的华丽的金融中心外表,而是工业、金融、贸易、互联网全面开花,几乎在每个产业上都有一争之力。上海不只是金融业发展的高地,更是首屈一指的科创高地和实体经济重镇,在集成电路、大飞机等尖端科技领域更不乏竞争力。

上海地位有多重要?用《上海市城市总体规划(2017—2035)》中的话来说:上海肩负国家使命与时代担当,引领区域深度参与国际竞争,树立全球城市魅力典范。

■ 中国最大的工业城市

陆家嘴摩天大楼的拔地而起,让许多人记住了上海国际金融中心和国际大都市的桂冠,却忽视了上海一直以来都是中国最大的工业城市之一。

上海是中国近代民族工业的发源地之一。早在1865年,江南制造总局在上海成立,标志着中国近代工业的诞生。1889年,官督商办的上海机器织布局在上海建成,开了中国近代民族纺织业的先河。到了民国时期,上海工业产值一度占了全国50%左右,佛手味精、华生电扇、回力球鞋等产品畅销海内外。

中华人民共和国成立之后,上海工业更是进入高速发展阶段。随着国家工业战略的转移,上海从以轻工业为主变成了轻工业、重工业旗鼓相当的新型工业城市。据上海统计局发布的数据,20世纪60年代中期,上海工业年生产能力已经在全国举足轻重,其中,钢材、机床、棉纱均占四分之一,缝纫机占三分之一,手表占十分之九;"三转一响"(即手表、自行车、缝纫机、收音机)的"上海制造"是全国的一块金字招牌。到了1978年,上海工业总产值达到514.01亿元,占全国的1/8,近200项工业产品产量居全国第一。

改革开放之后,上海制造业进入蓬勃发展阶段,先后培育出汽车、电子信息、成套设备、石油化工及精细化工、精品钢材、生物医药等六大支柱产业。2020年,上海工业总产值高达37 052.59亿元,实现工业增加值9656.51亿元,位居全国首位(见图1-5)。其中,六大产业完成工业总产值23 784.22亿元,占全市规模以上工业总产值的比重为68.3%。传统产业蒸蒸日上,新兴产业脱颖而出。目前,上海已经产生以新能源、高端装备、生物、新一代信息技术、新材料、新能源汽车、节能环保、数字创意为代表的高新产业,这些产业占全市工业总产值的比重超过4成。

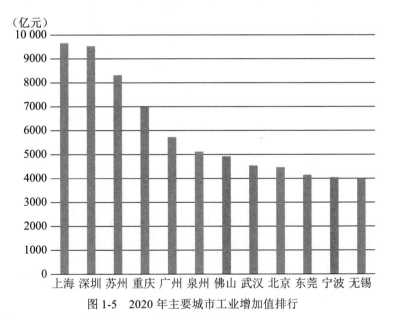

图1-5　2020年主要城市工业增加值排行

数据来源：各地统计局,其中武汉为2019年数据

可以说,百年以来,上海一直都是中国首屈一指的工业城市,工业总产值常年位居全国首位,堪称实体经济的重镇,工业对上海经济的支撑丝毫不弱于金融、贸易等行业。

■ **集成电路产业高地**

如果要找一个产业来体现上海制造业的科技含量，那么非集成电路莫属。

集成电路是全球各国战略布局的制高点。面对日益收缩的全球经贸环境，加上不期而至的各种制裁，一些高端产业被某些发达国家"卡脖子"，这就凸显了科技自立自强的重要性，而集成电路正是科技自立自强的重要一环。

上海是我国集成电路产业的发展高地。2021年，工信部发布25个先进制造业集群名单，上海共有两个制造业集群入围，其中之一就是"集成电路先进产业集群"，这也是名单里唯一入围的集成电路相关产业集群。

数据显示，2020年，上海集成电路产业实现销售收入2071.33亿元，同比增长21.37%，占全国比重约为22%。目前，包括以英特尔、高通、英飞凌为代表的外资企业在内，已有700多家集成电路重点企业落户上海，上海云集了中芯国际、华虹宏力、华力微电子、中微公司、紫光展锐、上海硅产业、上海微电子、盛美半导体等龙头企业，形成了明显的集群效应。

上海集成电路产业之强，不仅在于其拥有以中芯国际为代表的众多龙头企业，更在于覆盖从设计、制造到装备的全产业链条。芯片设计领域，有紫光展锐、上海兆芯等代表性企业；在半导体材料领域，上海硅产业集团已经成为国内规模最大的半导体硅片制造企业之一，子公司上海新昇率先实现300mm硅片规模化销售，打破了300mm半导体硅片国产化率几乎为0的局面。

在制造领域，中芯国际这家2000年成立于上海的本土企业，目前已成为内地第一大、全球第四大晶圆代工厂。截至2021年，中芯国际的销售规模位居内地首位，14纳米工艺已经量产，7纳米工艺正在路上，代表着内地最高水平。

集成电路是信息科技产业的"心脏"，不仅关乎核心科技自主可控的战略布局，更关乎科技强国、制造强国的未来。上海在集成电路领域的超前布局，体现了一线城市的担当和科技实力。

■ **崛起的互联网产业**

就在前几年，"上海错失了互联网""上海沦为环杭州城市"的说法不绝于耳。言外之意是，上海缺乏新兴产业，错失了互联网时代的发展机遇。这其中最具代表性的说法，当数"上海没有留住阿里巴巴"。阿里巴巴在创业早期曾一度将总部落在上海，后来却因种种因素迁往杭州，并在杭州发展壮大，从此在数字经济上助力杭州突围。

事实上，即使阿里巴巴总部不在上海，但其多数业务也与上海脱离不了关系，拥抱上海一直都是长三角企业的基本发展策略。2020年，阿里将支付宝总部、盒马总部、本地生活总部全部移师上海，阿里上海研发中心、阿里新零售中心、蚂蚁科技中心也同步在上海落地。

阿里巴巴为何将三总部三中心落户上海？

除了上海作为经济中心、金融中心、国际消费中心等优势之外，上海的互联网早非当初，已经跻身互联网第一阵营。在互联网后半程，上海加速追赶，无论是互联网产业整体实力还是发展速度，都已让人刮目相看。

根据上海市经信委与上海社会科学院共同编纂的《上海在线新经济白皮书》，2020年上海软件和信息服务业经营收入10 912.97亿元，同比增长12.5%，增加值3250.74亿元，同比增长13.5%，占全市增加值的 8.4%。在细分市场上,上海已占全国第三方支付 60% 的市场份额,本地生活服务市场的 70%,网络文学市场的 90%,网络游戏市场的 30%,在线经济新业态呈现蓬勃发展之势。

目前,上海正在形成新的互联网产业矩阵。根据中国互联网协会发布的 2020 年中国互联网企业 100 强榜单,上海以 18 家上榜企业的数量,位居各省市区第二位,在数量上仅次于北京,代表企业包括携程、拼多多、小红书、喜马拉雅、大众点评、Bilibili 等。

上海在"十四五"规划里提出,大力发展数字经济,助力新生代互联网龙头企业引领在线新经济发展,促进形成上海新生代互联网企业重点区域集群。

这一目标并不遥远。

■ 浦东再被委以重任

新时代,中国有两个地方被赋予重任:一个是深圳,中国特色社会主义先行示范区,寄予的是"打造社会主义现代化强国的城市范例"的厚望;另一个是上海浦东,社会主义现代化建设引领区,定位是"更高水平改革开放的开路先锋、全面建设社会主义现代化国家的排头兵、彰显'四个自信'的实践范例"。

为什么是深圳和上海浦东?原因不难理解,它们是改革开放的探索者和引领者,是高质量发展的探索者和示范者。深圳于 1980 年正式成为经济特区,浦东则于 1990 年正式开发开放。深圳从小渔村一跃成为国际大都市,顺势带动珠三角世界工厂的崛起;浦东也从当初"宁要浦西一张床,不要浦东一间房"的郊区蜕变成比肩强省会的经济强区,"开发浦东,振兴上海,服务全国,面向世界"的口号至今仍振聋发聩。

深圳创下了无数个"第一",浦东也创下了无数个"第一"。

全国第一个保税区、第一个出口加工区、第一家外资银行、第一家外资保险公司、第一家外商独资汽车制造企业、第一家外商独资医院……都诞生于此。

为什么深圳是经济特区和先行示范区，而浦东则是新区和现代化建设引领区？

20世纪80年代我国设立了深圳、厦门、珠海、汕头、海南5个经济特区，当时是在特殊的政治经济环境下，赋予这些地区敢为人先的对外开放探索重任。而浦东新区承担的是对内对外开放的双重任务，不是单纯的经济技术开发区，而是功能开发区，既有第二产业也有第三产业。

事实上，无论是经济特区还是新区，都是改革开放的探索先锋。浦东是上海的一张王牌，也是上海改革开放的缩影。

近年来，上海改革开放再次迈出坚实的步伐。2018年，首届中国国际进口博览会在上海召开，此举标志着中国坚定经济全球化和向世界开放的决心；2019年，上海证券交易所科创板正式开板，并率先试行注册制；2019年，《长江三角洲区域一体化发展规划纲要》正式印发，提出发挥上海龙头带动作用，苏浙皖各扬所长，提升上海城市能级和核心竞争力，引领长三角一体化发展。2020年，中央表态支持上海打造浦东社会主义现代化建设引领区，浦东新区改革开放再出发；2021年，中央《关于支持浦东新区高水平改革开放打造社会主义现代化建设引领区的意见》印发，支持浦东勇于挑最重的担子、啃最硬的骨头。

根据相关意见，到2035年，浦东现代化经济体系全面构建，现代化城区全面建成，现代化治理全面实现，城市发展能级和国际竞争力跃居世界前列。到2050年，浦东建设成为在全球具有强大吸引力、创造力、竞争力、影响力的城市重要承载区，城市治理能力和治理成效的全球典范，社会主义现代化强国的璀璨明珠。

可见，浦东的引领是全方位的引领，从科技创新到金融开放，从综合改革到城市治理，从对外开放到扩大内需，无一不走在前列。建设张江综合性科学中心，打造世界级创新产业集群，高水平推进自贸区建设，推进人民币离岸贸易等金融开放举措……这一切都将浦东推上更高的位置，这正是"挑最重的担子、啃最硬的骨头"说法的由来。

长期以来，上海虽然一直不断得到政策支持，但若无改革锐气和探索勇气，是无法承担如此重大的国家战略和使命责任的，也无法始终保持中国经济第一大市的地位。面向未来，上海正在打造国际经济、金融、贸易、航运、全球科创五大中心，不断探索并突破一线城市所能达到的高度，有望在世界城市竞争中树立中国样板。

追兵逼近，广州会不会跌出一线城市

一线城市，从来不是高枕无忧。

20 年前，深圳人喊出《深圳，你被谁抛弃》，然而深圳并没有被抛弃，而是一路追赶，先后反超广州和香港，在国际贸易领域更是崭露头角。到了今天，轮到广州发出"你被谁抛弃"的感叹。

2010 年以来，广州一直面临着"第三城地位不保"的危险。在生产总值被深圳赶超之后，又开始面临"经济第四城之位不保"的困局。一众二线城市接连对广州发起挑战，从最早的天津、苏州，到后来的杭州、重庆，无不以取代广州为目标。

这些"挑战"反映在舆论场里，则是经久不衰的"广州会不会跌出一线城市""北上深杭取代北上广深""北上深重即将横空出世"之类的议论。广州是否会跌出一线城市，受到关注。

然而，广州目前不会跌出一线城市，未来大概率也不会。

■ 一线城市的门槛

一线城市，从来不是简单以生产总值论高下，更不是以房价作为评判标准。能否成为一线城市，需要考虑经济、地理、人口、金融、科技、交通、教育、文化、医疗、都市圈、城市群等综合因素。

广州为什么能位列一线城市？

除了生产总值、人口规模始终位居全国前列之外，广州一直都是华南地区的门户枢纽城市，充当着中国"南大门"的角色。广州的金融中心地位仅次于香港和北上深，科技实力不容小觑，且是国际综合交通枢纽，海陆空一应俱全，加上双一流大学众多，千年历史文化底蕴深厚，医疗实力突出，加上拥有粤港澳大湾区这一世界级城市群作为依托，综合实力之强，远超作为追兵的二线城市。

根据中国社科院城市与竞争力研究中心国家中心城市课题组发布的"2020年国家中心城市指数"报告，在政治、金融、科技、交通、贸易、教育、文化、医疗、信息、对外交往10个评价维度上，除了政治中心为北京独有之外，广州上榜其他9个大类，且医疗中心、交通中心、对外交往中心均位居第3，金融中心、科技中心、文化中心、信息中心均位居第4，教育中心、贸易中心位居第5。

相比而言，许多城市都是在某些方面表现突出，但论综合实力，都与广州有着明显差距。深圳的经济实力、金融实力、科创实力不容小觑，但教育、医疗、文化等方面存在明显短板。杭州的数字经济实力名列前茅，但无论是经济总量、人口吸引力还是教育、医疗、交通等方面，都与广州存在明显差距。重庆这些年发展势头迅猛，但重庆本身是省级直辖市，人口总量与中等省份相当，人均GDP仅位居全国中游，与杭州、南京等二线城市存在一定差距。

从国际知名度和全球影响力来看，广州仅次于香港、上海和北京。在世界评级机构GaWC发布的《世界城市名册2020》中，广州与台北、深圳共同位列Alpha-级，且首次超过台北。20年前广州首次入榜时，还只是位列Gamma-级（弱三线城市）。从2000年开始，广州一路提升，连续跨越Gamma级（三级城市）、Beta级（二线城市），跻身Alpha级（一线城市）（见表1-4），位列世界城市第一梯队。

表 1-4　我国部分城市分级

城　市	2020 年	2018 年	2016 年	2010 年	2000 年
香港	Alpha+	Alpha+	Alpha+	Alpha+	Alpha+
上海	Alpha+	Alpha+	Alpha+	Alpha+	Alpha-
北京	Alpha+	Alpha+	Alpha+	Alpha	Beta+
广州	Alpha-	Alpha	Alpha-	Beta	Gamma-
台北	Alpha-	Alpha	Alpha-	Alpha-	Alpha-
深圳	Alpha-	Alpha-	Beta	Beta-	—
成都	Beta+	Beta+	Beta-	Sufficiency	—
天津	Beta	Beta	Beta-	High Sufficiency	—
南京	Beta	Beta	Gamma+	Sufficiency	—
杭州	Beta	Beta+	Gamma+	Sufficiency	—
重庆	Beta	Beta-	Gamma	—	—
武汉	Beta-	Beta	Gamma-	—	—
苏州	Gamma+	Beta-	Gamma-	—	—

资料来源：GaWC《世界城市名册2020》

这一榜单是基于城市的全球连通性而来，衡量的是一个城市在全球的位置和融入度。以此为标准，将城市分为 Alpha（一线城市）、Beta（二线城市）、Gamma（三线城市）、High Sufficiency（高度自给自足城市）、Sufficiency（自给自足城市）5 个类别。广州排名超过台北和深圳，更遥遥领先于其他二线城市，足以说明其在全球城市体系中的重要位置。

所以，就综合实力来看，北京、上海、广州在各个领域均有突出表现，这是老牌门户枢纽带来的底蕴。深圳作为后来者，借助经济的强势向上，在金融、科创等领域打开一片天地，从此有了全国性的影响力，得以跻身一线城市。

■ 中国的"南大门"

"南大门"，这是对广州区位优势的最佳形容。

作为千年不衰的商业城市，广州在过去一直都是中西文化碰撞的主要舞台，也是世界了解中国、中国走向世界的重要窗口。扼守华南地区，辐射海内外，这正是门户枢纽城市的题中之义。

自古以来，广州都是岭南地区的综合性中心城市。跨越千年时光，广州这一中心地位丝毫未变。基于历史底蕴和发展优势，中华人民共和国成立之后，广州一直作为大区中心而存在。南方局曾经以广州为中心，原广州军区（现南部战区）驻地位于广州，广州还是除京沪外领事馆最多的城市，拥有大量金融机构地区总部、世界500强跨国公司总部等，无论是政治地位还是经济地位，都堪称一流。

基于此，1957年，第一届广交会在广州举行，广州成为改革开放之前重要的开放窗口；1981年，广州成为全国第一批历史文化名城；1984年，成为第一批14个沿海开放城市之一；1994年，升格为副省级城市；2010年，成为北京之外第二个举办亚运会的中国城市；2010年，广州成为全国首批国家中心城市；2019年，广州又成为粤港澳大湾区4个中心城市之一。

近年来，随着"一带一路"和"国内国际双循环"的推出，广州作为"南大门"的重要性与日俱增。传统海上丝绸之路与21世纪海上丝绸之路交相辉映，广州是重要节点城市之一，与东南亚、欧洲、非洲等国家频繁的商贸往来，使广州得以在国际大循环中发挥重要作用。而借助传统商贸中心的历史底蕴、超大规模的市场优势和人口优势，广州得以跻身打造国际消费中心的第一阵营，助力国内大循环建设。

■ **海陆空一体的优势**

广州是少有的集海陆空为一体的国际综合交通枢纽。

2021年印发的《国家综合立体交通网规划纲要》，规划了20

个国际综合交通枢纽城市，广州位列其中，与深圳、香港共同构成粤港澳大湾区枢纽集群，且是为数不多集国际综合铁路枢纽、国际枢纽海港、国际航空（货运）枢纽为一体的城市，广州的交通网络畅通全市、贯通全省、联通全国、融通全球。

从"海"来看，广州正在打造国际航运枢纽。千年以来，广州是全国唯一从未关闭过的通商口岸城市，早在唐宋时期，航线就已到达波斯湾诸国，明清时期更是一度享有"一口通商"的垄断优势，成为当时中国对外开放的主要桥头堡。近年来，广州港承前启后，在内贸和外贸中的重要性与日俱增，坐稳了全球十大海港之位。

数据显示，2020年，广州港货物吞吐量6.36亿吨，位列全球第四，其中内贸4.9亿吨，全国第一；集装箱吞吐量2350.5万TEU[①]，全球第五，其中内贸1445万标箱，全国第一。2016—2020年，广州港累计完成货物吞吐量约30.1亿吨、集装箱吞吐量1.08亿TEU，较"十二五"期间分别增长25.8%和36.7%，货物吞吐量先后超越天津港、新加坡港，集装箱吞吐量先后超越釜山港、香港港。

从"陆"来看，广州正在打造世界级铁路枢纽。广州铁路的历史可以追溯到100多年前，1903年，连接广州和佛山三水的广三铁路建成通车。1911年，连通广州和香港九龙的广九铁路正式通车。这两条铁路，奠定了广州作为铁路开拓者的地位。改革开放之后，广州铁路建设呈现加速之势，随着"孔雀东南飞"，大量外来群体来珠三角"世界工厂"务工，广州站成了重要的中转站，每年春运，广州火车站聚集的返乡大军，都会成为年度热闻。

到了高铁时代，广州的铁路枢纽之位更加巩固。借助高铁，广州1小时直连大湾区，2小时互通省内，3小时互达泛珠三角，5小

---

① TEU是英文Twenty-feet Equivalent Unit的缩写，是以长度为20英尺的集装箱为国际计量单位。

时联通长三角和成渝地区双城经济圈，8小时直通京津冀。从开通以来，作为高铁站的广州南站一直都是全国最大的客流量出入口。2019年，广州南站到发旅客1.88亿人次，日均到发旅客51.4万人次。2020年虽受疫情影响，广州南站的客流量仍然超过1亿人次，日均客流量31.9万人次，位居亚洲之首。

从"空"来看，广州正在成为全球领先的国际航空枢纽，如图1-6所示。作为内地三大航空枢纽之一，广州白云机场与上海浦东机场、北京首都国际机场并驾齐驱，无论旅客吞吐量还是货邮吞吐量均位居全国前列。

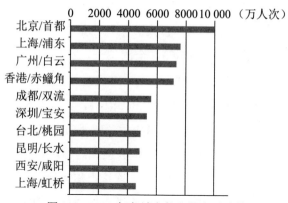

图1-6　2019年各城市航空旅客吞吐量

数据来源：中国民航机场生产统计公报等

数据显示，2019年，白云机场旅客吞吐量7338.6万人次，位居全球机场客运排名第11位，全国第3位；2020年在疫情冲击之下，广州白云机场旅客吞吐量虽然大幅减少，仅为4376.81万人次，但首次问鼎全球第一，成为全球疫情后复苏最快、客流量最大的国际机场之一。

广州市"十四五"规划纲要提出，提升"广州之路"辐射深度和广度，形成东南亚4小时、全球12小时航空交通圈。届时广州的国际航空枢纽地位会更加巩固。

■ 经久不衰的千年商都

广州是全世界唯一千年不衰的商业城市，这个说法广为流传。如果单论世界城市，广州确实称得上"唯一"。上海开埠不到200年时间，香港的繁荣也是最近百年来的事情，深圳的崛起更是只有40多年的历史，而其他世界城市如纽约、伦敦、东京的繁荣也只有几百年的历史。放眼世界，广州从唐宋到明清再到现代，一直都是首屈一指的通商口岸和商贸城市。

广州地处珠江入海口，濒临南海。三江汇流，河道纵横，无论发展内地贸易还是海洋贸易，均有天然优势，这正是广州得以成为千年商都的基础支撑。近代以来，广州商业中心地位的提升，得益于两大历史性事件，一是明清时期的"一口通商"，广州垄断了对外贸易权，得以从岭南跃居到世界舞台。二是20世纪50年代"广交会"的横空出世，奠定了广州作为国际商贸中心的底蕴，也使得广州成为对外交往的主要窗口，"南大门"的地位愈发巩固。

进入互联网时代以来，广州传统商贸中心地位一度遭遇挑战，批发业面临电商的冲击。对此，广州以开放态度拥抱数字经济转型，不仅在电子商务、直播电商、会展经济等领域再起升势，而且获批了"国"字头的广州人工智能与数字经济试验区，将数字经济相关产业推向新的高度。

如今，广州拥有近600家专业市场，超过20万家餐饮门店，快递业务量连续多年位居全国第一。在对外贸易方面，与全球220多个国家和地区保持贸易往来，300多家世界500强企业落户广州，外商投资企业更是多达3万多家；广州港集装箱航线通达全球200多个港口和城市，白云国际机场航线覆盖全球220多个航点……

更值得一提的是，广州市场规模庞大、人口众多。2010年至2020年，广州新增人口高达597万，常住人口直逼2000万。而广州的社会消费品零售总额超过1万亿元,位居城市第一梯队。这些都是广州作为国际商贸中心的实力体现。

随着双循环战略的提出,打造消费中心城市成了一众城市的追求目标,广州在"十四五"规划纲要中提出,建设国际消费中心城市,打造世界级旅游目的地,创建直播电商之都。这些目标一旦实现,无疑将助力广州巩固国际商贸中心的一流定位。

■ 粤港澳大湾区的基本盘

未来中国城市的竞争,不再是个别城市之间的竞争,而是城市群之间的竞争。

国家"十四五"规划纲要指出,发展壮大城市群和都市圈,推动城市群一体化发展,全面形成"两横三纵"城镇化战略格局。就此而言,广州之所以不会跌出一线城市,正因为有粤港澳大湾区这一世界级城市群的支撑。

根据《粤港澳大湾区规划纲要》,广州作为大湾区四大中心城市之一,要充分发挥国家中心城市和综合性门户城市引领作用,全面增强国际商贸中心、综合交通枢纽功能,培育提升科技教育文化中心功能,着力建设国际大都市。

除了粤港澳大湾区作为支撑之外,广州还拥有广州都市圈这一重要腹地。根据广东"十四五"规划纲要,广州都市圈覆盖广州、佛山全域和肇庆、清远、云浮、韶关四市的都市区部分。对于广州都市圈的定位,规划纲要指出,充分发挥广州国家中心城市对周边地区的辐射带动作用,疏解转移与广州国家中心城市定位不符的功能和产业,不断强化广州市创新能力、文化软实力、国际竞争力和门户城市功能。深入推动广佛全域同城化发展,支持广佛共建国际化都会区,联动肇庆、清远、云浮、韶关"内融外联",打造具有全球影响力的现代化都市圈建设典范区。

这里最突出的当数广佛全域同城化。广佛两城中心城区相距仅有20多公里，地铁贯通，地理边界接近消失，城市融合度在全国首屈一指。未来，广佛融合度还会进一步加强，两地正在探索建立统一的规划委员会，实现规划统一编制、统一实施，探索推进土地、人口等统一管理，同时探索建立利益共享的财税分成机制，共同打造先进装备制造、汽车、新一代信息技术、生物医药与健康等四个万亿元级产业集群。

这将是史无前例的同城化举措。佛山第二产业相对发达，装备制造业、陶瓷建材、金属制品制造业相对发达，而广州除了电子、汽车、石化等工业支柱产业之外，金融业、软件业、教科文卫等行业均有突出表现，两地可以实现无缝对接，深度融合，助力广州巩固一线城市之位。

■ 广州的牺牲你不懂

虽然在历史上，广州得风气之先，不乏政策支持，但近年来，广州获得的政策并不多，但为广东乃至全国都做出了巨大的贡献。

广州是典型的三级税制，税收不仅要上缴中央，还要与省级分成，留成比例不到1/3。而重庆、天津作为省级直辖市，深圳作为计划单列市，均为两级税制，留成比例超过一半。

部分二线城市虽然也是三级税制，但由于全省发展相对均衡，省内采取高度分权化的财政激励模式，留成比例远远高于广州。这一差异，造成了一大奇观：虽然来源于广州的国内税收远远高于所有二线城市，但广州留成的地方一般预算收入却明显低于一些二线城市。

2019年和2020年，来源于广州地区的全口径财政收入超过

6000亿元,但最终体现在广州一般预算收入上的财政却不足1800亿元。与之对比,来源于杭州地区的全口径财政收入不到4000亿元,但留成在一般预算收入上的数字却超过2000亿元。而广州税务部门组织的国内税收收入达到4460亿元,但留到地方的仅为1298亿元,不到30%,而重庆、杭州的留成比例都在50%以上(见表1-5)。

表1-5 广州、重庆、杭州税收收入

城市	国内总税收收入(亿元)	地方留成税收收入(亿元)	税收自留比例(%)	地方一般预算收入(亿元)
广州	4460.5	1298	29.1	1714
重庆	2586.3	1430.7	55.3	2094.8
杭州	3600.8	1978.6	54.9	2093.39

资料来源:各地统计局、财政局、税务局

虽然通过上级返还、转移支付、调入卖地收入等资金等方式,广州可支配财力超过了3000亿元,满足各项公共支出的需要。但不可否认的是,在分税制模式下,广州为中央和省内财政都做出了巨大贡献。

值得一提的是,广州、深圳两个一线城市在广东占有重要分量,深圳财政无法大力支援广东省内建设,这一重担必然要落到广州身上。这就在事实上形成了广州不仅要支援粤东西北而且还要支援中西部建设的格局。

这是广州作为中国第一经济大省省会的责任所在,也是平衡粤东西北发展应尽的义务,不能只看到广州享有的政策红利,而忽视其做出的牺牲和贡献。

过去的荣光都已消逝,未来只能靠拼搏奋斗。广州得风气之先,以开放、包容的姿态傲立于城市之林,各项改革曾经走在全国前列。无论追兵如何强劲,只要能确保改革锐气不失,勇于探索,敢于拼搏,广州始终都会屹立于中国城市第一梯队。

深圳将成"地球经济中心"？比起北上广还差了什么

"深圳将成为整个地球的经济中心。"著名经济学家张五常2019年在一次演讲中抛出的这句话，瞬间引爆网络。张五常表示："三十年前我推断上海的经济将会超越香港；今天我推断深圳一带将会超越上海。困难重重，沙石多，但假以时日，我应该对。"

1990年，上海浦东新区成立，在"开发浦东、振兴上海、服务全国、面向世界"的助力之下，上海经济超越香港，并在国际金融中心建设上有了一争之力。如今，上海作为中国经济第一大城市，是名副其实的国际经济、金融、贸易、航运、科创中心。深圳若是能超越上海，势必将带来不亚于当初经济特区崛起时的震撼。

然而，未来几年乃至十几年时间，除了房价和科创之外，深圳恐怕很难在经济上超越上海，更不用说跃升为"地球经济中心"。张五常的这段话与其说定论，不如说对深圳未来的高度自信，让人们对深圳的未来充满期许。

深圳的优点车载斗量，毋庸讳言。值得关注的是，与北上广相比，深圳还有哪些短板？

■ **来了都是东莞人：高房价的挤出效应**

深圳已经成为内地房价最高的城市。如果以房价收入比来看，深圳甚至比香港有过之而无不及。

高房价是深圳城市发展的最大短板所在。2021年,深圳商品房均价一度超过8万元,部分中心城区更是在10万元以上,部分顶尖楼盘可与香港山顶豪宅看齐。由于内地楼市是以建筑面积进行计价,其中包含了一部分公摊面积,两成到三成不等,而国际上房价多以套内面积为准,这意味着深圳实际房价远比表面上看起来更高。

虽然就绝对值来看,深圳房价依然与香港存在一定差距,但两地的中位数收入水平也有明显差距。以更为客观的房价收入比来看,深圳已将北京、上海、广州远远抛在身后,是长沙的6倍多(见表1-6)。换言之,在深圳,一个普通家庭不吃不喝至少30多年才能买得起一套房。

表1-6 2020年50城房价收入比

城市	房价收入比	城市	房价收入比	城市	房价收入比
深圳	39.8	南宁	12.9	日照	10.2
三亚	27.1	太原	12.9	昆明	10.2
上海	26.2	天津	12.8	成都	10.1
北京	23.8	大连	12.7	哈尔滨	10.0
厦门	23.1	郑州	12.4	兰州	9.7
福州	19.5	温州	12.4	重庆	9.6
杭州	18.5	扬州	12.3	青岛	9.4
东莞	17.3	芜湖	11.9	宜昌	9.3
广州	16.7	武汉	11.7	惠州	9.2
珠海	16.1	莆田	11.7	沈阳	9.2
南京	15.4	佛山	11.5	洛阳	9.0
石家庄	15.0	徐州	11.5	乌鲁木齐	7.8
苏州	14.5	西安	10.7	贵阳	7.6
宁波	14.3	济南	10.5	烟台	7.5
海口	14.0	无锡	10.5	韶关	7.3
南通	13.9	金华	10.3	长沙	6.2
合肥	13.5	南昌	10.3		

数据来源:各地统计局、CRIC、易居研究院

房价过高，影响显而易见。过去几年来，深圳不仅劳动密集型产业向外转移，连高新产业似乎也在远离。据《南方都市报》报道，2019 年，深圳市人大常委会审议的《深圳 2018 年中小企业发展情况的专项工作报告》显示，以往企业外迁主体多为"三来一补"企业，行业领域集中在服装、皮革、玩具、塑胶等传统优势产业，而近年来电子信息等高技术行业成为外迁新领域。以近三年外迁的 192 家企业为例，电子信息制造业企业共计 72 家，占全部外迁企业的 37.5%。这里面最著名的案例当数华为终端落户东莞松山湖。虽然华为总部仍然留在深圳，但华为终端及其背后的电子产业矩阵从深圳转移到东莞，背后无疑有高房价的身影，也不无土地资源受限的影响。

受高房价挤出效应的影响，不仅相关产业在向东莞、惠州等地转移，连在深圳的务工群体也难以承受高房价之重，只能在东莞、惠州的邻深地区置业定居，以至于"来了都是深圳人"的口号，变成了类似"来了都是东莞人、惠州人"之类的调侃。

2021 年初爆红的一篇论文，曾经点名深圳：一个城市房价太高，把他们都逼走了，何谈创新？这是深圳过去超越香港的主要经验，未来也有可能成为限制其长远发展的障碍。

深圳房价之高，受到多方面因素的推动。一个直观原因是，深圳城市面积过小，而人口众多，外来人口源源不断涌入，进一步加剧了住房紧张。深圳常住人口超过 1700 万，而城市面积不到 2000 平方公里，而广州为 7434.4 平方公里，上海为 6340.5 平方公里，北京则高达 1.6 万平方公里。土地资源不足，束缚了深圳房价供给的空间。

另一个较为深层次的原因是，深圳住宅用地长期供应不足。长期以来，深圳居住用地占比 20% 左右，低于国家相关标准中

25%～40%的下限，而国际上一般是40%以上。相反，深圳将大量的土地用于工业和商业，这固然有利于降低营商成本，但利好效应很容易被高居住成本的负面效应所抵消。

此外，深圳是热钱的集聚地，炒房现象更甚于一般城市。过去几年来，深圳先后出现代持炒房、二手房业主抱团涨价、经营贷炒房等一系列炒房乱象，房价一直涨的神话在深圳令人心跳。

对此，2020年，深圳提出学"新加坡模式"，未来公共住房与商品房供应比例为6：4。过去，深圳效仿更多的是香港模式，从土地批租制到预售制、公摊面积等，都与香港楼市不无关系；而新加坡则是典型的公共住房模式，以组屋制度建立起独具特色的住房供应机制，如今超过8成的市民居住在政府提供的组屋里，不仅保证了"住有所居"，而且成功遏制住了不断上涨的房价。

然而，由于历史欠账过多，加上土地批租制、土地财政、房地产刺激经济等因素的存在，要想完成从"香港模式"向"新加坡模式"的转变，恐怕不是一日之功。

■ **狂飙的学区房：学位紧张**

虽然在经济竞争力上，深圳霸榜各大榜单，风头甚至盖过了上海。但在教育上，尤其是中小学教育上，深圳与北上广仍旧存在着巨大差距。

中小学学位紧张的一个外在表现是，学位房价格不断飙升。过去十多年来，深圳房价涨幅位居全国之首，而学区房涨幅更是位居深圳各类房子之首。2021年，深圳福田拥有深圳实验小学和深圳实验学校（中学）两个一流学区加持的某小区，报价一度攀升到每平方米30万元以上，而该小区建于1995年，房龄超过25年。

面对日趋紧张的优质学位资源，罗湖区某重点小学曾试图以面积大小作为入学优先顺序,面积大于 50 平方米的学位房,居住满一年即可入学;面积低于 30 平方米的,居住六年方能入学。该规定一经公布就引发轩然大波,最后不得不撤回。这一事件的出现,足以说明存量学位资源博弈之激烈。

如果说名校资源紧张,自然带动学区房价格攀升,那么深圳存在的问题不只是优质教育资源不足,而是整体教育资源不足。从 2019 年开始,深圳已经连续多年发出学位预警,不仅作为老区的罗湖、福田,小一、初一学位资源紧张,而且连土地资源相对充足的宝安、龙华、坪山一些新区学位资源也陷入供不应求的尴尬。

这背后,除了全面二孩带来的阶段性生源井喷之外,更重要的原因是深圳外来人口不断涌入,而学位资源供给却跟不上人口增长的速度。如图 1-7 所示,2010—2020 年,深圳常住人口从 1035 万增加到 1756 万,10 年增加 700 多万人。同一时期,深圳在校小学生人数从 68.5 万增加到 109.12 万,小学学校数量仅从 340 所增加到 347 所,其中大部分还是民办学校。

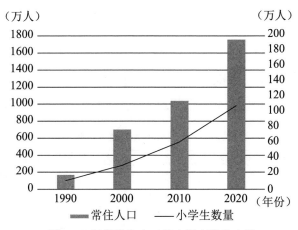

图 1-7 深圳常住人口及小学在校生人数

数据来源:深圳市统计年鉴

事实上，深圳对基础教育的投入只多不少，但始终跟不上需求扩张的态势。数据显示，"十三五"期间，深圳教育支出共计3067.39亿元，其中义务教育阶段1052.18亿元，平均每年超过200亿元。面向未来，深圳教育部门表示"十四五"期间计划打造百万学位，财政部门则称财政资金支出需求超2000亿元。

这是一笔相当大的支出，但也是深圳补齐教育短板不得不付出的代价。

■ 缺少一流高校

中小学教育资源紧张，而没有一流高校，更是深圳高等教育最大的遗憾。

在广东，教育高地在省会广州。广东的8所双一流高校，7所位居省城，包括中山大学、华南理工大学、暨南大学、华南师范大学、广州中医药大学、广州医科大学、华南农业大学。深圳仅有南方科技大学1所。而在高等教育评价专业机构软科发布的2021"软科中国大学专业排名"中，广东共有8所高校进入主榜百强，其中广州7所，深圳只有深圳大学入围。

一流高校付之阙如，深圳高校数量和在校大学生规模同样不及北上广。如表1-7所示，目前深圳仅有十多所高校，2020年本专科在校生11万人、研究生在校生2.28万人，整体不到广州的1/10。

表1-7 一线城市大学教育情况

城市	普通高校数量（所）	双一流大学（所）	在校大学生（万人）	在校研究生（万人）
北京	92	34	59	38.7
上海	63	15	54.07	17.81
广州	82	7	130.71	12.88
深圳	14	1	11	2.28

资料来源：教育部、各地统计局

目前，深圳名气最大的两所高校，当数南方科技大学和深圳大学。虽然在深圳充沛的财力支持和发达的经济支撑之下，两所高校录取分数线节节攀升，影响力和知名度不断提高，但与广州的中山大学、华南理工大学都有着显而易见的差距，更不用说名校云集的北京和上海了。

不过，深圳这些年一直在努力引进国内及国际名校。2010年以来，香港中文大学（深圳）、深圳北理莫斯科大学、中山大学深圳校区、哈尔滨工业大学（深圳）、清华大学深圳国际研究生院、北京大学深圳研究生院先后设立。值得一提的是，哈工大深圳分校2020年高考录取分数线，甚至超过了位于哈尔滨的本部，开创了中国高校史的纪录。

这无疑是深圳作为经济强市的吸引力所致。2020年，深圳高等教育经费投入预算超过200亿元。投入规模仅次于北京、上海，仅深圳大学获得的教育经费就超过60亿元，追上一些传统名校，超过中西部众多"985"高校。

借助发达的经济和充沛的财力，深圳未来还将自建和引进更多大学。据了解，深圳正在高起点、高标准启动筹建深圳海洋大学、深圳创新创意设计学院、深圳音乐学院、深圳师范大学等高校。

不得不承认的一点是，虽然深圳高校发展势头迅猛，但深圳与北上广的高等教育差距不是短时间就能弥补的。

■ 产业空心化的风险

说起深圳制造业，不得不说与深圳一水之隔的香港。

今天的香港，是以金融、航运、贸易、旅游见长的国际城市。第三产业高度发达，而制造业一退再退，从1980年的31.8%降到1997年的14.6%再到如今的2%左右，制造业在香港几乎不复存在，香港也成了我国首个产业"空心化"的城市代表。

当然,香港从制造业向生产性服务业转型,与其国际城市的定位息息相关,也与香港和珠三角的深度合作不无关系。但制造业的缺失带来的产业空心化的风险,让香港难以承受国际经济变动的影响和社会民生问题。因此,近年来,香港"再工业化"的呼声不绝于耳,当地试图通过高等教育和科技创新,与珠三角的工业基地深度合作,赋能制造业。

在香港去制造业的同时,深圳工业开始崛起。第二产业占比一度高于50%,工业增加值连续多年位居全国前三,拥有以华为、中兴、大疆、比亚迪为代表的实体制造龙头企业,堪称我国实体经济的高地。正因为这一点,在粤港澳大湾区相关规划里,作为我国制造业最发达的城市之一,深圳是否也会面临产业空心化的问题?经济是否存在脱实入虚的风险?

从第二产业占比来看,2020年,深圳第二产业占比37.8%,而2010年这一比重还是46.9%,2003年更是高达53.8%,如图1-8所示。过去17年来,深圳第二产业占比下降了16个百分点。不可否认,制造业下滑的同时,深圳的金融、互联网、物流等第三产业趋势崛起,但制造业与服务业的此消彼长,却是不争的事实。

从企业外流情况来看,近年来,深圳劳动力密集型企业外迁的势头有增无减,而一些高新产业也陆续开始向外转移。这些产业,多数转移到了同在大湾区的东莞、惠州等地,部分转移到了海外,还有一部分转移到中西部劳动力大省。如果相关产业向邻深地区转移,更多还是产业在城市群内部的调整,有利于整个区域的均衡发展。如果是外迁甚至向国外迁移,那么无论对深圳还是大湾区都不是好事。

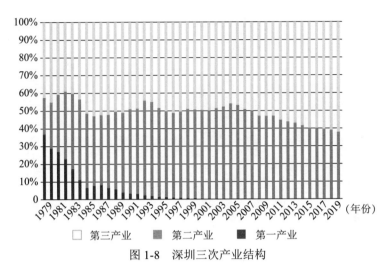

图 1-8 深圳三次产业结构

数据来源：深圳市统计年鉴

当然，土地成本、人力成本太高，制造业外迁是经济规律使然。只要产业仍在不断升级，核心科技和自主创新的产业矩阵仍旧牢牢掌握在手里，制造中心的消退与研发中心的崛起相向而行，那么外迁就不足为惧，产业空心化的担忧也只是一时的。

国家对深圳打造科技强市可谓寄予厚望。2019 年发布的《粤港澳大湾区发展规划纲要》提出，深圳要发挥作为经济特区、全国性经济中心城市和国家创新型城市的引领作用。2020 年，《关于支持深圳建设中国特色社会主义先行示范区的意见》进一步提出，以深圳为主阵地建设综合性国家科学中心，在粤港澳大湾区国际科技创新中心建设中发挥关键作用。2021 年公布的国家"十四五"规划纲要提出，支持北京、上海、粤港澳大湾区形成国际科技创新中心。

可见，深圳只要坚守科技创新和实体经济优先两大战略，就能在未来竞争中立于不败之地，深圳成为世界经济中心的畅想才更有现实意义。

第二章 - 中国正在进入"强省会"时代

一省一城,"强省会"的未来势不可当
硝烟再起,国家中心城市之争为何白热化
区域经济大洗牌,副省级城市为何不再扩容
特区不特?五大经济特区,谁掉队了
10年少了100多个县,大城市集体奔向"无县"时代
北方只剩一座TOP10城市,谁是破局的希望

一省一城,"强省会"的未来势不可当

中国正在进入"强省会"时代。

自从南京、济南、沈阳被中央巡视组点名"省会城市、中心城市功能作用发挥不够"以来,打造"强省会"日益成为各大省会城市不约而同的共识。提高省会城市的经济比重和人口比重,成为各地"十四五"时期的重要战略之一。

山东"十四五"规划纲要明确提出济南实施"强省会"战略,支持济南打造"大强美富通"现代化国际大都市,加快建设国家中心城市。南京在"十四五"规划纲要中,专门辟出一章表述"着力推动城乡区域协调发展,提升省会城市功能和中心城市首位度",凸显对于"强省会"战略的重视度。贵州"十四五"规划纲要提出,实施贵阳"强省会"五年行动,加快构建以黔中城市群为主体,贵阳贵安为龙头,贵阳—贵安—安顺都市圈和遵义都市圈为核心增长极。广西"十四五"规划纲要提出,大力实施强首府战略,高标准建设南宁都市圈。

可以说,从东部的南京、济南、福州,到中部的武汉、长沙、郑州、南昌,再到西部的成都、西安、贵阳、南宁等城市,都把打造"强省会"作为提高区域影响力和辐射力的重要抓手,省会或经济中心城市或副中心城市之间的竞争日益激烈。

许多省份,已经形成了"一省一城"的区域经济格局。

■ 武汉成都西安领衔，南京济南垫底

谁是中国经济"首位度"最高的城市？

我们用城市生产总值占全省比重来衡量主要省会的首位度。注意，这里的"首位度"概念与学术上的"首位度"有着明显不同。学术上一般将第一大城市与次大城市经济总量之比视为"首位度"，而民间和网络通常将省会（首府）占全省经济或人口比重视为"首位度"，这里采用的是民间和网络约定俗成的说法。

以2020年各省会生产总值数据来看，首位度超过50%的城市有两个，分别是长春、银川，省会生产总值占了全省一半以上，一省一城的格局极其明显；首位度超过30%的城市有8个，分别是西宁、西安、哈尔滨、成都、武汉、拉萨、海口、兰州，省会在所在省份里拥有举足轻重的影响力；而首位度低于20%的城市有4个，分别是石家庄、呼和浩特、南京、济南，省会地位受到省内其他经济强市的竞争（见表2-1）。

表2-1　2020年27个省会"首位度"

排序	城市	地区生产总值（亿元）	省份	地区生产总值（亿元）	省会比重(%)
1	长春	6638.03	吉林	12 311.32	53.9
2	银川	1964.37	宁夏	3920.55	50.1
3	西宁	1372.89	青海	3005.92	45.7
4	西安	10 020.39	陕西	26 181.36	38.3
5	哈尔滨	5183.30	黑龙江	13 698.50	37.8
6	成都	17 716.70	四川	48 598.80	36.5
7	武汉	15 616.10	湖北	43 443.46	35.9
8	拉萨	678.16	西藏	1902.74	35.6
9	海口	1791.58	海南	5532.39	32.4
10	兰州	2886.74	甘肃	9016.70	32.0
11	长沙	12 142.52	湖南	41 781.49	29.1

续表

排序	城市	地区生产总值（亿元）	省份	地区生产总值（亿元）	省会比重(%)
12	昆明	6733.79	云南	24 521.90	27.5
13	沈阳	6571.60	辽宁	25115.00	26.2
14	合肥	10045.72	安徽	38 680.60	26.0
15	杭州	16106.00	浙江	64613.00	24.9
16	乌鲁木齐	3337.32	新疆	13 797.58	24.2
17	贵阳	4311.65	贵州	17 826.56	24.2
18	太原	4153.25	山西	17 651.93	23.5
19	福州	10 020.02	福建	43 903.89	22.8
20	广州	25 019.11	广东	110 760.90	22.6
21	南昌	5745.51	江西	25 691.50	22.4
22	郑州	12003.00	河南	54 997.07	21.8
23	南宁	4726.34	广西	22 156.69	21.3
24	石家庄	5935.10	河北	36 206.90	16.4
25	呼和浩特	2800.68	内蒙古	17 360.00	16.1
26	南京	14 817.95	江苏	102 719.00	14.4
27	济南	10 140.91	山东	73 129.00	13.9

资料来源：各地统计公报

省会首位度的高低，要分情况来看。一般而言，西北西南等省份经济体量相对较小，产业结构较为单一，加上地广人稀，省会往往是唯一的经济中心，这正是西宁、银川、拉萨、兰州等省会（首府）首位度位居前列的原因所在。相反，在东部，由于经济相对发达，经济强市林立，加上地方竞争激烈，很难形成"一城独大"的局面，加上一些省份存在享受两级税制等特殊政策计划单列市的存在，省会很难垄断全省资源，首位度自然低于中西部省份。广州、南京、济南、福州等地就是这种情况。

以南京为例，作为中国经济第二大省江苏的省会，南京却不是省内生产总值最高和人口规模最大的城市，南京生产总值和人口规模长期落后于苏州。同时，江苏发展相对均衡，无论是百强市、百强区、百强县还是百强镇数量，都位居全国前列。这种区域发展格局，弱化了南京作为省会的地位。虽然南京借助跨省都市圈，在安徽建立了一片发展腹地，但南京在江苏如何发挥引领作用的问题，需要引起重视。

而在中西部省份，尤其是在一些劳动力众多的人口大省，省会往往具有较多的资源虹吸优势和政策优势，因而容易形成"强省会"，武汉、成都、西安就是最受关注的三大强省会。这些省会之所以被冠上"强省会"的称号，不仅是因为省会生产总值占比高，与副中心城市之间存在明显领先优势，而且本身也是经济强市，生产总值在全国名列前茅。

以成都为例，作为西部最大的城市之一，成都在四川省的地位可谓独一无二。成都的生产总值是位列第二名的绵阳的 5 倍多，省域内各地市经济总量存在明显差距。基于成都作为"强省会"的现实，四川着力打造更多副中心城市。为此，四川省"十四五"规划纲要提出，强化成都主干功能，加快推进成德眉资同城化，促进全省发展主干由成都拓展为成都都市圈。

成都、武汉、西安，是强省会城市的标杆。近年来，南京、济南、福州、南宁、贵阳、呼和浩特等地提出打造"强省会"，正是以武汉、成都、西安等城市为榜样，强化省会功能，提升省会城市能级，打造成为影响整个省域乃至更大区域的经济增长极，从而在地方竞争和国家战略竞争中抢得先机。

■ 扩容，"强省会"的终南捷径

"强省会"的形成，既有历史成因，也有通过行政手段或政策利好助推的因素。

目前，我国主要的"强省会"城市，如成都、武汉、西安，在过去一直都是传统的大区中心，对所在省份乃至区域都有着相当大的影响力。如成都之于西南地区，武汉之于中部地区，西安之于西北地区。后来这些城市又被陆续确立为国家中心城市，正是其区位优势和经济影响力的体现。可以说，"强省会"的出现，本身就是历史积淀和经济发展带来的结果。

除了历史因素之外，一些地方通过行政手段做大"强省会"，比如通过合并周边地市，做大自身的经济总量、城市面积和人口规模。

2010年至今，至少有5个城市通过外延式扩张实现了省会首位度的提高（见表2-2）。2011年，合肥与芜湖、马鞍山三分巢湖，合并了原巢湖市的居巢区、庐江县，城市面积扩大了4000多平方公里。2016年，成都代管简阳市，城市面积从1.2万平方公里增加到1.4万平方公里。2018年，西安代管西咸新区，该区近百万人口被纳入西安市域范围。2019年，济南合并莱芜市，增加了100多万人口，城市面积从之前的7998平方公里扩大为10 244平方公里。2020年，长春代管公主岭市，长春占全省的经济比重一跃到50%以上，成为全国省会首位度最高的城市。

表2-2　5个省会实现合并式扩容

城市	年份	具体政策
合肥	2011	撤销巢湖市，原巢湖市居巢区、庐江县划归合肥管辖
成都	2016	四川简阳市，改由成都市代管
西安	2017	西安市代管西咸新区
济南	2019	撤销莱芜市，设立济南市莱芜区
长春	2020	原由四平市代管的县级公主岭市改由长春市代管

此外，无论是区域规划还是地区政策，都对"强省会"予以了

肯定，赋予了省会更大的资源配置能力。为了支持济南打造"强省会"，山东有关部门将"国家中心城市"的竞夺权给了济南，而青岛则被赋予争夺国际海洋中心城市的资格。济南、青岛作为山东两大龙头城市，在多个国家战略的竞夺中都存在重合之处，如何理清两城的定位，赋予各自不同的发展方向，事关山东新一轮经济发展的成效。

广西则出台了《关于实施强首府战略的若干意见》，成立强首府战略指挥部，统筹协调推进"强首府"战略各项工作，当地媒体甚至喊出了"首府强则广西强"的口号。南宁虽然是广西首府，但论知名度不如桂林，论工业实力不如柳州，论省会首位度与南京、济南一并垫底。但随着西部陆海新通道的落地，加上自贸区、国家物流枢纽的批复，南宁的区位优势随之而提升，南宁竞逐区域中心城市的意愿水涨船高。

贵州贵阳市更是雄心勃勃，试图以做大"强省会"带动贵阳冲击特大城市，与东部城市形成一争之力。这一目标，得到贵阳市乃至贵州省的全力支持。在由贵州省委、省政府联合发布的《关于支持实施"强省会"五年行动若干政策措施的意见》中，明确提出支持贵阳市"一市三县"撤县（市）设市辖区，将涉及贵阳贵安的省级经济管理权限全部下放贵阳贵安行使，支持巩固贵阳提升交通物流枢纽地位，等等。

即便是以"双城记"著称、不追求强省会的广东，在其"十四五"规划纲要中也明确提出，强化广州省会城市功能，提升国家中心城市和综合性门户城市发展能级，打造全球营商环境新标杆。

■ "强省会"的必然性

虽说"一市独大"存在各种各样的弊端，但打造"强省会"，无论在官方还是民间都已成为共识。这背后是城镇化发展阶段带来的必然结果,也是城市发展规律的必然,更有一系列顶层政策强力支持。

其一,以中心城市促进城市群发展,业已成为新一轮城镇化的指导原则。2019年《求是》杂志刊发重要文章指出:我国经济发展的空间结构正在发生深刻变化,中心城市和城市群正在成为承载发展要素的主要空间形式。当年的中央财经委员会第五次会议也强调,增强中心城市和城市群等经济发展优势区域的经济和人口承载能力。

其二,优化行政区划设置,将成为做大"强省会"的重要抓手。2019年,中办、国办印发《关于促进劳动力和人才社会性流动体制机制改革的意见》,提出要优化行政区划设置,以中心城市和城市群为主体构建大中小城市和小城镇协调发展格局,拓宽城市间流动空间。

可见,优化行政区划设置,做大中心城市,将会成为大势所趋。这种背景下,无论是济南合并莱芜、简阳划归成都,还是合肥三分巢湖、西安代管西咸新区,都可视为"优化行政区划"之列。

其三,做大"强省会",还是经济发展规律和城市竞争的必然。一个省份,如果连一个显眼的大城市都没有,恐怕参与区域竞争的机会都没有,遑论在重大国家战略中获得一席之地。在中心城市、都市圈、城市群战略日益明显的今天,没有中心城市,就没有引领者,无论是人口竞争还是产业竞争中,都缺乏领头羊。成都、武汉、郑州、西安之所以能在这一轮城市竞争中脱颖而出,成为名副其实的网红城市,与省会的强势崛起不无关系。

借用一句话:用马太效应对抗马太效应,用大城市对抗大城市。这恐怕是中西部省份的最佳选择。做大省会,做大中心城市,进而做大都市圈和城市群,从而在城市竞争中抢得先机,这不仅是2020年的趋势,更会是未来10年的大势所趋。

硝烟再起，国家中心城市之争为何白热化

国家中心城市，处于我国城镇体系的最高层级，属于塔尖城市，与区域中心城市、地区性中心城市和县域中心城市相对应，构成全国完整的城镇体系。按照官方文件说法，国家中心城市是居于国家战略要津、肩负国家使命、引领区域发展、参与国际竞争、代表国家形象的现代化大都市。

可以看出，不同于以行政级别界定的副省级市，也不同于以城市人口规模体量衡量的超大特大城市，国家中心城市更突出其地理区位、人口布局、空间形态、战略定位和区域辐射力，具有不可替代性。

截至 2021 年，我国共确立了九大国家中心城市：北京、上海、广州、重庆、天津、成都、武汉、郑州、西安。近几年，关于"谁是下一个国家中心城市"的议论不绝于耳。从东部的经济强市，到东北的省会城市，无不将国家中心城市作为追求目标。

争创国家中心城市，写入了多地的"十四五"规划纲要，新一轮国家中心城市争夺战，在各地打响。

■ 九大国家中心城市

"国家中心城市"概念的诞生，只有十多年的历史。

2005 年，原建设部在全国城镇体系规划相关文件中，首次提出

了"国家中心城市"的概念，全国范围的中心性和一定区域的国际性，作为国家中心城市的基本特征而得到认可。2010年发布的《全国城镇体系规划（2010—2020年）》首次提出，建设北京、天津、上海、广州、重庆五大国家中心城市。这一体系按照城市在国家和区域中的地位和作用，分为国家中心城市、区域中心城市、地区中心城市和县域中心城市四个层次，"国家中心城市"的概念开始流传开来。

2016年，国家中心城市迎来首次扩容。在当年发布的《成渝城市群发展规划》中，明确成都要"以建设国家中心城市为目标"，这意味着成都正式晋级为国家中心城市。同一年，《促进中部地区崛起"十三五"规划》发布，明确提出，支持武汉、郑州建设国家中心城市。2018年，随着《关中平原城市群发展规划》的发布，西安被纳入建设国家中心城市的范畴，国家中心城市由此扩容到9个，覆盖全国主要城市群（见表2-3）。

在9个国家中心城市中，北京、上海、天津、重庆四大直辖市全部在列，广州、成都、武汉、郑州、西安则是分别位居华南、西南、中部、中原、西北的中心枢纽城市。

表2-3　九大国家中心城市批复情况

城市	时间	城市群	相关规划
北京、上海、广州、天津、重庆	2010年	京津冀、长三角、珠三角、成渝城市群	《全国城镇体系规划（2010—2020年）》
成都	2016年	成渝城市群	《成渝城市群发展规划》
武汉、郑州	2016年	长江中游城市群、中原城市群	《促进中部地区崛起"十三五"规划》
西安	2018年	关中平原城市群	《关中平原城市群发展规划》

一般而言，要想成为国家中心城市，至少需要满足以下几个条件。一是区位优势。区域中心城市、交通枢纽和科教文卫中心，中

心性是第一位的。二是经济优势。城市经济实力要强,区域辐射力要广,人口吸引力要强,否则难以起到引领作用。三是在国家"双循环"战略中的发展优势。既要有对外开放的引领作用,又要有以庞大人口体量和超大市场规模为代表的内循环支撑,在消费、外贸等领域处于引领地位。四是城市群优势。一个强大的城市群,是中心城市存在和发展的重要前提之一。没有城市群作为依托,中心城市的实际作用并不高。

不难看出,九大国家中心城市都是区域门户和交通枢纽,在全国经济榜单中处于领先水平,人口规模庞大,市场优势突出,且都对应着国际级城市群,在所在省份乃至地区都有举足轻重的影响力,也是参与国家对外开放的重要载体和平台。

■ 深圳为何不是国家中心城市

令人好奇的一点是,广州、武汉、郑州、西安入选,而深圳却非国家中心城市。

过去,深圳最为瞩目的定位当数经济特区。作为全国首个经济特区,深圳借助先行先试的发展优势,从小渔村跻身为国际城市。近年来,深圳又获得"中国特色社会主义先行示范区"的荣誉。作为先行示范区,深圳被赋予建设高质量发展高地、法治城市示范、城市文明典范、民生幸福标杆、可持续发展先锋等五大战略目标,到 2025 年建成现代化国际化创新型城市,2035 年要建成具有全球影响力的创新创业创意之都,成为我国建设社会主义现代化强国的城市范例。

就此而言,深圳的定位更多体现于"创新创业创意"层面,科技创新的重要性更为凸显。这在 2019 年发布的《粤港澳大湾区发展规划纲要》里也有直接体现:发挥作为经济特区、全国性经济中心城市和国家创新型城市的引领作用,加快建成现代化国际化城市,努力成为具有世界影响力的创新创意之都。

可见,与广州作为国家中心城市相比,深圳更突出的是全国性经济中心城市和创新城市的地位。而与国家中心城市的战略定位相比,先行示范区无疑定位更为独特、目标更为高远、意义更为重大。

事实上,深圳虽然经济相对发达,生产总值已经先后赶超广州、香港,落户的世界500强企业众多,以华为、中兴、腾讯、大疆为代表的科技企业,在世界上都有举足轻重的影响力。但深圳的交通、教育、文化、医疗等并不发达,缺乏作为国家中心城市的枢纽性和中心性。同时,深圳还拥有计划单列市的身份,财政很少与广东省进行分成,难以发挥对于全省乃至华南地区的直接反哺和辐射作用。

可见,与深圳相比,武汉、郑州更符合国家中心城市的定位。经济特区、计划单列市、粤港澳大湾区中心城市、先行示范区的超高定位,已经赋予深圳以更加独特的价值。

■ 竞逐国家中心城市,究竟争什么

一众城市摩拳擦掌,国家中心城市之争日趋白热化。竞逐国家中心城市,究竟是在争什么?

毫无疑问,国家中心城市,代表的是更高的城市层级,有助于进一步提高城市知名度和能级,在区域竞争和国家战略的竞夺中获得优势。城市知名度很容易理解,就像新一线城市的概念甫一问世就得到地方政府和民间的广泛认可一样,国家中心城市这一概念背后附着的地位独特性和战略重要性,就足以让所在城市获得知名度的提升。

与相对较虚的知名度相比,国家中心城市能带来一系列实际利益。行政力量对于城市发展的影响力仍然巨大,一些国家战略和政策资源会优先向国家中心城市倾斜，相关的改革探索也会优先从国家中心城市开始试点，而相关的国际会议、全国赛事也会优先考虑这些城市，这是给国家中心城市带来的最直接效果。

更关键的是，一旦成为国家中心城市，则意味着获得所在地区发展的主导权，无论是都市圈的整合还是城市群的整合，都将如虎添翼，这对于存在多个经济强市的省份显得尤为重要。济南与青岛，沈阳与大连，福州与厦门，这些存在典型"双子星"争锋的省份，谁能获得国家中心城市，谁就获得更大的支配权。尤其对于东北地区来说，振兴东北老工业基地任重而道远，面临经济增长放缓、人口持续外流、产业竞争力衰退的发展现实，东北急需一个国家中心城市发挥引领作用，带领东北走出困境。

可以说，国家中心城市建设与"强省会"战略相辅相成。"强省会"是争取建设国家中心城市的重要筹码，而一旦获批国家中心城市，"强省会"的建设也会呈现加速之势。

此外，成为国家中心城市，还能倒逼城市进行全方位的改革。国家中心城市要想起到引领和辐射作用，自身的经济产业必然要有一定竞争力，在国内大循环和国际双循环战略中抢占先机，同时还要有一流的营商环境，成为区域发展的增长极和典范，这都需要自身的进步作为前提。

■ 谁是下一个国家中心城市

近年来，包括南京、济南、青岛、长沙、合肥、沈阳、长春、福州、厦门、昆明在内的十多个城市，提出了争创国家中心城市的目标。谁能成为下一个国家中心城市，是全社会共同关注的热点话题。

国家中心城市是城镇体系的金字塔塔尖城市，既然是"塔尖城市"，就宜少不宜多，不应遍地开花，过多过滥反而失去了其价值。

然而，中国地域广阔，出于区域均衡协调发展的考虑，每个地区都应当至少有一个国家中心城市。目前，我国华南、华北、中部、西南、西北均有国家中心城市诞生，唯独东北仍旧付之阙如。基于振兴东北的需要，东北地区不可避免会产生一个国家中心城市。

此外，随着我国国力不断增强，与周边国家之间的经贸往来日益增多，一些沿海沿边省份的省会（首府）的重要性与日俱增。近年来，多数边疆省份的中心城市陆续获批自贸区、国际交通枢纽城市、国家物流枢纽等，既对接带动区域增长的需要，又不乏促进对外开放的积极意义。这方面，福建、云南、新疆等地，会否诞生新的国家中心城市，同样备受瞩目。

当然，许多候选的竞逐者本身经济体量还不够突出，且所在省份经济实力并不显著，加上缺乏一个成熟的城市群作为依托，短期还很难承担起"引领区域发展、参与国际竞争"的重任，离国家中心城市的门槛还有一定距离。

事实上，抛开这场日益白热化的争夺战不论，至少有一点可以明确，一个城市能不能成为国家中心城市，不是简单的行政命令或规划文件就能敲定，而是城市自身发展和市场选择的结果。国家中心城市，与其说是对城市的加冕，不如说是对城市既有地位和发展潜力的确认。换言之，这是经济发展的结果而非原因。建设国家中心城市，是让本来就具备中心性特质的城市更加符合国家中心城市的要求，而非让普通的区域性中心城市直接跃升为国家中心城市。

国家中心城市并非万能药，它只能推动都市圈和城市群的融合，却不一定能将城市经济提升到新的高度。想要破局获得长远发展，仅靠国家中心城市这样的名头是远远不够的。

区域经济大洗牌,副省级城市为何不再扩容

副省级城市,是中国城市层级中的特殊存在。

我国城市的行政层级,大致有"直辖市-副省级市-地级市-县级市"四层架构。在 600 多个城市里,只有 4 个省级直辖市、15 个副省级城市。

副省级城市,即行政架构为副省级的建制市,行政级别比一般地级市高出半级,且拥有部分省级管理权限,在国家战略和资源配置的竞争中拥有一定优势。正因为这一点,最近几年,一些省会城市被呼吁升格为副省级城市,郑州、长沙、福州、乌鲁木齐、兰州等地呼声相对较高。

面向未来,中国副省级城市的格局会不会发生变化?

■ 15 个副省级城市

中国目前有 4 个省级直辖市、15 个副省级城市。

北京、上海、重庆、天津 4 地为直辖市,相当于省一级。四大直辖市虽被视为城市,且在各大榜单中与广州、深圳、苏州、成都乃至南昌、太原等同等比较,但无论是行政级别还是管理权限,抑或财政自由支配度,都远超普通城市。

直辖市之后是副省级城市,包括副省级省会和计划单列市。如表 2-4 所示,我国内地共有 4 个直辖市、27 个省市区,但只有 15

个副省级城市，其中包括 10 个省会和 5 个计划单列市。省会包括广州、杭州、南京、济南、沈阳、长春、哈尔滨、武汉、成都、西安，这些副省级省会，基本都是传统的大区中心，如广州之于华南、沈阳之于东北、武汉之于华中、成都之于西南、西安之于西北。计划单列市，则只有深圳、青岛、宁波、大连、厦门等 5 个城市。

表 2-4　城市行政层级

类　型	行政级别	代　表　城　市
直辖市	省级	北京、上海、天津、重庆
副省级市	副省级	广州、杭州、南京、济南、沈阳、长春、哈尔滨、武汉、成都、西安、深圳、青岛、宁波、大连、厦门
地级市	厅级	佛山、无锡、南通、泉州等
县级市	处级	昆山、义乌、仁怀、莱州等

计划单列市，是我国城市体系中更为特殊的一部分。所谓计划单列，主要指的是财政单列，财政收支直接与中央挂钩，极少上缴省级财政，不受省级平衡各地市经济社会发展的影响，且拥有相当大的省级管理权限，地位较为特殊。

这些计划单列市，与所在省份的省会形成明显的竞争合作关系，构成独特的"双子星"发展模式。广州与深圳，济南与青岛，杭州与宁波，沈阳与大连，福州与厦门，屡屡上演"双城记"，在国家战略的竞夺和城市群的主导权之争中，屡有碰撞。

目前，我国共有 27 个省会（首府），超过 20 个万亿元生产总值的城市，而副省级城市仅有 15 个，这意味着还有大量的省会、经济强市无缘副省级。这其中，不乏郑州、长沙、合肥、福州等万亿元生产总值的省会，以及苏州、佛山、东莞、无锡等经济强市，这些城市里不乏升格为副省级的呼声。

■ 从计划单列市到副省级城市

副省级城市到底还有没有可能调整，这要从其由来说起。

副省级城市的前身，是计划单列市。从 1954 年到 1994 年，我国先后设立了 14 个计划单列市，包括重庆、武汉、沈阳、大连、广州、西安、哈尔滨、青岛、宁波、厦门、深圳、长春、成都、南京。之所以设置了大量计划单列市，主要是基于当时经济社会发展的需要，赋予一些城市更大的自主性，从而调动其发展积极性，同时作为经济体制改革的突破口。

1994 年，这 14 个计划单列市与杭州、济南一并被确定为副省级城市，计划单列市仅保留深圳、重庆、宁波、青岛、大连、厦门 6 个。随着 1997 年重庆升格为直辖市，计划单列市仅剩 5 个，而副省级省会定格为 10 个，15 个副省级城市就此定型。

计划单列市之所以被大规模取消，背后有诸多原因。根据北京大学教授周黎安的说法，计划单列市改革，固然调动了个别城市的积极性，但对于所属省份的利益造成损害，因为计划单列市财政与中央直接分成，所在省份很难从中直接受益；加上 1994 年我国分税制制度建立，中央与地方财权关系前所未有之清晰，计划单列市存在的必要性就大打折扣，最终只保留了 5 个计划单列市。

由于财政单列和管理权限提升带来的优势，深圳等五大计划单列市在 2010 年之前发展相对迅猛，但 2010 年之后出现明显差距。如图 2-1 所示，深圳一骑绝尘，宁波、厦门奋力直追，而青岛、大连增速则明显放缓。可见，在高质量发展阶段，计划单列市的身份已不足以带来更大的领先优势了。

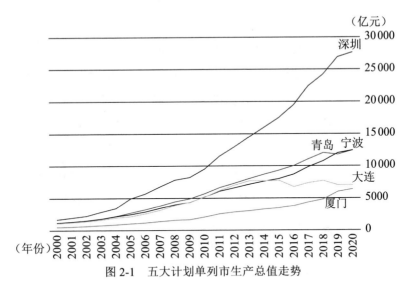

图 2-1 五大计划单列市生产总值走势

数据来源：各地统计年鉴

值得一提的是，东北三大省会，全部位列副省级城市。这出乎许多人的意料，毕竟，东北经济已经不复当初荣光，不仅生产总值远远不及一些中部省会以及东部的经济强市，而且从人口到产业再到营商环境，都面临着一系列的问题，似乎与副省级城市的高定位不相匹配。这背后是历史因素使然。在副省级城市确立的20世纪90年代，东北还是首屈一指的工业重镇，东北三大省会，无论是经济总量、工业实力还是综合影响力，都位居全国前列，在国家战略中占有突出地位。

因此，副省级城市可以视为历史遗留产物，也是特定历史阶段城市地位的体现。问题在于，如今，全国经济发展可谓天翻地覆，区域经济格局早已不同于往日，为何副省级城市的格局就此定型？

其实，1995年的官方文件就已透露端倪。当年，中央机构编制委员会印发的《关于副省级市若干问题的意见》指出，"将这些城市定为副省级市,不仅有利于加快这些城市的经济与社会发展,而且有利于更好地发挥这些中心城市的辐射作用。"可见,设立副省级城市,主要出于促进经济发展和发挥中心城市辐射作用的考虑。

然而,过去 40 多年的发展已经证明,城市行政级别的高低,与经济增长并无直接的对应关系,行政级别高固然能够提高中心城市的资源配置能力,但未必一定能促进经济高速增长。一些普通地市的崛起和一些副省级城市经济地位的变化,就足以说明问题。

对此,当年的这份文件还提出,关于其他省会市要求为副省级问题,要在总结 16 市经验的基础上,对其他省会市加强调查研究,提出标准,统筹考虑,适当时候,对条件成熟的省会市的级别问题提请审批。

虽然政策留了一定缺口,但有关方面对此显然不再积极,副省级城市自此不再扩容。1994 年至今,我国再没增加过一个计划单列市,也没有增加任何副省级城市。

■ 副省级城市有何好处

为什么这么多城市对副省级城市趋之若鹜?

显然,城市升格为副省级,能带来一系列利好。最直观的好处,当数行政级别的提升,一般而言,地级市多是厅级单位,而副省级城市则高出半级,主要领导均为副部级,下属各区、局等单位同样高出半级,而普通县级领导干部只是处级,而副省级城市的街道办领导就已是处级。

成为副省级,不仅意味着级别直接晋升,还能带来更强的资源配置能力。无论是向上争取国家项目还是延揽更多产业,都能带来意想不到的利好。

此外,升格为副省级,意味着管理权限的提升。副省级城市一般都享有部分省级管理权限；如果能成为计划单列市，财政上还能获得相当的自由权限，广州和深圳财政收入的悬殊，背后就不无深圳财政单列的因素。

当然，近年来，一些省份开始向省会、经济强市下放省级管理权限。2020年，河南正式向郑州、洛阳下放部分省级管理权限；江西甚至提出，除法律、法规和规章规定不能下放或委托的事项外，省级审批权限原则上均下放到都市圈设区市政府。

可见，即便没有副省级城市的名头，省级管理权限也已在尽可能地下放。相反，由于财政单列的原因，计划单列市与所在省份其他地市的争议日益增多。这一问题在20世纪90年代就已引起重视。1994年，中央机构编制委员会第6次会议指出，"将计划单列市确定为副省级市，加强了省级机构统筹规划和协调的地位和作用，减少了省与计划单列市之间因权限划分不清引起的矛盾和扯皮"。

这只是问题的一部分。随着时代发展，计划单列市经济突飞猛进，在所在省份的经济比重越来越高，但由于财政单列，很难在财政上反哺省内其他地市，个别经济不算特别强的省会城市承担起巨大的财政重担，自然引来各种各样的非议。

因此，取消计划单列市的呼声这两年不绝于耳，呼吁计划单列市承担更多财政责任的说法更是屡见不鲜。

所以，不难推断，国家层面短期内应该不会再设立副省级城市，更不会新增计划单列市。对于经济强市来说，与其追求这一名头，不如做大城市能级，以经济实力展现竞争力。

特区不特？五大经济特区，谁掉队了

我国在 20 世纪 80 年代，共设立了五个经济特区：深圳、珠海、汕头、厦门、海南。

在改革开放之初，经济特区作为探索者，承担起对外开放的重任，用税收优惠、政策红利和先行先试的闯劲，激活一池春水。然而，随着时代发展，尤其是市场经济体制的建设，中国对外开放不断取得新突破，区域经济格局发生了翻天覆地的变化，经济特区的政策普及开来，特区本身的政策光环逐步减弱。

同为经济特区，40 多年来，发展却不同步。作为先行者的深圳，成为经济特区的一面旗帜，从名不见经传的小渔村一跃成为国际大都市。厦门、珠海由于体量原因，虽然经济规模和人口规模相对较弱，但人均 GDP 等指标遥遥领先。海南在经济特区之后，又承担起打造自由贸易港的重任。由于各种各样的历史因素，汕头经济发展不及预期，未能承担起带动粤东地区发展的重任。

站在新的时代起点上，经济特区该向何处去？

■ **特区不特？**

"中央没有钱，可以给些政策，你们自己去搞，杀出一条血路来。"

1979 年 4 月，在听取广东省委负责人关于试办出口加工区的汇报后，邓小平表示，"就叫特区，陕甘宁就是特区"。

1980年8月26日，深圳经济特区正式诞生。与深圳同步成为经济特区的还有广东珠海、汕头，以及福建厦门。1988年4月，海南行政区从广东脱离，设立海南省，同时建立经济特区。中国五大经济特区的格局由此奠定。

虽然1990年成立的上海浦东新区、2011年成立的喀什经济开发区、2019年设立的上海自贸区临港新片区，均不乏特区的属性，喀什经济开发区提及"充分借鉴国内各经济特区和各类产业集聚区建设发展的成功经验"，临港新片区也明确提及"参照经济特区管理"，政策力度甚至有过之而无不及，但与最初的经济特区有着明显不同，承担的时代重任也发生了变化。

20世纪80年代，改革开放伊始，一切都处于先行先试的探索阶段。当时，计划经济正面临向市场经济转型，对外开放和沿海贸易刚刚起步，无论是市场机制、土地制度还是用工制度、薪酬模式，都有待完善。改革很难一蹴而就，先行先试需要的不只是"摸着石头过河"的经验，更是勇立潮头、突破各种阻碍的魄力。特区的设立，就是要"杀出一条血路来"。

作为经济特区的代表，深圳在20世纪80年代就创下了无数个第一：从在全国第一个打破"铁饭碗""大锅饭"到发行新中国第一只股票，从建立中国第一个出口工业区和科技工业园区到敲响新中国土地拍卖"第一槌"，从成立中国内地首家股份制保险企业到开出中国大陆第一张寿险保单……

无论是股票、保险，还是土地拍卖，在今天都是见惯不怪的事物，但在当初，这些新兴事物的推出，背后要付出巨大的努力。

随着经济特区的探索获得认可，我国对外开放的步伐不断加速。1984年，我国设立首批14个沿海开放城市，包括上海、广州、天津、青岛、南通、温州、湛江、北海等。1985年，长江三角洲、珠江三角洲和闽南三角区被划为沿海经济开放区；1992年以来，又先后开放沿江沿边城市，随后扩大到所有内陆城市。从经济特区到沿海开放城市，到沿海经济开放区再到内陆开放，我国对外开放迅速完成了历史性跨越。

1994年之后，随着税制、外贸、投资、外汇等统一改革的推进，改革开放政策覆盖了全国，经济特区基本完成了当初的探索使命，为了促进经济发展而推出的优惠政策日益"普惠化"，"特区不特"成为常态。经济特区的发展，从此不再依赖过去的政策红利，变为"二次创业"的再出发，经济特区的发展开始出现明显分化。

■ 谁掉队了？

从改革开放40多年的发展来看，深圳一骑绝尘，厦门、珠海各有所长，海南即将突破，汕头则需要重新寻找出路。

1980年，五个经济特区的经济总量相差不大。最高的海南生产总值为19.33亿元，深圳、珠海都不到3亿元。到了2000年左右，深圳已与其他三地拉开明显差距，生产总值攀升到2000亿元以上，珠海垫底。2010年，差距进一步扩大，深圳率先破万亿元，厦门突破2000亿元，而珠海反超汕头。到了2020年，深圳继续扩大领先优势，生产总值超过了其他四个经济特区之和，而厦门、海南进步明显，而汕头与珠海之间的差距越来越大。

从人均GDP指标上，更能看出五个经济特区发展的差距。改革开放之初，各地人均GDP相差不大。如表2-5所示，2020年，深圳人均GDP攀升到15.3万元，厦门、珠海分别为11.6万元、14.1万元，海南、汕头，则低于全国平均水平，分别为5.3万元和4.9万元。

表 2-5 2020 年五大经济特区主要经济指标

城市	生产总值（亿元）	常住人口（万人）	人均 GDP（万元）	一般预算收入（亿元）
深圳	26 927.09	1756	15.3	3773.21
厦门	5995.04	516.4	11.6	768.37
海南	5308.94	1008.1	5.3	814.13
珠海	3435.89	243.9	14.1	344.49
汕头	2694.08	550.2	4.9	138.23

资料来源：各地统计公报、第七次人口普查公报

五个经济特区发展迥异，背后的原因相当复杂，但有几点基本已经成为共识。

一是地缘优势的不同，导致了各个经济特区面临着不同的发展空间。深圳、珠海、厦门各自毗邻港澳台，近水楼台先得月，改革开放初期从这一地缘环境中明显受益。深圳毗邻香港，得益于香港的产业转移和投资支持；珠海虽然毗邻澳门，获得的外来投资同样不弱，但毕竟澳门体量难以与香港相提并论，发展空间也就出现了明显差异。厦门作为两岸融合的最前沿，如今，台湾是厦门第二大贸易伙伴、第一大进口来源地和第六大出口市场。

汕头和海南面临的情况有所不同。汕头作为侨乡，在改革开放早期，大量来自华人华侨的外来投资蜂拥而来，带动了经济的增长，但后来由于营商环境的因素，外来投资断崖式下滑。海南是唯一的特区省，全岛都属于经济特区，地理位置独特，作为相对独立的地理单元，具有成为改革试验田的独特优势。

二是主导产业的差异。早在 20 世纪 90 年代"特区不特"的争议出来之时，深圳就已明确了"二次创业"的发展战略。早在 1995 年，时任深圳市委书记厉有为就提出"二次创业"之说，力推深圳发展高端服务业、金融业、高新技术产业，还力排众议在南山区"建

设世界一流高科技园区"。1995年,深圳市在"八五"计划中明确制定"以高新技术产业为先导,先进工业为基础,第三产业为支柱"的产业发展战略。如今,深圳能获得国家创新型城市的高定位,正是高新科技的超前定位之花结出的果实。

海南的定位则历经多变,主导产业也在不断发生变化。在海南经济特区成立之初,当地最兴盛的当数房地产业,巅峰时期,这个海岛上聚集了2万多家房地产公司,后来房地产泡沫破裂,经济发展一度停滞不前。到了2010年,海南获批国际旅游岛,旅游业及相关产业成为海南的支柱产业,旅居地产因此繁荣,房地产依赖度过高成为制约当地经济的重要难题。2018年,海南经济特区成立30周年之际,海南再次获得政策加持,将建设自由贸易港。2020年,《海南自由贸易港建设总体方案》印发,海南自贸港将采取封关运作,以零关税作为主要政策,海南发展由此步入新阶段。

反观汕头,从20世纪一直到现在,支柱产业一直都围绕纺织服装、工艺玩具、化工塑料、印刷包装等方面,这些产业基本都属于劳动密集型产业,处于产业链的底端,附加值不高,抵抗市场风险的能力较弱,新产业新经济不成规模。产业转型升级不畅,是汕头经济发展落后于其他沿海地区的重要原因之一。

三是改革锐气的持续性。"特区不特"的问题早已存在,在经济特区失去政策光环之后,谁能进行"二次创业",谁能"改革再出发",谁能率先作出更大的探索和突破,谁就能在城市竞争中立于不败之地。换言之,与早期由特殊政策驱动不同,近年来各城市的发展更多要看自身的内生动力,如果内生动力不足,改革锐气缺失,那么掉队就是必然结果。

■ 深圳、海南：不只是经济特区

作为老牌经济特区，深圳、海南再获政策加持。

2019年，深圳获批建设社会主义先行示范区，无论是规格还是政策力度，都不亚于当初的经济特区。2020年，《海南自由贸易港建设总体方案》印发，海南成了内地独一无二的自贸港。

深圳先行示范区的意义众所周知，海南自贸港的突破意义更值得关注。根据方案，到2035年，海南自由贸易港实现贸易自由便利、投资自由便利、跨境资金流动自由便利、人员进出自由便利、运输来往自由便利和数据安全有序流动；到21世纪中叶，全面建成具有较强国际影响力的高水平自由贸易港。

海南建设自贸港，是推进海南全面深化改革开放这一国家战略的配套政策。自贸港将建设全岛封关运作的海关监管特殊区域，实行以零关税为基本特征的制度，具体操作路径为"一线放开、二线管住"。所谓一线放开，指的是面向国际的放开，零关税，货物进出自由。二线管住，则是面向内地而言，海南与其他地区之间设立新的管理环节。

这相当于海南成了一个特殊的关税区。离岛免税，将给海南带来购物天堂的地位。建设现代产业体系，大力发展旅游业、现代服务业和高新技术产业的定位，则让海南的产业结构得到升级换代；贸易自由、投资自由、跨境资金流动自由、人员进出自由、运输来往自由等探索，则将海南与国际重要的自贸港相提并论，且与香港的城市功能有了一定重合。

当然，正如国家发改委有关人士所回应的，海南自由贸易港与香港的地位不同，重点发展产业也不同，应该说互补大于竞争，不会对香港造成冲击。

■ 汕头如何追赶

汕头，确实是最"落寞"的经济特区，没有之一。

汕头早在 1860 年就已开埠，一度为广东仅次于广州的第二大城市。汕头所在的潮汕地区是中国著名侨乡，依靠侨乡优势，汕头成为对外开放的重要试验田之一，经济发展一度领跑于四大经济特区，但后来发生的两大事件，成了汕头发展的重要转折点。

一是 1991 年潮汕地区一分为三，原汕头市变成汕头、潮州、揭阳三市。之所以"三分潮汕"，主要是出于汕头经济特区扩容的考虑，而潮汕全域地域广阔，无法全部升级为特区。三分潮汕，固然解决了汕头经济特区扩容的难题，但从此三市分离，在机场、高铁站建设和产业竞争上的博弈不断，拉锯与割裂长期存在，因此近年来潮汕三市合并的呼声不绝于耳。

二是 2000 年前后影响极大的"世纪税案"。当时，我国开启了一场声势浩大的打击走私和骗税行动，潮汕地区一些企业被揭发存在制售假发票、出口骗税、偷税漏税等大量违法犯罪行为。经查处，犯罪分子虚开增值税金额达 323 亿元，骗税 42 亿元，为改革开放以来涉案金额最大的税案。

经此事件，当地商业信用遭受冲击，一些合法企业也被席卷其中，部分企业被迫搬走，而外部投资也出现断崖式下滑，营商环境成了持续困扰汕头发展的最大问题。据新华网报道，2001 年，全国 18 个地区相关部门向企业下发不与汕头、潮阳市（现汕头市潮阳区）开展经济活动的通知，也有一些地区相关部门提出不接受潮汕地区的发票，导致后者经济发展备受影响。虽然后来当地以刮骨疗伤式的决心再造营商环境，但错过了发展的黄金时代，经济难以跟上其他城市的步伐（见图 2-2）。

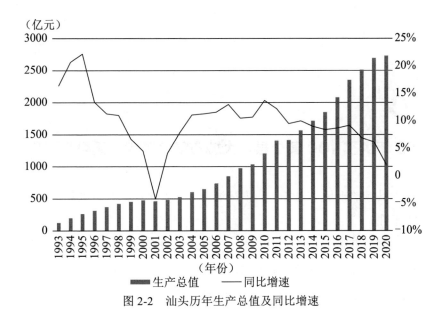

图 2-2 汕头历年生产总值及同比增速

数据来源：汕头市统计年鉴

除了这两大转折点之外，汕头在"特区不特"之后未能成功进行"二次创业"，产业迟迟未能得到真正升级。从20世纪一直到现在，汕头的支柱产业一直围绕纺织服装、工艺玩具、化工塑料、印刷包装等，这些产业基本都属于劳动密集型产业，处于产业链的底端，附加值不高，抵抗市场风险的能力较弱，新产业新经济不成规模。

要知道，就在同一时期，珠三角地区从最初的"三来一补"等加工产业向高新技术产业转型，逐步建立起以电子信息、智能装备、生物医药、新型显示为代表的高新产业体系，从而最大程度缓冲了2008年全球金融危机和2020年新冠肺炎疫情的冲击。

可见，汕头面临的问题相当复杂。除了潮汕地区三分带来的冲击之外，更重要的是营商环境和产业升级。作为中国著名侨乡，潮汕背靠1500万侨胞，无论是资金和人力都不稀缺，难的是如何将这些力量汇聚在一起，改革开放再出发，从而再创辉煌。

10年少了100多个县，大城市集体奔向"无县"时代

县城的批量"消失"，堪称最近十多年来我国行政区划领域的大事件。

自从秦朝确立郡县制以来，县一直都是我国基层治理的主要行政单元。然而，最近十多年来，全国"消失"了100多个县。与之相对应，同一时期，全国多出了20多个县级市、100多个市辖区（见图2-3），部分一二线城市率先迈入"无县时代"。

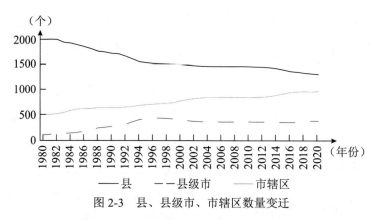

图2-3　县、县级市、市辖区数量变迁

数据来源：中国统计年鉴

这是撤县设市、撤县设区大力推动的结果。一些县城摇身一变为县级市，虽然行政级别保持不变，但从此迈进"城市"序列。一些县城则升格为市辖区，从此变成城区的一部分，迅速融入城镇化

的历史进程中。

与撤县设市相比,撤县(市)设区规模更大、力度更猛、推进更快,几乎覆盖了一二三四线城市。随着大城市集体奔向"无县"时代,中国区域经济格局再次生变。

■ 大城市失去了县城

经过持续的撤县(市)设区,在超大特大城市中,北京、上海、广州、深圳、武汉、天津、南京、东莞、佛山9城都已进入"无县时代"。在大中城市里,珠海、中山、三亚、海口、儋州、嘉峪关等,也都不再存在县域。

在超大特大城市里,最早进入"无县化"的不是北上广,而是深圳、厦门、东莞和武汉。深圳和厦门是经济特区,本身城市面积相对较小,原来深圳辖内唯一的宝安县早在1992年就被分设为宝安区、龙岗区,原来厦门辖内的同安县则在1996年改为同安区,两个经济特区率先实现"无县化"。

东莞相对特殊,作为全国为数不多全部由镇域构成的地级市,不设县也不设区,与东莞相似的还有广东中山市、海南儋州市。其中,东莞与中山都属于强镇经济的代表,部分镇生产总值高达数百亿元乃至近千亿元,与中西部许多地级市相当。在广东"强镇扩权"的改革之下,这些镇域与县区行政级别、功能相当,不能当成普通的乡镇来看待。

武汉是二线省会城市中率先告别县域的城市。武汉早年虽被调侃为"中国最大的县城",但在20世纪90年代就率先通过多轮撤县设区,跻身无县城市阵营。1992年、1995年和1998年,原来的汉阳县、武昌县、新洲县和黄陂县先后被撤销,同时设立蔡甸区、江夏区、新洲区和黄陂区,武汉从此步入"无县"时代。

至于北上广，直到近几年才集体告别县域。2015 年，广州增城正式撤市设区，成为广州市城区一员，加上此前的黄埔、萝岗合并，从化撤市设区，广州由"十区两市"变为"十一区"；同一年，北京密云、延庆两县撤县设区，成为第一个步入"无县时代"的直辖市。2016 年，上海最后一个县崇明县撤县设区，从明朝洪武年间开始叫了 640 多年的崇明县成为历史，上海全域市区化。

值得一提的是，在珠三角 9 市中，6 个已经变成了"无县城市"：广州、深圳、珠海、佛山、东莞、中山。只有惠州、肇庆、江门还存在县域。这体现了珠三角高度发达的城镇化率，许多城市早已不存在农村地带，多个城市连成一片，地理边界日益模糊化。

近年来，撤县（市）设区的步伐明显加速。

杭州、成都等存在多个郊县、县级市的二线省会动作最大。2015—2020 年，成都双流县、郫县、新津县先后撤县设区。当地表示，撤县设区，有助于加快推动成渝地区双城经济圈建设。

与成都一样，杭州经过多轮撤县设区并区，增加中心城区的集聚力。2014 年和 2017 年，杭州先后撤销县级富阳市、临安市，设立富阳区、临安区。2021 年，杭州行政区划再次大规模调整，上城区、江干区合并为上城区，下城区、拱墅区合并为拱墅区，余杭区一分为二成新的余杭区和临平区，同时设立钱塘区。

此外，还有一些二三线城市加入撤县设区的大合唱中。2020 年，山东烟台市撤销蓬莱市、长岛县，合并为蓬莱区。2021 年，河南洛阳撤销县级偃师市，设立偃师区；撤销孟津县、吉利区，设立孟津区。

此外，郑州、昆明、贵阳、温州、嘉兴、赣州多个城市在"十四五"规划纲要中明确提出，优化行政区划设置，有序推进撤县设市（区）。

未来，无县城市还将大幅扩容，县城的持续"消失"难以避免。

■ 撤县设区为哪般

在中国的行政区划中，县、县级市与市辖区虽属同一级别，但定位有着巨大差别。

县更偏重于农业管理模式，重点发展农业及相关产业，而县级市和市辖区侧重于城市管理模式，重点发展二三产业。县和县级市的财权、规划权、社会经济管理权限都相对独立，看上去自由度更大、施展空间更足，但市辖区与整个城市关系更为紧密，能享受到中心城区的外溢效应，有利于整个城市的资源整合，更容易享受到地铁等公共资源的辐射，从而走入城市化浪潮的"快车道"。

对于城市来说，撤县设区不只是名头上更为好听，还能增加市区范围，扩充发展腹地，将一些偏远郊县升格为市区，有利于城市持续的向外扩张，以及产业转移和招商引资。同时，郊县升格为市辖区后，城区人口、市区人口规模随之而提升，这无疑能带动城市能级的变化，有利于整个城市的长远发展。这在地铁建设中体现得最为直观。根据2018年国务院办公厅发布的《关于进一步加强城市轨道交通规划建设管理的意见》，申报建设地铁的城市一般公共财政预算收入应在300亿元以上，地区生产总值在3000亿元以上，市区常住人口在300万人以上。

这其中，生产总值和财政收入都容易实现，但市区常住人口的聚集却非一日之功。部分城市常住人口虽然早已突破300万乃至更多，但由于存在大量的县域和农村地带，市区常住人口占比过低，从而与地铁建设失之交臂。因此，为了满足地铁建设要求，一些城市通过撤县设区，将大量县域人口转化为市区人口，从而跻身地铁建设浪潮之中。

内蒙古包头市早在2010年就启动地铁规划，2017年首条地铁线路开工，但 2018 年旋即被叫停，主要原因就在于生产总值、财政收入、市区人口指标全部不合格，不满足建设地铁的条件。广东惠州市与此类似，深圳 14 号线直通惠州的建议早已有之，但由于市区人口未触及 300 万的门槛，地铁建设长期处于"只闻楼梯响"的困境。直到第七次全国人口普查，惠州"释放"出大量人口，常住人口迈过 600 万大关，市区人口突破 300 万人，从而获得了地铁建设"入门券"，深莞惠交通一体化建设必将持续加速。

■ 政策的两难

对于"撤县设区"浪潮，政策既有鼓励，又不乏慎重。

国家"十四五"规划纲要指出，优化行政区划设置，提高中心城市综合承载能力和资源优化配置能力，强化对区域发展的辐射带动作用。这被视为推进新一轮撤县设区的重要政策依据，以中心城市促进城市群发展，已成为城镇化下半场的指导原则。撤县设区，优化行政区划设置，有利于提升中心城市的承载力和辐射力。

不过，在 2021 年全国两会上，国家发改委表示，超大城市要划定并坚守城市开发边界，慎重撤县设区。同时，县城要加快补齐短板弱项，推进以县城为重要载体的城镇化建设。这被视为对"撤县设区"的郑重提醒，其背后主要的考虑是"新冠肺炎疫情暴露出部分超大城市中心城区人口密度过高、抗风险能力不强等问题"。

此外，盲目"撤县设区"也会带来一系列问题。县改区之后，县城的独立性大打折扣，财权大部分要上缴市级层面，自主性不复存在。同时，在一些"市弱县强"的区域强行推进撤县设区，还会带来"小马拉大车"的问题，县城不得不去支援市区，资源被迫向中心城区聚集，导致原来县域的发展受挫。苏州和佛山众多百强县，都曾经出现反对撤县（市）设区的争议，就是出于这一考虑。

不过，慎重撤县设区不等于叫停撤县设区。正如中国人民大学应用经济学院教授张可云在《人民日报》发表《正确认识撤县设区》一文所指出的，撤县设区是为了更好发挥中心城市和城市群带动作用，一些人对于县制消失的担心是不必要的……一些"无县"城市的出现是城镇化发展的必然结果，撤县设区是适应城镇化进程、落实国家战略的行政区划调整举措。

不难看出，一边是以中心城市促进城市群发展，而提高中心城市的承载力、辐射力就必不可少，但要谨防大城市无序扩张带来的风险；另一边则是广大的县域呈现两极分化之势，有的县域经济高度发达，可与地级市相匹敌，县级管理模式早已不适应发展需要；有的县域则陷入持续收缩的困境，同样需要通过区划调整来进行资源再配置。

所以，在一些经济相对强势且与中心城区存在明显分工的县域，不妨完善其基础设施建设，提高其服务功能，特别是在乡村振兴大发展来临之际，重视其作为农民就地城镇化的重要载体。而对于一些与中心城区存在紧密关联或县域管理模式早已不适应发展需要的地区，撤县设区仍旧有其现实合理性和必要性，撤县设区的步伐不应该就此止步。

北方只剩一座 TOP10 城市,谁是破局的希望

长期以来,以胡焕庸线为标志,中国东西经济呈现两极发展趋势,"东西差距"广为人知。

然而,从 2010 年开始,中西部经济加速上行,在全国经济版图中的分量不断提升,"东西差距"已呈收缩态势。反观北方地区,尤其是东北地区,无论经济增速还是经济比重,均面临持续下行压力,中国区域经济差距,正在从"东西差距"变成"南北差距"。

最突出的案例,当数 2020 年天津首次退出内地生产总值十强城市之列,北方仅剩下北京一个 TOP10 经济强市。取代天津的是作为江苏省会的南京,这是改革开放以来南京首次跻身前十。

南方经济比重会不会继续提升?北方"翻盘"的希望在哪里?

■ 从东西差距到南北差距

过去,东西差距是我国区域经济均衡发展面临的重要难题。

东部沿海地区率先发展,借助全球化实现经济快速增长,而西部地区由于地理环境限制加上远离海外市场,整体发展速度不及东部,东西差距由此而来。

为此,2000 年,我国正式启动"西部大开发"战略,明确通过财政资金投入、税收、土地使用、矿产资源等优惠政策,缩小东西部地区经济发展的差距,提升中西部地区的综合经济实力。2020 年,

我国又出台"关于新时代推进西部大开发形成新格局的指导意见",面向第三个十年的西部大开发战略做出重大决策部署。

通过多年的政策倾斜和财政扶持,西部地区与东部地区的经济差距不断缩小,西部多个省份经济增速名列前茅。相反,南北差距却在不断拉大。

关于南北差距,《求是》杂志刊发的重磅文章指出,区域经济发展分化态势明显。长三角、珠三角等地区已初步走上高质量发展轨道,一些北方省份增长放缓,全国经济重心进一步南移。

数据显示,1978 年,南方地区与北方地区经济总量占全国经济总量的比重分别为 53.7%、46.3%,南北差距仅为 7.4 个百分点。这一差距在 1995 年达到阶段高点,南北差距一度攀升到 17.3 个百分点,随后保持相对稳定。到 2012 年,南北地区经济占比分别为57.1%、42.9%,两地相差 14.2 个百分点。

2012 年之后,南北经济差距再次迅速拉大,且在 2018 年出现明显加速。2020 年,南方经济比重上升到 64.8%,北方经济比重进一步降低到 35.2%,南北经济差距扩大到 29.6 个百分点(见图 2-4)。

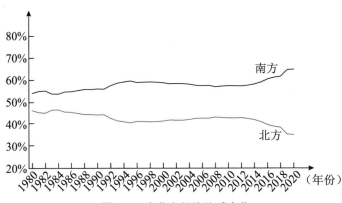

图 2-4　南北方经济比重变化

数据来源:各地统计局

从十强省来看，如表2-6所示，1980年，北方有山东、辽宁、河南、黑龙江、河北5省跻身前十，占了一半；直到2010年，北方还有山东、河南、河北、辽宁四省位列前十；但到了2020年，十强中北方只剩下山东、河南两个省份。

表2-6 经济十强省份

排　序	1980年	1990年	2000年	2010年	2020年
1	江苏	广东	广东	广东	广东
2	上海	山东	江苏	江苏	江苏
3	山东	江苏	山东	山东	山东
4	辽宁	辽宁	浙江	浙江	浙江
5	广东	河南	河南	河南	河南
6	四川	浙江	河北	河北	四川
7	河南	河北	上海	辽宁	福建
8	黑龙江	四川	辽宁	四川	湖北
9	河北	湖北	四川	上海	湖南
10	湖北	上海	福建	湖南	上海

这从万亿元生产总值的城市布局也可见一斑。截至2022年，中国内地共有24个万亿元生产总值的城市，其中南方18个，北方只有6个，分别是北京、天津、青岛、郑州、西安、济南。其中，北京、天津是直辖市，青岛是计划单列市，郑州、西安、济南是省会城市，而东北地区无一城入围。

为什么2012年之后，南北差距突然拉大？

这与北方产业格局和我国经济所处的发展阶段息息相关。在北方，除了北京之外，多数省份的支柱产业都过于传统，传统工业和资源型产业的比重显著高于南方，而在互联网、生物医药、电子信息、集成电路等高新产业领域落入一步，无法应对后人口红利时代的竞争格局。此外，国家战略的转移、市场化程度的高低、民营经济的活跃程度、营商环境的优劣，在其中也起到举足轻重的作用。

同时，2008年为应对全球经济危机，我国启动了新一轮大规模基建建设，北方的资源型产业从基建建设中明显受益。而到了2012年后，尤其是2014年以来，我国经济逐步进入新常态，工业产能过剩、地方债务问题突出等问题受到重视，去产能、去库存、防治污染攻坚战、化解地方债务问题、碳达峰、碳中和等政策轮番上阵，北方一些传统工业受到明显影响，而南方在经济危机之后迅速向高新产业转型，对经济形势变幻的承受力更强，因而南北经济不断拉大。

值得一提的是，2018年进行的第四次全国经济普查结果显示，一些北方省份存在生产总值数据高估的情形，而南方部分发达省份生产总值则存在明显低估。根据当年的经济核算结果，在南方16个省份里，只有2省生产总值数据下调，14个省上调；北方15个省份中，12个省下调，3个省份上调，下调超过10%的省份包括天津、吉林、黑龙江、山东等。

这说明，南北差距拉大比我们想象的更早到来。

■ "翻盘"的希望

南北差距扩大，或许将会长期存在，这是经济重心和人口重心南移的必然结果。但这一局面，并不意味着北方就无所作为，完全失去了"翻盘"的希望。

北方经济翻盘的第一大希望，在于京津冀协同发展。北京作为首都，立足于北方，永远都是北方经济的定海神针。北京经济或许无法辐射到整个北方地区，但却可以通过京津冀一体化溢出到天津、河北等地，而辽宁等地正在推动与京津冀协同发展战略对接融合，也能从这一国家战略中享受到利好。

近年来，北京通过京津冀协同发展战略，分流了大量"非首都功能"的相关企业和资源到天津、河北等地,北京通州与环京北三县协同发展也在稳步推进之中,更不用说在京津之侧还重点打造了雄安新区,政策效应有待逐步释放。

北方经济翻盘的第二大希望,在于黄河流域生态保护和高质量发展这一国家战略。与长江经济带相对应,黄河流域横跨半个中国,覆盖多个中心城市和省份,战略意义十分重大。根据国家"十四五"规划纲要,黄河流域既要抓生态大保护,也要着重高质量发展,优化中心城市和城市群发展格局,统筹沿黄河县城和乡村建设。

可见,以黄河流域生态保护和高质量发展战略为契机,黄河流域的中心城市,包括兰州、西安、郑州、济南等,有望迎来一系列的政策支持。这些省市在国家大局中的位置得到明显提升,一些省份告别了缺乏国家战略支持的尴尬。

北方经济翻盘的第三大希望,在于"强省会"。与东北传统经济强市不复当初发展势头相比,以郑州、西安、济南为代表的省会城市,经济地位和城市能级不断提升。这三城早已跻身万亿元生产总值城市之列。郑州2018年生产总值率先突破万亿元大关,西安、济南于2020年双双跻身"万亿元生产总值俱乐部"(见图2-5)。从2010年到2020年的十年周期来看,三大省会无论是经济增速还是人口增幅,均位居全国前列,"强省会"效应愈发突出。

■ "强省会"的支撑

郑州、西安、济南,有望在北方经济再崛起中发挥关键作用。

过去20年来,郑州、西安、济南一路追赶,对沈阳、大连等传统北方经济重镇实现了赶超,与天津的差距越来越小。

郑州发展势头相当迅猛。2010—2020年,郑州生产总值翻了两倍多,先后赶超烟台、东莞、沈阳、大连、佛山,直追青岛,成为北方经济第三城的有力竞争者。

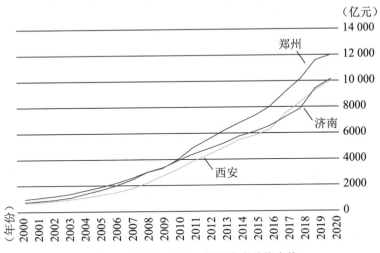

图 2-5　郑州、西安、济南生产总值走势

数据来源：各地统计年鉴

郑州的崛起，一方面得益于河南作为人口大省的优势。人口大省，意味着劳动力众多、腹地广阔。随着人口红利消退，沿海城市不得不进行产业升级，而仍旧拥有劳动力优势的内地城市，有机会承接来自沿海的加工产业，这又会带动劳动力从沿海回流，从而形成良性循环。

另一方面，在都市圈、城市群时代，郑州本身的区位优势，进一步为经济发展提供了强支撑。郑州虽然只是普通省会，既没有副省级城市的地位，也没有计划单列市的光环，但却坐拥国家中心城市、中原城市群、国际综合交通枢纽等一系列殊荣。

2016年，"八纵八横"高速铁路网的宏伟蓝图横空出世，郑州晋级为"米字形"综合交通枢纽。这是继传统铁路时代之后，郑州交通枢纽地位再一次得到巩固。2021年，郑州与武汉双双入选国家综合交通枢纽城市，在铁路、航空、物流方面均获得了枢纽地位。

同一年，《促进中部地区崛起"十三五"规划》发布，明确提出支持武汉和郑州建设国家中心城市，武汉和郑州顺势成为全国第七个和第八个国家中心城市。

随后，《中原城市群发展规划》获批。中原城市群以郑州为中心，辐射的不止河南一地，还包括河北、山西、安徽、山东等省。

可见，"强省会"战略、以中心城市促进城市群发展的主导方向，正在带动北方省会城市的崛起。这些城市将会是未来扭转南北差距的有生力量。

西安是西北地区唯一的国家中心城市，也是西北地区唯一的万亿元生产总值城市。西安最为人所熟知的身份，当数十三朝古都，历史源远流长，以及作为新晋万亿元生产总值城市，九大国家中心城市之一，横跨三省的关中平原城市群中心城市。很多人不知道的是，西安还是军工重镇。这里集聚了占1/3中国航天、1/4航空科研单位和生产力量，是中国航天航空动力之乡、中国兵器工业重镇。由于军工产值多数不计入生产总值，这就造成西安生产总值一定程度被低估。

西安虽然生产总值看起来不及南方城市，但综合实力相当突出，在西北地区的影响力独一无二。根据2020年国家中心指数报告，西安是国家交通、医疗、文化领域的重要中心，是金融、科技、教育、信息、对外交往领域的潜在重要中心。借助这些综合优势，西安成为九大国家中心城市之一，还是与成都、武汉齐名的"强省会"城市。振兴大西北是西安的义务所在，也是机遇所在。

济南与郑州、西安一样，已将强省会作为发展重点所在。山东省"十四五"规划纲要明确提出：实施"强省会"战略，支持济南打造"大强美富通"现代化国际大都市，加快建设国家中心城市。

早在2018年，济南就因"首位度不够"受到了巡视组的点名，从而下定决心改变这一局面。2019年,济南合并莱芜,城市体量得以迅速扩大。2020年,济南进一步提出竞夺国家中心城市。2021年,深入推进山东新旧动能转换综合试验区建设被写入国家"十四五"规划,同一年的政府工作报告明确提出"建设济南新旧动能转换起步区"。

从合并周边地市,到竞夺国家中心城市,再到打造"新旧动能转换起步区",背靠山东这个中国经济第三大省、人口第二大省的基本盘,凭借黄河流域生态保护和高质量发展国家战略,济南正在走出一条与众不同的崛起之路。济南晋级"强省会"的过程,也是为山东寻找新的发展动力的过程。

郑州、西安、济南,未来能否发挥沈阳、大连、长春在重工业时代的引领作用,不仅事关北方经济"翻盘"的希望,也关乎中国区域经济未来的均衡发展。

第三章 — 三四线城市，艰难的突围战

避免"一市独大"，副中心城市最后的"突围"机会

环京、环沪、环广深：超级城市的"第一圈层"

三四线城市，凭何跻身先进制造业"国家队"

一个广东"两个世界"，粤东西北何以崛起

100多个县城房价破万元，中小城市房价天花板有多高

人口持续流失，收缩型城市有没有未来

避免"一市独大",副中心城市最后的"突围"机会

随着"强省会"战略的推进,省会城市经济和人口比重不断提升,在中西部省份,出现了"一市独大"的格局。

这种现象该如何看待?对此,国家层面一方面肯定了产业和人口向优势区域集中,形成以城市群为主要形态的增长动力源,进而带动经济总体效率提升。另一方面基于区域发展的现实,提出城市单体规模不能无限扩张。东部等人口密集地区,要优化城市群内部空间结构,合理控制城市规模,不能盲目"摊大饼"。中西部有条件的省区,要有意识地培育多个中心城市,避免"一市独大"引发的弊端。

这是城市发展的一体两面。"强省会"的存在符合经济和城市发展的客观规律,但城市过大过强,以至于形成"一市独大"的局面,则会带来诸多弊端。东部发达省份,经济强市林立,一般难以形成"一市独大"的格局,而中西部地区,省会在壮大自身的同时,往往会存在过犹不及的现象。

在"强省会"与培育副中心城市之间要取得平衡,已经成为各界共识。中西部地区副中心城市能否借此突围?

■ 为何要避免"一市独大"?

"一市独大"是把双刃剑。

一方面,做大"强省会",是经济集聚和人口集聚的必然结果,

也是世界上大城市的发展规律所在。省会变强，不仅有利于起到引导区域发展的作用，而且还能在国家战略、产业竞争、人才争夺战中获得一定优势，从做大省会到反哺省域普通地市，也是区域均衡发展的可行选择。

另一方面，"一市独大"也会带来一定的弊端。省会城市虹吸效应过于突出，普通地市发展空间必然受限，无论是产业还是人口都被省会虹吸而去，自身的良性发展难以为继。同时，省会城市过大，也会带来资源承载力不足、高房价等问题。

2020年出现的新冠肺炎疫情，将大城市中心区人口密度过高、抗风险能力不强的问题暴露出来。与出现SARS疫情的2003年相比，大城市常住人口普遍攀升到1000万以上，一些超大城市直奔2000万人而去。借助高铁、地铁等交通工具的完善，人口流动远甚于过去，无疑增加了防范风险和对抗意外冲击的难度。

所以，城市发展不能只考虑规模经济效益，必须把生态和安全放在更加突出的位置，统筹城市布局的经济需要、生活需要、生态需要、安全需要。

值得一提的是，根据相关政策，防止"一市独大"的弊端，针对的主要是"有条件的中西部省份"，而不是对所有省份。背后的原因不难理解，东部地区普遍存在多个中心城市，如广东的广州和深圳，浙江的杭州和宁波，山东的济南和青岛，江苏的南京和苏州等，不存在"一市独大"的城市格局，也缺乏形成"一市独大"的客观条件。相反，部分省会城市经济和人口的比重还不如非省会城市，这些省会城市需要的是继续发挥省会城市引领功能，而非弱化省会城市的作用。

中西部地区也要分情况来看。一些经济人口规模相对较小、地理环境约束较大的省份，如宁夏、青海、西藏等，全省的经济总量不及东部的普通地级市，省会"一市独大"是有客观原因的。相比而言，四川、陕西、湖北、湖南、河南、广西等中西部省份，由于经济、产业和人口基础较好，发展空间较大，具有培育多个副中心城市的潜力。

表 3-1 提供的数据显示，多个中西部省会的经济、人口规模，都是次大城市的数倍之多，区域差距呈现加速扩大之势。生产总值差距最大的当数四川，省会成都生产总值是绵阳的 6 倍左右；武汉 / 襄阳、长沙 / 岳阳都在 3 倍或 3 倍以上，西安 / 榆林、合肥 / 芜湖、昆明 / 曲靖在 2 倍以上，只有南宁领先优势不明显，生产总值只是次大城市柳州的 1.5 倍。

表 3-1　中西部部分省会与次大城市生产总值对比

省份	省会	2020年生产总值（亿元）	占全省比重	次大城市	2020年生产总值（亿元）	省会/次城
四川	成都	17 716.70	36.5%	绵阳	3010.80	5.9
陕西	西安	10 020.39	38.3%	榆林	4089.66	2.5
湖北	武汉	15 616.10	35.9%	襄阳	4602.00	3.4
湖南	长沙	12 142.52	29.1%	岳阳	4001.55	3.0
云南	昆明	6733.79	27.5%	曲靖	2959.35	2.3
安徽	合肥	10 045.72	26.0%	芜湖	3753.02	2.7
河南	郑州	12 003.00	21.8%	洛阳	5128.36	2.3
广西	南宁	4726.34	21.3%	柳州	3176.50	1.5

数据来源：各地统计公报

人口规模同样存在差距，但没有生产总值分布如此悬殊。中西部省份省会人口通常是第二大城市的 2～3 倍，最突出的当数四川和陕西，四川成都常住人口已经突破 2000 万，与北京、上海并驾齐驱，占全省人口比重高达 25%，而四川人口第二大城市南充不到 600 万人，仅为成都的 1/4 左右；陕西西安常住人口 1300 万人左右，但占全省比重超过 30%，而人口第二大城市渭南市仅为 460 多万人，仅为西安的 1/3 左右。

相比而言，郑州、合肥、南宁、长沙、昆明等省会与其所在省第二大人口城市的人口比例在 1～1.5 倍，处于合理区间。但第七次全国人口普查数据透露了一个趋势，人口仍在向省会城市集中，未来省会与次大城市的人口差距将会全面拉大。

数据显示，2010 年到 2020 年，郑州人口占全省比重从 9.17%提高到 12.7%，武汉人口占全省比重从 17.1%提高到 21.3%，长沙人口占全省比重从 10.72% 提高到 15.1%（见表 3-2）。西安人口占全省比重更是从 22.62% 提高到 32.8%，大幅提升 10 个百分点，这背后一方面是代管西咸新区带来的人口增量；另一方面也是"抢人大战"结果的体现。

表 3-2　中西部部分省会与次大城市人口对比

省份	省会	2020年人口（万人）	占全省比重(%)	次大城市	2020年人口（万人）	省会/次城
四川	成都	2093.8	25.0	南充	560.8	3.7
陕西	西安	1295.3	32.8	渭南	468.8	2.8
湖北	武汉	1232.7	21.3	黄冈	588.3	2.1
湖南	长沙	1004.8	15.1	衡阳	664.5	1.5
云南	昆明	846.0	17.9	曲靖	576.6	1.5
安徽	合肥	936.9	15.4	阜阳	820.0	1.1
河南	郑州	1260.0	12.7	南阳	971.3	1.3
广西	南宁	874.1	17.4	玉林	579.6	1.5

数据来源：各城市第七次人口普查公报

不难看出，中西部强省会，无论在生产总值还是人口规模都占有相当大的优势，对于全省都有着巨大的影响力，而这种影响力还在不断加大中。基于经济和人口分布的失衡，在中西部有条件的省份，培育多个副中心城市，无疑有着现实必要性和紧迫性。

■ 副中心城市的机会

"十四五"规划中，已有多个省份提出培育副中心城市。

作为"强省会"格局最为突出的省份，四川提出深化拓展"一干多支"发展战略，构建"一轴两翼三带"区域经济布局。一干，指的是成都，这是极核；多支，代表的是环成都经济圈、川南经济区、川东北经济区、攀西经济区等多个经济区，每个经济区都有属于自己的区域经济中心城市，包括绵阳市、德阳市、乐山市、宜宾市、泸州市、南充市和达州市等。

显然，副中心城市宜精不宜多。虽然四川规划了7个区域经济中心城市，但任何一个省份都很难并存如此之多的副中心城市。这些城市，谁能担起"副中心"的重任，在成都之外打造另一个新增长极，考验的不只是自身的经济实力，还有与成都都市圈、成渝双城经济圈的融合力度。

与四川7个区域经济中心城市相比，湖北仅将襄阳、宜昌定位为副中心城市。湖北构建了"一主引领、两翼驱动、全域协同"的区域发展布局（见表3-3），"一主引领"指的是武汉和武汉都市圈，"支持武汉做大做强"仍是既定方向。但在武汉之外，以襄阳、宜昌为代表的副中心城市的作用将会日益提升。"襄十随神""宜荆荆恩"分别作为两翼而存在，一北一南，共同引领湖北区域发展。襄阳、十堰、随州、神农架为北部列阵，宜昌、荆州、荆门、恩施为南部列阵。

虽然襄阳、宜昌作为副中心城市而存在，但两地无论是经济比重还是人口比重都在走低。第七次人口普查数据显示，2020年武汉常住人口1232万人，占全省比重从2010年的17.1%提高到21.34%；襄阳市常住人口为526.1万人，占比由9.61%降至9.11%。

宜昌市常住人口为401.7万人，占比重7.09%降至6.96%。在武汉做大做强的背景下，襄阳、宜昌打造副中心城市，还有很长的路要走。

表3-3 中西部主要省份副中心城市

省份	省会	副中心城市	区域发展格局
四川	成都	绵阳、南充等	一轴两翼三带
湖北	武汉	襄阳、宜昌	一主引领、两翼驱动、全域协同
湖南	长沙	衡阳、岳阳	一核两副三带四区
陕西	西安	榆林、宝鸡等	关中陕北陕南协调发展
河南	郑州	洛阳	主副引领、两圈带动、三区协同、多点支撑
广西	南宁	桂林、柳州	一群三带
山西	太原	大同、长治、临汾	一主三副六市域中心
贵州	贵阳	遵义	以黔中城市群为主体，贵阳贵安为中心，贵阳—贵安—安顺都市圈、遵义都市圈为重点

资料来源：各地"十四五"规划纲要

陕西将榆林、宝鸡等定位为区域中心城市。陕西"十四五"规划纲要提出，建设榆林高质量发展重要增长极，建设呼包鄂榆城市群区域中心城市；支持宝鸡与天水、平凉、庆阳、陇南等深化合作、联动发展，建设关中平原城市群副中心城市。

榆林被视为陕西的重要增长极，且试图在呼包鄂榆城市群中跻身中心地位，但呼包鄂榆城市群本身还处于培育阶段，且横跨两个省份，榆林经济总量固然最高，但短期很难形成引领和虹吸效应。宝鸡的定位是关中平原城市群副中心城市，关中平原城市群覆盖陕西、山西、甘肃三省12市2区，西安是唯一的中心城市，无论是在陕西还是关中平原城市群，提升西安国家中心城市发展能级、培育建设西安都市圈仍旧是第一位的。

湖南则将衡阳、岳阳定位为省域副中心城市。两个城市一南一北，一个靠近广东，一个靠近湖北，通过京广线与广州、武汉、长沙等中心城市相连，这是地缘优势，但也成了打造副中心城市的最大障碍。衡阳夹在广州和长沙之间，受到双重虹吸；岳阳夹在武汉和长沙之间，同样难以整合周边地市。

此外，在中西部省份，河南将洛阳定位为副中心城市，广西将柳州、桂林定位为副中心城市，山西将大同、长治和临汾定位为省域副中心城市，贵州提出做强遵义，与贵阳唱好"双城记"……几乎每个中西部省份都以省会作为中心城市，以生产总值仅次于省会的第二位城市或与省会有一定距离的区域中心城市作为副中心市，以期实现"中心引领、多核驱动"的格局。

■ 副中心城市带得动吗？

打造副中心城市的必要性毋庸置疑。规划出一个乃至数个副中心城市，并没有什么难度，但副中心城市能否名副其实，真正担起省会之外的重任，则值得商榷。

"强省会"战略之所以能够顺利推进，不仅在于省会多数都拥有良好的发展基础，作为经济、文化、教育、科技、医疗、交通等中心具有很多优势，且在人口和产业向中心城市集聚的趋势里得到进一步强化，而且不乏行政对资源的强大配置能力带来的影响，无论是政策优势还是体制优势，都是一般地市无法比拟的。

打造副中心城市，固然能够减少行政权力对于资源配置的影响，但短期却难以扭转产业、人口集聚的经济规律，更无法改变省会在教科文卫等方面的发展优势。如果副中心城市没有可以独当一面的产业，仅靠政策扶持，恐怕也很难撑起带动区域发展的重任，更不用说代表所在省份参与区域之间的竞争。

不过，一个城市一旦被定位副中心城市，至少能在交通建设、产业布局、机制改革上获得一定的政策支持。河南向郑州、洛阳下放部分省级管理权限，洛阳获得与郑州同样的规格对待，同时洛阳都市圈建设也获得加速，洛济深度融合，洛三、洛平联动发展等，让洛阳获得了区域发展的主导权。此外，还有一些城市通过撤县设区，扩大城区规模，提升副中心城市能级。"十四五"规划出台前后，已有多个副中心城市完成了内涵式扩容，陕西宝鸡撤销凤翔县，设立宝鸡市凤翔区；河南洛阳撤销县级偃师市，设立洛阳市偃师区，撤销孟津县、吉利区，设立洛阳市孟津区。

显然，打造副中心城市，是普通地级市实现城市能级提升前所未有的机遇。能否借助这一机遇，将自身打造成为区域经济的新增长极，是对各大副中心城市的考验。

环京、环沪、环广深：超级城市的"第一圈层"

经过长期的虹吸之后，中国一线城市开始释放庞大的外溢效应。

作为综合实力最强的一线城市，北上广深既是经济、金融、产业和科创高地，又是教育、医疗、文化和交通中心，更是各种高端要素资源的集聚地。环京、环沪、环广深的三四线城市，背靠一线，区位优势得天独厚，不仅能享受到同城化的各种利好，还能进一步享受到产业、人才等各种资源的外溢。

背靠大树好乘凉，超级城市的"第一圈层"，可谓前景无限。

■ 北三县：半入北京

在京津冀，有一块极为出名的"飞地"，虽然隶属河北，却被北京、天津包围，与北京和天津的距离，远近于河北省会石家庄，这块"飞地"就是北三县。

北三县，由廊坊市的三河、大厂、香河3县（市）组成，三河市与北京通州相连，三河市名声最大的燕郊镇则与北京通州仅有一河之隔，距离搬迁到通州区的北京新市政府仅有10多公里的距离。这里早已成为"北漂"们的"睡城"，每天都有数十万"北漂"，从河北到北京"跨省"上班。

正因为地缘相邻、人缘相亲、生态相融、文化相近，环京一度承载了北京大量的购房外溢需求，因此楼市呈现出与北京同涨同跌的走势。2017年前后，环京地区房价曾经攀升至每平方米3万元以上，创下历史新高，但在随后不断加码的楼市调控面前，北京及环京地区房价均出现明显调整，环京地区房价一度腰斩，这一地带因此成了落实"房住不炒"的前沿阵地。这一格局隐藏的另一个政策含义是，如果北京楼市政策趋于松绑，那么环京也能从中受益。

可以说，环京地区因北京而存在，北京的一举一动对于周边地区的影响可谓无远弗届。这些年，期待北三县划入北京的声音不绝于耳。然而，北京并不会轻易扩张，扩张从来不是主基调，分流非首都功能才是重点，而分流的方向正是雄安新区、以通州为代表的城市副中心及环京地区。所以，北京短期合并北三县的可能性微乎其微，北三县融入北京、成为京津冀协同发展的示范区无疑是更务实的选择。

早在2020年，北京就发布了《北京市通州区与河北省三河、大厂、香河三县市协同发展规划》，提出立足服务京津冀协同发展大局，以北京城市副中心建设为统领，着力打造国际一流和谐宜居之都示范区、新型城镇化示范区、京津冀区域协同发展示范区。

该文件对于这一区域存在的问题可谓直言不讳。空间布局缺乏协调、资源环境约束趋紧、跨界交通问题突出、产业发展结构失衡、公共服务落差明显等问题突出。因此，规划提出，以通州为中心，推动北三县承接来自北京的转移产业、医疗养老教育，等等，积极推动北京"摆不下、离不开、走不远"产业向通州区与北三县分流转移，同时推进城际铁路、轨道交通对接建设，重点补齐基础教育设施短板。同时，严控房地产无序开发，坚决摒弃以房地产开发为主的发展方式。

国家"十四五"规划纲要也提出，高质量建设北京城市副中心，促进与河北省三河、香河、大厂3县（市）一体化发展。北京市

"十四五"规划纲要进一步提出,推动通州区与北三县一体化联动发展,共建高效一体的综合交通网络,培育创新引领的产业体系,延伸优质便利的公共服务,共筑生态安全格局。

可见,未来,北京通州与北三县不仅将实现1小时交通圈的直接畅达,除了公交之外,两地的城轨、地铁有望直接贯通,北京的养老、教育、医疗等公共设施有望向北三县转移,同时随着北京分流非首都功能政策的推进,北京"摆不下、离不开、走不远"的产业正在大量转移,北三县有望告别"睡城"的尴尬定位。

北三县是北京的后花园,也是无数新北京人的"跳板城市",是筑梦的起点,也是追逐未来的希望。只要能遏制住房地产炒作的冲动,让政策利好不被楼市炒作所攫取,那么北三县与北京城市副中心的深度融合就不是问题,"半入北京"带来的好处将会超出想象。

■ 环沪:长三角一体化的先行者

作为国际经济、金融、贸易、航运和科技创新中心,上海的溢出效应比北京更为突出。

与京津冀相比,长三角经济强市林立,县域经济、强镇经济相对发达,高新产业众多,交通一体化进程更快,因此早已从中心城市单向虹吸的格局转向了经济产业外溢的共赢格局,多个城市已经通过轨道交通连成一体,未来还将有更多城际轨道路线开通。

所以,长三角一体化规划,既明确了"发挥上海龙头带动作用,苏浙皖各扬所长"的总体基调,又提出长三角中心区带动周边区域发展、推动省际毗邻区域协同发展、建设长三角生态绿色一体化发展示范区等措施。

可以说,上海越强,汇聚的高端要素越多,环沪地区越能从中获得溢出效应。往大了说，整个长三角城市群都能从上海获得溢出；往中间说，上海大都市圈将是一体化发展的主要阵地；往小了说，苏州、南通、宁波、嘉兴等毗邻上海的城市将是最大的受益者。

上海大都市圈包括江浙沪9个城市，除了上海之外，还包括江苏的苏州、无锡、常州、南通4市和浙江的嘉兴、宁波、舟山、湖州4市。这其中，常州有部分区县被划入南京都市圈，嘉兴、湖州同时从属于杭州都市圈，这些城市得以享受多个都市圈的辐射，"左右逢源"，享受多个中心城市的溢出效应。

与范围更广的大都市圈相比，苏州、南通、宁波、嘉兴与上海的关系最为密切。进一步来看，苏州昆山、南通和浙江嘉兴则是承接上海外溢资源的第一圈层中的第一圈层。

先看昆山。昆山多年位于百强县之首，自身经济底子不差，且与上海毗邻，获得了源源不断的人口、资金、政策等外溢资源。且不说上海的地铁早已连通昆山，昆山与上海几乎已经实现了交通层面的同城化，上海每一次重大规划里几乎都会有昆山的身影，长三角一体化规划中提到"支持虹桥－昆山－相城等开展深度合作"，上海虹桥国际开放枢纽总体方案中，更进一步提出以虹桥－长宁－嘉定－昆山－太仓－相城－苏州工业园区为拓展带，重点打造中央商务协作区、国际贸易协同发展区、综合交通枢纽功能拓展区。

再看南通。南通是上海的北大门，与上海隔海相望，随着苏通大桥、崇启大桥、沪苏通长江大桥的先后开通，南通与上海进入1小时交通圈。得益于"靠江靠海靠上海"的区位优势，上海的机场建设、港口建设等资源开始向南通转移。上海本身拥有浦东和虹桥两大国际机场，旅客吞吐量已经接近饱和，建设第三机场成为必须之举，而受空间限制，上海不再在市内建设机场和港口，而与周边地区合作就是必然之举，为了这一机场，苏州、嘉兴、南通三地曾竞争多年，最终南通依靠"北大门"的区位拿下了主导权，南通新机场与浦东机场、虹桥机场共同构成上海多机场体系主枢纽。

机场如此，港口也是如此。早在2020年，上海与江苏签署《通州湾新出海口开发建设战略合作框架协议》，明确其作为上海国际航运中心北翼的重点发展港区，南通由此获得了通州湾新出海口，成为上海国际航运中心建设的一部分。

嘉兴则试图成为浙江与上海的超级联系人。在长三角一体化规划中，上海青浦、江苏吴江、浙江嘉善共同被划为长三角生态绿色一体化发展示范区。这一生态一体化示范区，横跨三个省市，被赋予示范引领长三角地区更高质量一体化发展。既然是一体化发展，那么必然要打破行政边界，但又不改变行政隶属关系，统一规划，统筹土地管理，创新财税分享机制，探索公共服务同城化，在此基础上探索共建共管共享共赢的新模式。根据文件，在绿色示范区内，无论吴江，抑或嘉善，都可使用上海的021区号，且可统筹120服务和110服务，这是"同城化"的积极突破。

在虹桥枢纽国际开放相关规划中，嘉兴的南湖、平湖两区以及海盐县、海宁市，与虹桥、闵行、松江、金山等区共同列为南向拓展带，重点发展文化特色和旅游功能的国际商务区、数字贸易创新发展区、江海河空铁联运新平台，整个片区经济发展实现了联动。

■ 环广深港澳：背靠一线好乘凉

珠三角的二三四线城市，比环京环沪城市更进一步，既有来自广深两大一线城市的外溢，又有来自港澳地区的相关利好。

这一区域，主要包括邻广、邻深和邻港澳地区。邻广地区主要包括佛山、中山和清远部分地区，邻深地区主要是东莞、惠州和河源城区，与港澳关系密切的城市则包括东莞、中山、珠海等。这些地区已经通过轨道交通连成一体，包括港澳在内，形成了1小时交通圈。

作为省会，广州带来的利好是全方位的。首先是广州作为国际综合交通枢纽带来的交通优势，广州通过城轨、市域快线等已将佛山、东莞、中山、清远连成一体。在地铁方面，广佛线贯通多年，通过这一线路通勤的"广佛候鸟"群体不计其数，而广州地铁有望向东莞、中山等地延伸，交通一体化效应极为突出。

其次是广州的产业外溢。广州与佛山正在共建高质量发展试验区，利用各自优势共同打造先进装备制造、汽车、新一代信息技术、生物医药与健康等四个万亿元级产业集群。广州与清远，则先后打造了广州清远国家城乡融合示范区、广清经济特别合作区等，推动广州产业向清远转移。

作为先行示范区，深圳的溢出体现在交通、人口和产业等多个方面。就交通而言，深圳、东莞、惠州交通一体化不断提速，深大城际、穗莞深城际延伸段、深惠城际有望落地，深圳地铁正在与东莞、惠州等地贯通，借助地铁，三地将迅速进入以"半小时交通圈"为标志的同城化时代。

在人口方面，来了就是东莞人、惠州人之类的说法屡见不鲜，这背后正是深圳发展空间不足、房价过高导致跨城通勤人群不断涌现的结果，"生活在莞惠，工作在深圳"的现象极为普遍。深圳深知这一点，因此在"十四五"规划中明确提出，建设跨市域的大型安居社区，创新城际住房合作机制。深圳2035总体规划进一步提出，引导居住空间在都市圈协同布局。这意味着，以东莞凤岗塘厦、惠州大亚湾为代表的临海片区，将会是都市圈协作的首要受益者。

相比交通一体化，深圳更大的溢出效应在于产业。随着深圳产业转型升级，加上土地空间受限，一些制造业企业对外转移，东莞、惠州正是主要承接地。以东莞为例，除了华为终端落地东莞之外，大疆、蓝思科技、康佳、顺丰、欧菲光等大型企业相继在东莞扩军，深圳为东莞每年贡献了数十家乃至上百家的转移企业或投资项目。

此外，深圳与汕尾共同打造的深汕特别合作区，深圳与河源正在打造的深河特别合作区等，同样是一线城市辐射三四线城市的典型案例。

港澳带来的助力同样不容忽略。香港－深圳，澳门－珠海，广州－佛山，共同作为粤港澳大湾区的极点而存在，深圳与香港在新技术、新产业、新业态等方面深度融合，双方共建国际科技创新中心和金融中心，打造前海深港现代服务合作区。珠海与澳门的合作更为深入，作为重要成果之一的横琴粤澳深度合作区，正以"共商共建共管"为准则，以"分线管理"为方针，推进机制体制的重大创新。澳门在珠海获得更大的发展腹地，推动经济适度多元化发展，而珠海则借助澳门进一步迈向国际化，金融、商贸、科创、海洋经济等产业均可获得政策和资源加持。

此外，香港众多知名高校陆续与珠三角城市合办分校，香港科技大学（广州）、香港城市大学（东莞）、香港公开大学（肇庆）、香港理工大学（佛山）、香港大学深圳校区、澳门科技大学珠海校区等高校或在筹备建设或已正式招生，为广东高等教育带来新生力量，助力广东从教育大省迈向教育强省。

在都市圈和城市群时代，城市之间的地理边界、市场壁垒、公共服务落差将会逐渐消失，无论是环京、环沪还是环广深港澳城市，都将获得更大的发展助力。

三四线城市,凭何跻身先进制造业"国家队"

"宁要曹县一张床,不要浦东一套房""不去北上广深,就来北上广曹"……山东曹县在网络上的意外走红,让人看到三四线城市的另一面。

曹县只是山东菏泽的一个普通县城,人口只有100多万,生产总值只有400多亿元,却拥有林木制品加工、电商产业两大支柱产业。其中林木产品大量出口日本,而电商行业中的汉服销量占了全国总销量的1/3。曹县能够成功出圈,并非偶然。

事实上,与曹县相比,中国还有众多产业实力突出的三四线城市,更不乏跻身先进制造"国家队"的"单项冠军"城市。如广东惠州、湖南株洲、四川德阳,分别以超高清视频和智能家电集群、先进轨道交通产业集群、高端能源装备集群进入国家先进制造业优胜者名单,与深圳、广州、上海、成都、西安等城市共同参与世界先进制造业的竞争,冲击"世界冠军"(见表3-4)。

表3-4 先进制造业集群名单

	第一批		第二批
1	广东省深圳市新一代信息通信集群	1	浙江省杭州市数字安防集群
2	江苏省无锡市物联网集群	2	山东省青岛市智能家电集群
3	广东省深圳市先进电池材料集群	3	浙江省宁波市磁性材料集群
4	上海市集成电路集群	4	广东省广深佛莞智能装备集群

续表

	第一批		第二批
5	广东省广佛惠超高清视频和智能家电集群	5	山东省青岛市轨道交通装备集群
6	江苏省南京市软件和信息服务集群	6	江苏省常州市新型碳材料集群
7	广东省东莞市智能移动终端集群	7	广东省深广高端医疗器械集群
8	江苏省南京市新型电力（智能电网）装备集群	8	浙江省温州市乐清电气集群
9	湖南省株洲市先进轨道交通装备集群	9	四川省成都市软件和信息服务集群
10	湖南省长沙市工程机械集群	10	四川省成都市、德阳市高端能源装备集群
11	江苏省苏州市纳米新材料集群		
12	江苏省徐州市工程机械集群		
13	安徽省合肥市智能语音集群		
14	上海市张江生物医药集群		
15	陕西省西安市航空集群		

资料来源：工信部

先进制造业向来是超级城市之间的竞争。这些高新产业，需要资金、人才和技术支持，大城市在这些方面往往具有中小城市不具备的优势。北京、上海、粤港澳大湾区、合肥等地共同跻身综合性国家科学中心之列，正是由于其具有科创优势和产业基础。三四线城市入围先进制造业产业集团"国家队"，足以说明三四线城市并非人们想象的只能在强省会的"攻势"下被动应对，完全可以在一些产业上获得领先优势，成为中国制造的一股有生力量。

■ 惠州：电子信息产业高地

广东惠州借助毗邻深圳的区位优势，位于深莞惠都市圈的名声，成了最受关注的三四线城市之一。

惠州位于珠江东岸，地处粤港澳大湾区，本身在制造业上就有了先发优势。虽然与广深佛莞等城市无法匹敌,但在三四线城市矩阵里,惠州的产业优势极其突出,目前拥有石化能源新材料、电子信息产业两大千亿元产业集群,在超高清视频和智能家电集群领域,惠州与广州、佛山一道跻身先进制造产业集群"国家队"之列。

惠州两大支柱产业,一个相对传统但发展空前巨大,这就是石化产业;另一个则与先进制造产业集群相关,这就是电子产业(见图3-1)。

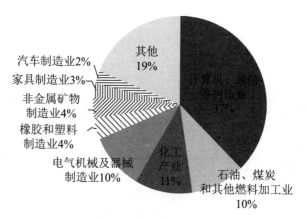

图3-1 惠州工业结构

资料来源:2020年惠州统计年鉴

目前惠州的石化产业总规模超过2000亿元,中海壳牌南海石化、埃克森美孚、中海壳牌三期、恒力化工、巴斯夫等众多世界级企业先后落地,成为全球石化产业链的重要节点之一。

石化产业与其他产业不同,多分布于资源地或沿海地区,前者容易理解,后者一方面是基于石化产业大量的冷却用水需求,另一方面则是出于靠近市场的考虑。作为主要消费市场和制造业基地的发达地区多在沿海,而且我国原油大量依靠进口,沿海地区拥有交通优势。不过,在碳达峰、碳中和的时代背景下,石化产业本身面临着天花板限制。如果停留于原来的炼化层面，高耗能、高污染等问题必将限制行业发展空间。

为此，惠州提出打造绿色石化和新能源新材料等基地，将传统石化产业升级为高新产业。同时，根据广东"十四五"规划布局，惠州将与湛江等沿海经济带城市，共同做大绿色石化、新能源、轻工纺织等战略性产业。

与石化相比，惠州另一个支柱产业更为瞩目。惠州的电子信息产业发展从小到大，总产值从2000年的400亿元左右攀升到2020年的3200多亿元，未来有望向万亿元级迈进。20多年来，惠州培育了TCL、德赛、华阳、龙旗、亿纬锂能等一批龙头企业，液晶电视机、车载导航等产品的产量、市场份额位居全国乃至世界前列。在作为先进产业集群的超高清视频领域，规上企业超过70家，彩色电视机产量超过3000万台，其中4K电视产量1700多万台，占全国1/3。

惠州的优势在于地处珠三角，无论发展哪一个行业都不会是孤军战斗，而能与周边城市形成强大的产业矩阵，形成强大的上下游产业链，协同发展，共同进步。在超高清视频和智能家电集群，广州、佛山、惠州各具优势，产业规模居全国之首，三地辐射带动全省超高清视频和智能家电产业超过万亿元，已形成全国乃至全球规模最大、品类最齐全的显示家电配件产业链。

更关键的是，惠州在发展高新产业上并不缺乏人才。虽然本身作为三四线城市缺乏吸引人才的筹码，但作为深圳都市圈的核心成员，与深圳的交通一体化之强、关系之密切、人才互动之频繁，将为自身带来更大的发展优势。无论是吸引更多深圳人才进军本地的电子信息产业，还是承接来自深圳的产业转移项目，惠州都显得与其他三四线城市有所不同。

■ 株洲：轨道交通之都

虽然长株潭之名广为人知，但与作为网红城市的长沙相比，株洲显得过于普通。

然而，就是这样一个普通地级市，却能与一众经济强市共同跻身先进制造业集群"国家队"名单。省会长沙以"先进工程机械集群"而著称，株洲则斩获"先进轨道交通装备集群"，成为中国高铁建设中不可忽视的一股力量。

株洲轨道交通产业总产值超过 1600 亿元，系国内首个突破千亿元产值的轨道交通装备产业集群。作为先进产业集群，株洲轨道交通产业汇聚了以中车株机、中车株洲所、中车株洲电机、联诚集团、九方装备为代表的 300 多家龙头企业，出口全球六大洲 70 多个国家和地区，电力机车全球市场占有率 27%，位居全球第一，城轨车辆国内市场占有率 30%，动车组、机车车辆电传动系统等多个产品产销量均为全国第一。

在 2020 年湖南企业 100 强排行中，株洲 10 家企业上榜，其中包括中车株洲电力机车研究所、中车株洲电力机车、中车株洲电机、中国航发南方工业、中车时代电动汽车这 5 家与轨道交通相关的企业（见表 3-5）。

表 3-5 湖南企业 100 强株洲上榜企业

排名	企业	营业收入（亿元）
1	中车株洲电力机车研究所有限公司	301.80
2	中车株洲电力机车有限公司	230.60
3	唐人神集团股份有限公司	153.55
4	湖南兰天集团有限公司	112.60
5	株洲旗滨集团股份有限公司	93.05
6	中车株洲电机有限公司	81.08

续表

排名	企业	营业收入（亿元）
7	中国航发南方工业有限公司	58.38
8	中车时代电动汽车股份有限公司	50.15
9	伟大集团	36.19
10	株洲千金药业股份有限公司	35.25

资料来源：湖南省企业和工业经济联合会

株洲之所以能跻身轨道交通先进产业集群，与其深厚的工业底蕴不无关系。株洲素有"火车拉来的城市"之名，早在20世纪30年代，就成立了粤汉铁路总机厂，从此奠定了轨道交通产业的发展优势。中华人民共和国成立以来，株洲在轨道交通领域连续创下了多个第一：1958年，我国第一台电力机车"韶山型"电力机车在株洲下线；1968年，我国第一代国产客、货两用干线电力机车"韶山Ⅰ型"电力机车下线；1996年，中国首台交流电传动国产机车"AC4000"下线；2000年，我国首台动力机车"蓝箭"出厂，时速达到200公里；2010年，株洲生产的CRH380A列车创下时速486.1公里的速度，刷新世界铁路运营试验最高速；2020年，全球最大功率神24电力机车在株洲成功下线，以单机功率28 800千瓦、牵引力2280千牛的超强动力，再次刷新轨道交通装备的世界纪录……几十年来，株洲在中国工业史上创下了近300项第一。

轨道交通产业跻身世界一流梯队，为株洲带来了一系列发展利好。目前，株洲拥有多名院士、"万人计划"专家、詹天佑奖获得者等顶尖科技人才，且在职业教育领域成为中南地区最发达的城市，铁路相关技术人才和服务人才遍布全国各地。同时，借助轨道交通产业的先发优势，株洲在汽车零部件、航空装备产业等领域逐步建立产业集群，在新能源、新材料等新兴产业领域也取得了一定突破。产业进步带动经济增长，2012—2020年株洲生产总值年均增长

8.3%，位居湖南省乃至全国前列。

未来，随着长株潭一体化加速，株洲与长沙、湘潭将形成1小时交通圈，且将实现公共服务同城化，共同打造工程机械、轨道交通、航空动力三大世界级产业集群。随着人才、资本和技术等要素流动的加速，株洲在打造世界级的轨道交通产业集群上还将获得更大助力。

■ 德阳：重装之都

四川省德阳市，与成都共同以"高端能源装备集群"位列先进制造业国家队名单。

提起德阳，最为人所熟知的当数广汉三星堆。三星堆文明"沉睡三千年，一醒惊天下"。但作为四川第二大工业城市，德阳的产业实力一直被忽视。这座因"一五"计划和"三线建设"而兴的工业城市，是全国重要的高端能源装备基地。高端能源装备产业总产值占全国总产值的22%，拥有中国二重、国机重装、东方汽轮机、东方电机等多个知名企业，全国60%的核电产品、50%的大型电站铸锻件、40%的水电机组、30%的火电机组和汽轮机都由德阳制造，国产大飞机C919身上70%的飞机锻件是在德阳制造，华龙一号核电机组在德阳研制成功，港珠澳大桥使用寿命试验在这里完成。

德阳与成都相邻，系成都都市圈暨成德眉资同城化的一员。德阳能够跻身先进制造业"国家队"，除了自身的工业底蕴之外，与成都协同发展形成的产业矩阵在其中发挥着重要作用也有很大关系。成都是强二线城市、国家中心城市、西部地区金融中心和国际消费中心，综合实力位居西南地区前列，且拥有众多领事馆、国际航线、世界500强企业、中欧班列等，本身综合优势突出。德阳作为工业基地，与成都错位发展、优势互补、合作共赢。如东方电气总部位于成都，而 70% 以上的制造都在德阳，交通同城化和产业一体化，提升了德阳的产业能级。

目前，成德两地初步形成"总部研发在成都，生产制造在德阳"的协同发展新格局，涉及高端能源装备、电子信息和新材料等产业。截至 2020 年年底，德阳已承接成都产业转移企业 79 家，项目总投资 214 亿元，而德阳经过成都开行的国际班列累计发送 2400 余列，货品种类涵盖工业机械、化工品等。

德阳为三四线城市发展提供了一种典型思路：背靠中心城市，融入都市圈，跻身国家战略，构造交通、公共服务同城化的格局，共同打造千亿元产业集群。既能放大自身的产业优势，又能借助中心城市的人才和资金优势，从而带动城市能级不断提升。

一个广东"两个世界",粤东西北何以崛起

如果说国内区域差距最大的莫过于东西部地区,那么省内差距最大的非广东莫属。

广东有无数种身份:中国经济第一大省、工业第一大省、财政第一大省、人口第一大省、养老金第一大省……但在广东省内,粤东西北还有多个地市生产总值排在全国城市百名之外,部分城市人均GDP不及全国平均水平。

面对这种格局,粤东西北如何崛起?

■ 广东的"两副面孔"

"全国最富的地方在广东,最穷的地方也在广东。"这句话虽然有些绝对,但无疑道出了区域差距过大的现实。一边是以珠三角为代表的发达地区,以占全省不到1/3的面积,聚集了全省6成以上的常住人口,创造了超过8成的生产总值和财政收入,无论是城镇化率还是居民收入水平都遥遥领先;另一边是粤东西北,12个地市占了全省70%左右的面积,仅聚集了不到40%的常住人口,创造了不到20%的生产总值,部分城市人均GDP甚至低于全国平均水平。

以2020年数据为例。在广东21个地市里,16个地市人均GDP低于全国水平,粤东西北地区所有地市全部在列。其中,粤东地区最高的汕头,仅为全国水平的7成;粤西地区最高的茂名,不到全国水

平的 3/4；粤北地区最高的韶关，不到全国平均水平的 2/3。

从城市分布来看，排除资源型城市，深圳、珠海、广州人均GDP跻身全国前十，但最低的梅州，生产总值仅为深圳的 1/27，而人均 GDP 不到全国水平的一半，仅相当于深圳的 1/5，在全国垫底。即便在珠三角，中山、惠州、江门、肇庆人均 GDP 也未赶上全国水平，区域之间存在明显差距（见表 3-6）。

表 3-6 2020 年广东各地市人均 GDP 排行

排序	城市	生产总值（亿元）	常住人口（万人）	人均 GDP（万元）
1	深圳	27 670.24	1756.0	15.8
2	珠海	3481.94	243.9	14.3
3	广州	25 019.11	1867.6	13.4
4	佛山	10 816.47	949.8	11.4
5	东莞	9650.19	1046.6	9.2
6	中山	3151.59	441.8	7.1
7	惠州	4221.79	604.2	7.0
8	江门	3200.95	479.8	6.7
9	肇庆	2311.65	411.3	5.6
10	茂名	3279.31	617.4	5.3
11	阳江	1360.44	260.2	5.2
12	汕头	2730.58	550.2	5.0
13	韶关	1353.49	285.5	4.7
14	清远	1777.15	396.9	4.5
15	湛江	3100.22	698.1	4.4
16	潮州	1096.98	256.8	4.3
17	汕尾	1123.81	267.2	4.2
18	云浮	1002.18	238.3	4.2
19	河源	1102.74	283.7	3.9
20	揭阳	2102.14	557.7	3.8
21	梅州	1207.98	387.3	3.1

数据来源：各地统计公报、第七次人口普查公报

这从全国百强镇、百强县、百强区和百强市的榜单中也可见一斑。广东是强区经济和强镇经济的代表，广州深圳佛山多个经济强区位居全国前列，佛山东莞中山的强镇经济同样突出，但在百强县和百强市的榜单里，广东则不占优势。虽然珠三角多数强县已经完成"撤县设区"，县域经济不复存在，但粤东西北整体实力不够突出，强县经济不够发达，却无疑是事实。

更令人震惊的是，广东一边帮扶西部地区完成脱贫攻坚的重任，另一边自身也面临着省内脱贫"清零"的重任，可谓"一场战役，两个战场"。在许多人的印象里，广东作为第一经济大省、财政大省，向来是财政转移支付的重要来源和脱贫攻坚的重要支撑。截至2020年底，广东才同时完成帮扶西部地区和省内脱贫的双重任务。一边是对口帮扶广西、四川、贵州、云南4省（区）14个市州，帮扶93个贫困县摘帽、9747个贫困村出列、500多万贫困人口脱贫，另一边是直到2020年底，省内161.5万相对贫困人口和2277个相对贫困村全部达到脱贫出列标准。

从十多年前开始，促进粤东西北地区振兴发展，已经上升为全省的重要战略。如果粤东西北能与珠三角比翼齐飞，那么广东经济的增长空间将不可限量。

■ **珠三角靠什么崛起？**

珠三角不乏地缘优势，加上港澳助力，以及自身的改革锐气，因此发展蒸蒸日上。

从地缘上看，珠江三角洲面临南海，拥有多个世界级良港，自古以来，一直都是对外开放的桥头堡和贸易桥梁，广州在明清时期"一口通关"的特殊地位奠定了珠三角繁荣的基础。随着改革开放推进，广东成为改革开放的前沿阵地，广州、佛山、东莞锐意进取，深圳、珠海获批经济特区，成为全球化时代的主要受益者。

一个简单的经济学原理是，在全球化时代，谁靠近高铁、机场和港口，谁就更靠近国际市场。港口的存在，拉近了与国际市场之间的距离，离港口越近，越容易在外贸上获得先发优势，这是我国沿海地区城市崛起的重要原因所在。

不同的是，珠三角既是沿海地区，本身又是"世界工厂"，既靠近国际市场，又拥有强大的制造业腹地，本地生产的商品直接可以通过海港、空港输送到欧美乃至世界各地，自然比一般沿海城市拥有更大的发展优势。此外，毗邻港澳，也是其他沿海地区不具备的优势。来自港澳地区的外来投资让珠三角获得了发展的"第一桶金"，港澳地区"前店后厂"的产业转型，让珠三角得以迅速发展起以"三来一补"为代表的加工产业，从而奠定产业基础。珠三角2008年全球金融危机之际又迅速"腾笼换鸟"，从劳动力密集型产业升级到高新产业。

更关键的是，珠三角是改革重要的试验田，敢为人先的创新精神在这片土地上生根发芽。深圳、珠海都是经济特区，在改革探索中创下了无数个第一；广州则是最具市民精神的城市之一，曾经许多年荣膺"中国法治政府奖"，法治建设和营商环境走在前列；佛山南海顺德虽非经济特区，但民营经济相对发达，一众乡镇企业成长为中国500强乃至世界500强企业……

可以说，珠三角的崛起并非偶然，而是一系列因素综合作用的结果。

■ 粤东西北怎么了？

粤东西北，为何发展不如珠三角？

粤东西北与珠三角的差距，不仅因为存在缺乏地缘优势、改革锐气等方面的因素，背后还与地理环境、产业结构、发展定位等有关。

珠三角是珠江冲积平原地带，拥有一系列国际港口，历来富庶。而粤东西北多是山区，发展环境天然受限，且劳动力规模也不占优势。同样不能忽略的一点是，广东处于国土南端，无法享受京沪、京广等黄金交通线的辐射，粤东西北的基础设施建设更多需要广东省内扶持。

不过，珠三角进行了以"腾笼换鸟"为特色的产业转型升级，大量劳动力密集型产业向外转移，为何粤东西北未能成为主要承接地？要知道，为促进粤东西北地区经济发展，从2008年开始，广东就实施了产业、劳动力"双转移"战略，但十多年过去，粤东西北地区无论是产业还是人口规模都没能实现扩张，劳动力仍在向珠三角地区集聚。

之所以出现这种现象，仍然与地理环境、人口红利和产业结构有关。就地理环境而言，粤北一些地区与国际市场的距离，未必比拥有空港优势的中部地区更佳，重庆和郑州之所以能成为重要的电子信息产业基地，与航空物流的飞速发展和中欧班列的陆续开通有着密切关系。就人口红利来说，广东人力资本相对较高，而中西部地区成本相对较低，吸引了更多劳动力密集型产业，人力成本更低的越南等东南亚地区和国家，也成了部分产业转移的重要目的地。

此外，粤东西北产业结构相对单一、部分产业过于传统，难以适应产业形势的变化。潮汕地区一直以纺织服装、陶瓷、工艺玩具、化工塑料、印刷包装为支柱产业，粤北地区多是以有色金属为主的资源型工业，粤西地区则以重化工业为主，本身缺乏承接加工产业和向高新产业升级的基础。所以，珠三角虽然成功实现了"腾笼换鸟"，向着高新产业迈进，但粤东西北却未能顺利成为劳动力密集型产业的主要承接者。

发展粤东西北,是广东长期以来需要奋斗的目标。基于不同区域自然环境、资源优势的不同,广东提出"一核一带一区"的区域发展格局,打造"一核两极多支点"的空间格局(见表3-7)。其中,珠三角是核心区和主引擎,沿海经济带包括珠三角7市以及粤东粤西两翼,粤北则为生态屏障。其中,沿海经济带东西两翼,包括以汕头为副中心城市的粤东地区、以湛江为副中心城市的粤西地区,虽然整体实力不及珠三角,但并非没有潜力可挖,未来将重点打造海上风电、核电、绿色石化、海工装备等产业。

表 3-7 广东"一核一带一区"区域发展格局

简称	功能区	功能定位	区域范围
一核	珠三角地区	引领全省发展的核心区和主引擎	广州、深圳、珠海、佛山、惠州、东莞、中山、江门、肇庆
一带	沿海经济带	新时代全省发展的主战场	包括珠三角沿海7市和东西两翼地区7市;东翼以汕头市为中心,包括汕头、汕尾、揭阳、潮州4市;西翼以湛江市为中心,包括湛江、茂名、阳江3市
一区	北部生态发展区	全省重要的生态屏障	韶关、梅州、清远、河源、云浮

资料来源:《关于构建"一核一带一区"区域发展新格局促进全省区域协调发展的意见》

相比而言,粤北地区由于受地理环境和生态环境的限制,只能作为生态发展区而存在,与珠三角地区分工不同,存在一定差距可以得到理解。根据规划,粤北地区将打造成"绿水青山就是金山银山"的广东样本,主要发展农产品加工、生物医药、清洁能源等绿色产业。这一定位是基于各自区域的不同特性而来的,粤北地区与珠三角地区在经济发展上的差距就容易得到理解。

相比而言,粤东粤西地区本身地理位置并不错,在改革开放初期发展势头同样迅猛,后来由于一系列的因素,发展一度受挫。但作为沿海经济带两翼的粤东粤西地区，本身不乏发展潜力，应当成为珠三角之外的另一个增长极。

可见，粤东西北与珠三角之间的差距，既有地理环境、规划定位等客观因素，也不乏主导产业和发展方向不同的原因。

■ 副中心城市的突破

必须看到，粤北地区作为生态发展区，不应过度追求生产总值增长；而粤东粤西两翼，未来应当成为新的经济增长点。

湛江、汕头、珠海是广东三个省域副中心城市，广东对于三个副中心城市的发展，可谓鼎力支持，出台了多个文件，赋予了一系列政策。除位于珠三角核心区的珠海不说，湛江、汕头分别被定位为现代化沿海经济带重要发展极、现代化活力经济特区。

湛江位居粤西，东接粤港澳大湾区，南与海南自贸港隔海相望，西承北部湾城市群，坐拥深水良港和众多大项目，属于多个国家战略交叉之地。湛江被明确定位为省域副中心城市，从而奠定粤西地区龙头城市的地位，广东支持湛江建设区域创新中心、区域文化教育中心、区域医疗中心、区域商贸服务中心等，同时推动绿色钢铁、绿色石化、海工装备、清洁能源等重大产业集群建设。

值得一提的是，湛江与海南只有一海之隔，可谓承接海南自贸港政策的第一环。对接海南，将会为湛江带来新的增量。湛江港口与海南港口可以开展深度战略合作，两地不仅可以共建重大产业基地，而且也可以在健康医养等领域开展深度合作。海南自贸港红利释放之时，湛江发展也能更上一个台阶。

汕头是省域副中心城市，是经济特区，更是粤闽浙城市群的中心城市之一。广东对汕头的支持着眼于两个方面，一个是营商环境，要求汕头打造稳定公平透明、可预期的国际一流营商环境。基于汕头的历史，营商环境问题曾经让汕头大伤元气。另一个是支持汕头产业转型升级，大力发展数字经济和工业互联网，加快纺织服装、工艺玩具、精细化工等传统支柱产业转型升级，做大做强装备制造、印刷包装、化学和生物制剂、保健食品等产业。同时，构建海上风电全产业链，打造千万千瓦级海上风电基地。培育壮大生物医药、新材料、新一代信息技术等战略性新兴产业，发展海洋新兴产业，推进海水淡化示范工程建设和关键技术国产化进程。

更关键的是，广东明确了五大都市圈，其中湛江与茂名共同组成湛茂都市圈，汕头、潮州、揭阳以及梅州都市区共同构成汕揭潮都市圈。湛茂都市圈将发挥东连粤港澳大湾区、西接北部湾其他城市的门户和枢纽作用，汕揭潮都市圈将打造成链接粤闽浙沿海城市群与粤港澳大湾区的战略枢纽。

不难看出，如果湛江、汕头经济产业能够崛起，广东在珠三角之外将再获新的经济增长点，中国第一大省之位未来将会更为稳固。

100多个县城房价破万元,中小城市房价天花板有多高

三四线城市房价破万元,堪称中国房地产史上极为瞩目的事件。

据新华社"新华视点"报道,截至2021年,全国有100多个县(县级市)房价每平方米均价超过1万元,直追作为中部省会、万亿元生产总值城市的长沙。这些县城超过九成位于东部沿海地区,以浙江、江苏、福建和海南等地为主,其中,浙江、江苏全部地级市房价均已迈进万元大关。

2015年之前,部分二线城市房价尚未破万元,三四线县城房价普遍在3000~5000元。短短5年多时间,三四线城市房价普遍翻倍,部分县城房价涨幅甚至超过了二线省会城市,从大型房企到中小房企,陆续将阵线扩张到三四线城市,一些小县城出现了龙头房企的身影。

县城房价破万元,是对县城价值的重新发现,还是资金助推的结果?这种局面能否维持,三四线楼市有无长期价值?

■ 棚改货币化

2016—2021年,三四线城市房价上涨,背后第一大推力当数棚改及货币化补贴。

棚改货币化,说白了,就是向三四线定向放水去库存。一般放水,诸如降准降息,都是普惠式的。大水漫灌,虽然看起来雨露均沾,

但水往低处流，一二线城市永远都是资金的首选之地，三四线沾也沾不到多少。

棚改货币化补贴改变了这一切。棚改是拆旧建新，制造了大量新增需求。以往是实物安置，拆一补一，对楼市影响有限。而当货币化成为主流，直接以现金作为补贴时大量拆迁户带资入市。大拆大建加上大补贴，从而彻底激活三四线城市的楼市。

棚改货币化对房价的传导路径是这样的：央行通过低利率的PSL（抵押补充贷款）向国开行等政策性银行提供资金来源。国开行等政策性银行，利用这笔资金向地方政府发放棚改专项贷款。地方获得贷款之后，开启大规模的棚户区改造，用真金白银进行货币化补贴。地方依靠卖地收入还贷。只要房价不走低，这个游戏就能继续玩下去。

数据显示，从2008年到2020年，我国棚改总规模超过4000万套。其中，2015—2017年三年时间就完成了1800万套。随后，棚改规模开始持续缩水，2018—2020年，我国棚改开工量分别为626万套、316万、209万套（见图3-2），呈现断崖式下滑的趋势。到2021年，政府工作报告中不再提及棚改目标，这意味着大规模的棚改到了收官阶段。

与棚改收官一道而来的，是棚改货币化补贴的大幅缩减。2014年，全国棚改货币化的比例还只有9%，几乎可以忽略不计，2015年有所增加，但并不显著，2016年突然跃升到40%以上，2017年超过50%，局部地区更是超过80%……这个数据，刚好与三四线房价上涨的节奏相契合。

从2018年开始，棚改货币化补贴全面收缩，2019年和2020年货币化补贴的比例已不足10%，而支撑棚改的PSL贷款则早已萎缩到忽略不计。

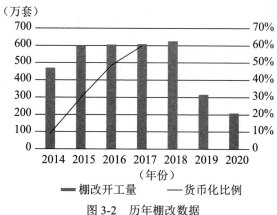

图3-2 历年棚改数据

注：2018年后未公布货币化比例
资料来源：住建部、国家统计局

随着棚改收官、货币化补贴退潮，三四线房价迎来了新一轮价值重估。

■ 最后的红利

城镇化是三四线城市房地产最后的利好。在新型城镇化进程中，县域是绕不开的一环。《国家中长期经济社会发展战略若干重大问题》一文指出，我国现有1881个县市，农民到县城买房子、向县城集聚的现象很普遍，要选择一批条件好的县城重点发展，加强政策引导，使之成为扩大内需的重要支撑点。国家"十四五"规划纲要提出，推进以县城为重要载体的城镇化建设。加快县城补短板强弱项，推进公共服务、环境卫生、市政公用、产业配套等设施提级扩能，增强综合承载能力和治理能力。

按照发达国家的经验，在经济发展成熟阶段，将会有80%以上的人口居住在城镇，而我国的城镇化率刚突破60%（见图3-3），未来还有一定的增长空间。虽说以中心城市促进城市群发展是新一轮城镇化的主导战略，但人口不可能全部涌向大城市，就地城镇化，从农村到县城落户，将是部分人的直接选择。一些到大城市务工的农民工，到了一定年龄之后，面临着在大城市还是回到家乡养老的选择，县城如果能在公共服务拉近与大城市之间的差距，无疑将带来一定的吸引力。同时，三四线城市基本全部放开零门槛落户，户籍门槛不复存在，农业人口到县城定居乃至落户的障碍早已不复存在，这是推进以县城为重要载体的城镇化建设的基础。

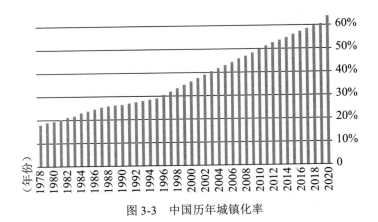

图 3-3　中国历年城镇化率

资料来源：国家统计局

人口是资产价格的长期支撑。农民进城，自然就有了居住的需要，这对县城的房地产市场将会带来直接的利好。无论是选择县城落户，还是定居在县城而保留农村宅基地和户口，对县城房子的需求都是切切实实存在的。

不过，一个不容忽视的因素是，人口仍在加速向大城市聚集，中小城市的人口比重呈现下降趋势。第七次人口普查数据显示，几乎所有省会城市人口比重都在进一步提高，而多个地级市常住人口规模较十年前出现明显下滑，这些下滑更多体现在县城。我国人口流动呈现出部分奔向大城市、大多数去往地级市、只有小部分留在县城的格局。

以河南南阳市为例,从 2010 年到 2020 年,南阳常住人口由 1026.3 万减少到 971.3 万,整体缩水 55 万,人口总量被省会郑州超越,郑州常住人口从 862.7 万增长到 1260 万,10 年间增加近 400 万,省会的人口虹吸效应可见一斑(见表 3-8)。

而从各区县数据来看,作为主城区的宛城区、卧龙区等人口比重有所增加,而淅川县、社旗县、唐河县、邓州市人口比重均有明显缩减,其中人口超百万的唐河县、邓州市人口比重分别下滑 1.33 个百分点、1.45 个百分点。

表 3-8 河南各地市人口变迁　　　　　(单位:万人)

序号	城市	2020年	2010年	人口增量	增幅
1	郑州	1260.0	862.7	397.3	46.1%
2	新乡	625.2	570.8	54.4	9.5%
3	洛阳	705.6	654.9	50.7	7.7%
4	济源	72.7	67.6	5.1	7.6%
5	商丘	781.6	736.2	45.4	6.2%
6	安阳	547.7	517.3	30.4	5.9%
7	濮阳	377.2	359.8	17.4	4.8%
8	开封	482.4	467.6	14.8	3.2%
9	信阳	623.4	610.9	12.5	2.1%
10	平顶山	498.7	490.4	8.3	1.7%
11	许昌	437.9	430.7	7.2	1.7%
12	鹤壁	156.6	156.9	-0.3	-0.2%
13	焦作	352.1	354.0	-1.9	-0.5%
14	周口	895.3	902.6	-7.3	-0.8%
15	驻马店	700.8	723.1	-22.3	-3.1%
16	南阳	971.3	1026.3	-55.0	-5.4%
17	漯河	236.7	254.4	-17.7	-7.0%
18	三门峡	203.4	223.4	-20.0	-8.9%

数据来源:第六次(2010年)、第七次(2020年)全国人口普查公报

所以，县城房价能否得到维持，不仅要看政策有无支持，也要看县城能否迅速拉近与地级市乃至省会之间公共服务方面的短板，更要看最终能否吸引到足够多的人——尤其是年轻人定居落户。

■ 这些县城房价跌回白菜价

人口能否持续流入，购房群体里是否有足够的刚需人群，决定了三四线楼市的不同走势。

同为三四线城市，有的城市房价破万元，有的城市跌回了白菜价。2020年，一则名为"在这座小城买了套海景房，11年后亏掉35%"的新闻上了热搜。这座小城，是山东威海市下辖的乳山市。报道称，有投资者2009年以20万元购入36平方米的海景房，2020年只卖了13万元，直接亏掉35%，如果加上这十年的利息成本，亏损高达50%左右。

2010年前后，乳山的海景房让投资者趋之若鹜。当时海景房均价达到4000多元，如今当地二手房均价不到4000元，最低的仅为1800元，十年来房价相当于原地踏步。与之对比，在乳山100公里之外的威海市区，房价均价已经突破1万元。乳山的海景房为何回到了白菜价？

答案很简单，用当地人的话来说：卖房子的比卖菜的都多。在山东乳山，20多公里的海岸线上自西向东陆陆续续建设了200多个海景房项目。2014年时，由于市场不景气，部分海景房项目烂尾，随后在整合运作、新房审批暂停以及大环境回暖之下，这里的海景房方才重新恢复一点生机。本地人买不起，外地人买了又不住，这就造成海景房陷入投机过剩的局面。基础配套不完善，海景资源不够稀缺和精致，这又导致后来接盘者寥寥无几。

同一时期，一篇《一个年轻人去鹤岗买了3万元房子，几个月后2.2万元卖了》的文章刷屏，让黑龙江鹤岗再度为全国所瞩目。

前些年,黑龙江鹤岗曾因为房价跌回白菜价上了一波热搜,一套房子只要几万元,这个价格让无数人感到震惊的同时也带来一个意想不到的后续:诸多从事相对自由、工作地点不受束缚职业的年轻人奔走相告,到鹤岗去买房,广东、江苏等地的炒房团也闻风而动,鹤岗房价甚至到了3000元以上。

然而,仅仅一年多过去,一切又回到常态。即便房子总价已经低到3万元,仍旧无人问津,只能继续折价转让,房价陷入了自我衰退的反向循环。

辽宁铁岭一套学位房挂出了3.8万元的售价,同样引发热议。这套房子34平方米,虽是顶楼,但配套齐全,且是名副其实的学区房,均价却只有1000元左右。在北上深,学区房价格动辄10多万元/平方米,购买者仍旧趋之若鹜。

事实上,铁岭不是孤例,有类似情景的还有辽宁阜新市。这几地有个共同特点:人口持续流出。第七次人口普查数据显示,铁岭、阜新常住人口分别为238.8万、164.7万,与2010年第六次人口数据相比,分别减少32.9万、17.2万,人口降幅分别为12.1%、9.4%(见图3-4)。

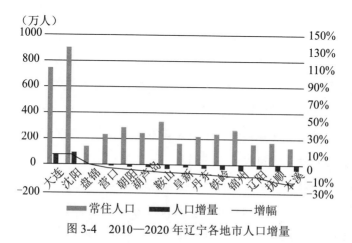

图3-4　2010—2020年辽宁各地市人口增量

资料来源:辽宁省第七次人口普查公报

所以，在棚改货币化的政策刺激退潮之后，经济、产业和人口将是决定三四线城市房价的根本因素，其中人口又是根本中的根本。没有人，房子恐怕什么都不是，人口持续流出的县城，高房价恐怕难以维持。

■ 县城为何限建高层住宅？

经过一轮大涨之后，县城的房地产开始受到越来越多的约束。

2021年，住房和城乡建设部、科技部、乡村振兴局等15部门发布《关于加强县城绿色低碳建设的意见》，县城新建住宅以6层为主，6层及以下住宅建筑面积占比应不低于70%。鼓励新建多层住宅安装电梯。县城新建住宅最高不超过18层。

近年来，我国大城市住宅、写字楼高度不断创下新高。贝壳研究院数据显示，重庆、武汉、成都、西安、深圳百米以上的超高层住宅数量超过1000栋。

当大城市住宅高度突破100米、写字楼纷纷向500米看齐之际，县城的住宅层数却被限制在18层，背后有何用意？

从"绿色低碳建设"这一关键词以及15个部门联合发文不难看出，限制县城建设高层住宅，首先是出于碳中和与碳达峰的考虑。

县城不同于大城市，大城市由于人口密度较高、土地资源有限，只能向天空要空间，县城本身拥有大量的可开发土地资源，且没有大城市的人口流入压力，盲目高密度高强度开发、摊大饼式无序蔓延，既不利于与自然风貌相融合，不利于传承历史文化，也与推进和谐宜居、绿色低碳的精神相背离。

其次，消防能力是重要的考量。建筑高度不断增加，对城市的消防救援能力带来了全新考验。目前，我国大城市消防云梯最高在100米左右，造价成本高达数千万元，而中小城市消防云梯高度普遍在 50 米左右，相当于 18 层楼左右的高度。

相比容易理解的绿色低碳和消防能力，更重要的是防范高层住宅沦为"新贫民窟"以及楼市库存过剩带来的风险。前一个风险说的是，高层住宅维护成本较高，随着房价上涨，拆迁成本居高不下，大城市的高层住宅都未必拆得动，更不用说县城了。后一个风险说的是，追求高密度住宅和高容积率，将会显著提高楼市库存量，如果房地产需求萎缩，那么过度建设的住宅将会成为未来的高库存之累。此外，高层住宅建设周期往往更长，更容易出现烂尾风险。

当然，不同地区县城发展阶段不同，"一刀切"未必合适。可对东部和中西部县城区别对待，对县级市、发达的镇与普通的县和镇区别对待。

人口持续流失,收缩型城市有没有未来

有的城市在扩张,有的城市在收缩,不是每个城市都能永葆青春。

随着国家发改委首次在政策文件中公开提出"收缩型城市"以来,城市收缩现象越来越受到社会各界的重视。一些资源型城市、重工业城市、偏远地市、大城市周边的小城镇出现了经济增长停滞、财政收入减少、人口持续下滑的现象,部分城市还伴随着"房价跌回白菜价"的极端情形。

收缩型城市到底有没有未来?

■ 谁在收缩?

城市收缩,对于中国来说是新现象。虽说美国和东欧的铁锈地带早已出现了城市收缩现象,但我国人口还没陷入负增长区间,城镇化率刚刚突破60%,离世界公认的城镇化加速阶段70%这一天花板,还有一定的增长空间。

换言之,大城市还没有完成扩张,一些小城市已经提前开始收缩了。

对于收缩型城市,向来缺乏官方定义。根据研究,一般常住人口或城区人口连续3年下降,可以视为收缩信号。更严格的定义是,百万以上人口规模的城市,人口流失超过10%或年均流失率超过1%

即可视为收缩。一般而言，收缩型城市，人口流失往往与经济增速、财政收入下滑、房价下跌等关联在一起，从而形成城市经济基本面的整体性收缩。

根据清华大学建筑学院特别研究员龙瀛的研究，在2000年到2010年间，全国有180个城市的人口在流失，三分之一的国土人口密度在下降。首都经济贸易大学吴康副教授也曾发布研究成果称，2007—2016年，中国有84座城市出现了"收缩"。这些城市连续3年或者3年以上常住人口减少。根据如是金融研究院的数据，从2014年到2017年共有26个城市出现连续3年的人口净流出，这些城市多数位于东北地区，黑龙江、吉林、辽宁均有不少县市出现人口收缩。武汉大学经济与管理学院刘再起、肖悦等人的研究表明，2013年至2018年，全国共有91个人口收缩型城市、32个经济收缩型城市、14个空间收缩型城市，人口、经济、空间同时收缩的城市有7个。

可以说，根据各地经济和人口数据，我国目前已经出现数十个收缩型城市，主要集中于东北、中西部和川渝等地区，东北占了1/3左右。代表性城市包括黑龙江鹤岗、齐齐哈尔，辽宁本溪、阜新，吉林白山、白城，内蒙古巴彦淖尔，四川巴中、广元，宁夏石嘴山等。

通过人口六普、七普数据可以看到，2010—2020年，全国有150多个城市人口负增长，在东北41个地市里，只有沈阳、大连、长春人口正增长，其他所有城市都是负增长（见图3-5）。其中黑龙江绥化、齐齐哈尔的人口减少100万以上，而绥化、白山、黑河等12个城市人口降幅超过了20%，这些城市要么已经成为收缩型城市，要么在未来十年有成为收缩型城市的可能。

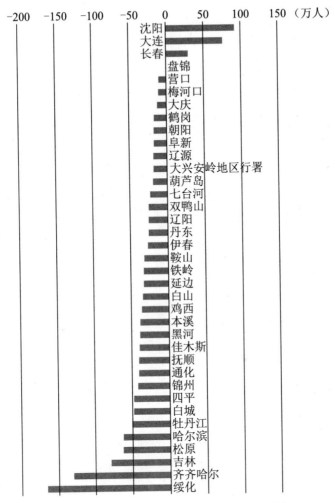

图 3-5　2010—2020 年东北各地市人口增量

资料来源：各省市第六次、第七次人口普查公报

未来，随着人口向大城市和都市圈、城市群集聚，加上生育率下滑导致的人口自然增长率转负，一些资源枯竭型城市、偏远城市的人口规模还会继续降低，经济、产业、空间等层面的集体收缩将很有可能。

■ 四类收缩型城市

收缩型城市可以分为四类，收缩的原因不尽相同，未来发展的空间也相对迥异。

第一类是资源枯竭型城市。因资源而生，同样因资源枯竭而衰退。2008年、2009年和2012年，国务院分三批确定了我国69座资源枯竭型城市（县、区）（见表3-9），这些资源枯竭型城市只有少部分转型成功，大多数陷入了城市收缩的困局。

表3-9　69座资源枯竭型城市（县、区）

所在省（区市）	首批12座	第二批32座	第三批25座
河北		下花园区	井陉矿区
		鹰手营子矿区	
山西		孝义市	霍州市
内蒙古		阿尔山市	乌海市
			石拐区
辽宁	阜新市	抚顺市	
	盘锦市	北票市	
		弓长岭区	
		杨家杖子	
		南票区	
吉林	辽源市	舒兰市	二道江区
	白山市	九台市	汪清县
		敦化市	
黑龙江	伊春市	七台河市	鹤岗市
	大兴安岭地区行署	五大连池市	双鸭山市
江苏			贾汪区
安徽		淮北市	
		铜陵市	
江西	萍乡市	景德镇市	新余市
			大余县

续表

所在省（区市）	首批12座	第二批32座	第三批25座
山东		枣庄市	新泰市
			淄川区
河南	焦作市	灵宝市	濮阳市
湖北	大冶市	黄石市	松滋市
		潜江市	
		钟祥市	
湖南		资兴市	涟源市
		冷水江市	常宁市
		耒阳市	
广东			韶关市
广西		合山市	平桂区
海南			昌江县
重庆		万盛区	南川区
四川		华蓥市	泸州市
贵州		万山特区	
云南	个旧市	东川区	易门县
陕西		铜川市	潼关县
甘肃	白银市	玉门市	红古区
宁夏	石嘴山市		

资料来源：国家发改委等

甘肃玉门、黑龙江鹤岗是典型代表。甘肃玉门曾经是中国的石油重镇，也是"铁人"王进喜的家乡。随着石油资源逐渐枯竭，玉门经济持续衰退，人口大量流失。数据显示，2010年至2015年间，玉门市市区人口密度变化率为-19.11%；人均GDP的变化率为-26.96%；建成区面积的变化率高达-61.59%，城市收缩现象非常明显。

鹤岗早年煤矿经济相当发达，煤矿资源助推鹤岗从镇升级到县再升级到地级市，无论是生产总值增速，还是居民福利，鹤岗都一度遥遥领先于大多数地市。然而，随着资源枯竭，2011年鹤岗被列为全国第三批资源枯竭型城市。自此，鹤岗经济一蹶不振，2021年成为全国首个财政重整的地级市，人口持续外流，从2010年到2020年，鹤岗常住人口从105.8万下降到89.1万，下滑幅度达15%。

第二类是产业变迁导致的收缩。一些重工业城市，由于产业结构过于单一，加上技术创新能力不足，无法适应产业转型升级的需求，不得不面临产业衰退和人口外流的双重危机。辽宁本溪市和黑龙江齐齐哈尔市是典型代表。本溪曾经是以钢铁、化工为支柱产业的老工业基地，先后面临资源枯竭和产业衰退的困境，经济增长缓慢，人口大量流失，从2010年的170.9万人减少到2020年的132.6万人，下降幅度为22.4%。

齐齐哈尔市曾经一度作为国内重要的老工业基地、商品粮基地而存在，以机械、冶金、化工、建材等产业为主导，重工业比重较高，而高新产业不足，在整个东北都面临产业转型的关头，自然难以置身事外。数据显示，从2010年到2020年，齐齐哈尔常住人口从536.7万人减少到406.7万人，缩减了130万人，下降幅度高达24%。

第三类是偏远城市的收缩。这里的偏远，不只是地理意义上的偏远，更多是相距中心城市、都市圈、城市群意义上的偏远。不靠近中心城市，不在大都市圈之列，也未能纳入主要的城市群，本身又缺乏资源支撑，在城镇化的时代浪潮中，人口最容易流出。比如甘肃定西、内蒙古呼伦贝尔、广西河池等城市。

第四类是大城市周边的收缩。由于大城市虹吸效应的存在，周边城市人口不断向核心城市涌入，从而导致人口、产业出现阶段性空心化的现象，比如北京周边的三河、高碑店，成都周边的南充、资阳，东莞的部分镇街等。

不过，这类收缩并非一成不变。只要位于大城市群内部，城市收缩就不用太过担心。随着中心城市、都市圈和城市群战略的明确，大城市面临虹吸效应与外溢效应的双重约束，人口、产业有望向周边三四线城市溢出，这又会带来收缩之后的新一轮扩张。

■ 收缩型城市的未来

对于收缩型城市，国家层面已有明确定调，核心政策有二：一是收缩型中小城市要瘦身强体，转变惯性的增量规划思维，严控增量、盘活存量，引导人口和公共资源向城区集中；二是稳妥调减收缩型城市市辖区，审慎研究调整收缩型县（市）。

可见，收缩型城市未来肯定要告别一味扩张的传统路径依赖，而一些人口和空间收缩明显的小城市，则有可能面临裁撤、合并的命运，城市格局必然要发生巨大变化。

在过去，无论大小城市都普遍钟情于摊大饼式建设。如果收缩成为事实，那么土地指标、公共建设指标必然要随之收缩。发改委明确指出，未来要深化"人地钱挂钩"等政策，人口流失，土地指标和财政补贴必然要随之减少，收缩城市想要再玩大建新区和土地财政的游戏，恐怕行不通了。

同时，一些人口持续收缩的县城，可能会面临合并。有政协委员在全国"两会"上援引陕西某县的案例建议，优化县级行政区划，推进小县合并试点，对人口规模低于10万人的小县先行合并试点，减少行政资源浪费，优化生产要素配置。据了解，这个小县城常住人口只有3万多人，过去20年来人口非但没有增长，反而还在不断缩减，但当地的财政供养人员超过了6000人，财政供养人员比为1∶5，财政收入只有3000多万元，但一般公共预算支出超过了8亿元，是收入的20多倍。

收缩型城市,难以支撑起大规模的公共设施建设。无论是公共设施建设,还是地铁建设,都需要庞大的人口规模作为前提。人口越多越聚集,规模效应就越突出,地铁建设的人均成本就越低。北上广深的地铁能开往几十公里之外的远郊,就是人口规模带来的利好。如果城市收缩,人口减少,产业衰退,那么许多公共设施就无从支撑。以地铁为例,不是每个城市都有资格建设地铁。按照规定,申报建设地铁的城市一般公共财政预算收入应在300亿元以上,地区生产总值在3000亿元以上,市区常住人口在300万人以上。如果城市不断收缩,这些公共设施显然无法上马。

城市收缩,房价等资产价格同样无法维持。房地产的根本支撑在于经济和人口,经济衰退,产业衰退,人口外流,那么原来的房地产价格自然难以维持。美国底特律一度是美国房价最高的城市之一,后来由于经济危机,汽车产业全面衰退,市区大量房子被空置,房价自然一落千丈。在不远的未来,恐怕国内有不少收缩型城市,房价将会重蹈底特律的覆辙。

当然,收缩型城市并非没有发展转机。在大城市群、都市圈辐射范围内的收缩,只是阶段性现象,只要能迅速融入都市圈战略,在不远的未来就能获得来自中心城市的溢出。

而偏远地区的收缩型城市,可以基于自然环境优势转型发展生态旅游业或养老产业,一些有相应基础的城市可以借鉴昆山、张家港等地的经验,向高新产业转型。

道路虽然艰难,但并非没有希望。

第四章 — 告别单打独斗，城市群崛起

"央区"、雄安、通州，京津冀城市群的三大支点

长三角：41城聚集，中国最大城市群诞生

广深港澳引领，粤港澳剑指世界第四大湾区

成渝、长江中游：谁是中国城市群第四极

超大城市再扩张！三个超级"大都市圈"逐渐成熟

大城大圈！从都市圈看中心城市的"势力范围"

"央区"、雄安、通州，京津冀城市群的三大支点

京津冀包括北京、天津、河北三地。两个直辖市，一个省份，而北京又是首都，加上城市副中心和雄安新区等重要战略，多重角色存在，让京津冀协同发展远比长三角和粤港澳大湾区更为复杂。谁能引领协同发展，就变得至关重要。

在京津冀相关政策和规划中，首都功能核心区、北京城市副中心、雄安新区三大区域的重要性最高。前者是首都功能的核心承载区，后两者则是京津冀协同发展的"两翼"。理清三者之间的定位和关系，有助于进一步了解京津冀协同发展的未来。

■ 首都与北京

北京有两重身份：作为首都的北京，作为城市的北京。

作为首都，北京最重要的定位当数"全国政治中心"，这是一个首都理应具有的功能和属性。而作为城市，北京则是一个以第三产业为主、金融互联网科技创新等产业高度发达的一线城市。北京的完整定位为"全国政治中心、文化中心、对外交往中心和科技创新中心"，城市功能齐全，人口众多，在全国乃至世界都有举足轻重的影响力。

这背后，正是都与城之间的关系。作为首都，政治属性和政务功能是第一位的；作为城市，经济、产业、教育、科学、文化、卫

生等均要纳入考量。基于双重身份，首都与北京功能开始逐步区分开来。

于首都而言，以东西城为主的"首都功能核心区"已经横空出世。核心区注重中央政务功能保障、注重分流减量，凡是不符合首都功能的产业都在分流之列。于北京而言，最具标志性的事件当数北京市政府从城区迁往通州城市副中心，这一区域既是分流非首都功能的重要承载地之一，也是促进京津冀协同发展的重要布局之一（见表4-1）。

表 4-1 北京城市空间布局及新"两翼"

简称	功能区	区域范围
一核	首都功能核心区	东城区、西城区，总面积约92.5平方公里
一主	中心城区	东城区、西城区、朝阳区、海淀区、丰台区、石景山区
一副	北京城市副中心	通州区
两轴	中轴线及其延长线、长安街及其延长线	①传统中轴线及其南北向延伸；②以天安门广场为中心东西向延伸
多点	新城	顺义、大兴、亦庄、昌平、房山新城
一区	生态涵养区	门头沟区、平谷区、怀柔区、密云区、延庆区，以及昌平区和房山区的山区
两翼	北京城市副中心、雄安新区	通州；河北雄安新区

资料来源：北京城市总体规划（2016—2035年）

雄安新区虽然位于河北，但仍可视为首都的延伸。在京津冀区域空间规划中，雄安新区和北京城市副中心，被共同定位为"北京新的两翼"，两者都是以承接北京非首都功能分流为主，带动京津冀区域协同发展，但主导产业不同，发展方向也不同。

从首都功能核心区、北京城市副中心和雄安新区的定位分工来看，北京是北京，首都是首都，这种功能性分野越来越明显了。

■ "央区"：最特殊的区域

中央政务区，这是民间的说法，官方文件的严格表述是"首都功能核心区"。根据《首都功能核心区控制性详细规划》，核心区总面积约92.5平方公里，包括东城区和西城区两个行政区，到2035年，首都功能核心区常住人口规模控制在170万人左右，地上建筑规模控制在1.19亿平方米左右。到2050年，常住人口规模控制在155万人左右，地上建筑规模稳定在1.1亿平方米左右。

与一般侧重于扩张的城市规划不同，首都功能核心区，注重的是中央政务功能保障、分流减量提质、老城整体保护、街区保护更新、民生改善、城市安全。所以，这一核心区域将会坚定有序分流非首都功能，同时实施人口、建设规模双控，降低人口、建筑、商业和旅游密度，让核心区"静"下来，同时老城保护的重要性得到提升，老城不再长高，胡同不再拓宽，老城不能再拆。

北京市"十四五"规划对这些目标进行了细化。在优化核心区中央政务空间方面，要求推进老城重组，优化利用分流腾出空间，持续提升政务空间品质；在降低人口、建筑、商业、旅游"四个密度"方面，则严控建筑高度和高层建筑审批，优化核心区街道发展定位、主导功能和规划管控策略等。

从人口目标来看，2020年第七次人口普查数据显示，北京东城区常住人口70.8万人，西城区110.6万人，合计181.4万人。以2035年170万人的目标来看，首都功能核心区未来还要分流10多万人。以2050年155万人的目标来看，未来还要分流26万人。

■ 雄安：不在当下，而在未来

千年大计，大国之事。

这是国家对雄安新区的超高定位和期许。2017年，雄安新区横空出世，规划范围涉及河北省雄县、容城、安新3县及周边部分区域。起步区面积约100平方公里，中期发展区面积约200平方公里，远期控制区面积约2000平方公里。

雄安新区，与我们熟悉的深圳经济特区、浦东新区有着明显不同，但战略定位和未来发展目标却丝毫不弱。深圳经济特区着眼于先行先试的改革开放，浦东新区着眼于对内对外开放，而雄安新区则着眼于分流北京非首都功能、助力京津冀协同发展和探索全新发展理念，为促进区域经济发展和缓解南北差距寻找新的可能。

雄安新区和通州副中心是北京新的"两翼"，第一大战略意义在于承接非首都功能。2019年1月，《关于支持河北雄安新区全面深化改革和扩大开放的指导意见》提出："支持在京国有企业总部及分支机构向雄安新区转移"。根据该《意见》，2022年，确保首批北京非首都功能分流项目落地；2025年，北京非首都功能分流承接初见成效。

截至2021年中，北京转移雄安新区累计注册企业3756家，新区起步区、启动区和容东片区的建设扎实推进，累计实施重点项目125个，完成投资2300多亿元。不过，国有企业总部落地雄安新区，直到2021年5月才迎来破冰，中国卫星网络落地雄安新区，这是第一家注册落户雄安新区的中央企业。

未来，向雄安新区转移的不只是国有企业，还可能包括部分在京高校、医院和金融机构等，同时还会重点承接软件和信息服务、设计、创意、咨询等领域的优势企业，以及现代物流、电子商务等企业总部等。随着这些大型机构尤其是金融机构向雄安转移，雄安新区将会在未来几年迎来跨越式发展。

不过，国有企业、高校、金融机构等迁移，只有"输血"之效，能为雄安新区打下良好基础，但雄安新区能否上新的台阶，关键还在于自身的"造血"功能,能否借此打造出一流的现代产业体系。

雄安新区的第二大战略意义在于促进京津冀协同发展。京津冀是三大世界级城市群之一,但与长三角和粤港澳大湾区相比,存在一个明显短板:京津两极过于"肥胖",而周边中小城市过于"瘦弱",区域发展差距悬殊。长三角有上海、苏州、杭州、南京、合肥等中心城市,粤港澳大湾区有香港—深圳、广州—佛山、澳门—珠海三大极轴,而京津冀除了北京和天津之外,缺乏真正有区域竞争力的城市,而天津近年来受困于经济转型,影响力不及以往。

因此,雄安新区的存在,相当于在京津之外打造另一个新的增长极,从而形成区域带动效应。随着雄安新区的发展提速,其有望成为缓解南北差距的重要支撑。

雄安新区在城市群中不乏区位优势。雄安地处北京、天津、保定腹地,距北京、天津均为105公里,距石家庄155公里,距保定30公里,距北京新机场55公里。通过高铁,北京与雄安可以在1小时通达,而从北京大兴机场到雄安新区最快只需19分钟,这既保障了雄安与首都之间的密切联系,又赋予了雄安一定的独立发展空间,有了属于自己的经济腹地,从而有能力也有空间带动周边发展。

雄安新区的第三大战略意义在于新发展模式的试验田,打造高质量发展的样板。深圳特区和上海浦东新区之所以成为新模式,就在于突破了原来的机制和发展模式,创造出符合经济社会发展的新体系,所以进入新时代以来,深圳和上海浦东先后被赋予先行示范区和现代化引领区的重任。

雄安新区的定位不比深圳和浦东弱,且与深圳、上海有一定差异,这从雄安新区的定位就可以看出来:绿色生态宜居新城区、创新驱动发展引领区、协调发展示范区、开放发展先行区。除了创新驱动和开放发展之外，雄安新区一直在强调生态宜居和协调发展，将生态放在首位，更凸显了雄安新区的与众不同之处。

雄安还是我国首个明确拒绝房地产开发的地区。国务院在《关于河北雄安新区总体规划（2018—2035年）的批复》中指出，建立多主体供给、多渠道保障、租购并举的住房制度和房地产市场平稳健康发展长效机制，严禁大规模商业房地产开发。所以，雄安新区成立多年来，周边房价并未出现明显抬升，这与一些地方动辄借政策红利大肆炒房形成鲜明对比。

千里之行，始于足下。千年大计，不可能一蹴而就。雄安新区，不在当下，而在未来。

■ 通州："另一个北京"的崛起

今天的通州，虽然只是北京的一个行政区，但在历史上，可谓大名鼎鼎。著名的京杭大运河，就是南起杭州、北至通州；历史上，有"一京二卫三通州"之说，京是北京，卫是天津，通州即如今的通州区。

通州在北京的定位屡次改变。20世纪90年代，通州只是北京的卫星城；2005年，通州新城与顺义新城、亦庄新城共同成为北京的三大新城；2010年之后，通州城市副中心的概念正式登场；2015年，《京津冀协同发展规划纲要》将通州定位为行政副中心；2016年，通州升级为北京城市副中心，且与雄安新区共同作为北京新的"两翼"，通州从此在京津冀地区获得了超高定位。

从卫星城到新城，再从行政副中心到城市副中心，意味着通州定位的全面提升。卫星城、新城只是城市的附属区域，为分流人口或完成某些产业功能而来，而行政副中心着眼的只是行政副中心，城市副中心则意味着从单纯的行政功能升级为集行政、商务、文化为一体的综合功能。

这从通州副中心的定位就可见一斑：国际一流的和谐宜居之都示范区、新型城镇化示范区和京津冀区域协同发展示范区。作为城市副中心，通州既要承接首都分流而来的产业和人口，也要带动北京亦庄、顺义、平谷等东部各区联动发展，实现与廊坊北三县地区统筹发展。

不难看出，通州副中心要落实的，正是"作为城市的北京"这一重要功能。分流非首都功能，承接中心区外溢的人口，带领北京其他区域联动发展，同时带动环京地区协同发展。

关于后者，通州相比其他城区更有优势。通州位于北京东部，与河北北三县毗邻，有大量"北漂"群体居住的河北燕郊镇，离通州行政中心只有10多公里的距离。如果说京津冀宏观层面上的定位还是"协同发展"，通州与北三县的最新定位已经是"一体化发展"，一体化比协同更进一步，意味着统一规划、统一政策、统一管控、统一标准，具体来讲就是交通、产业和教育医疗的一体化，同时在楼市调控上实现同步。

由于环京地区的诸多利好，都会反馈到房地产上，如何防止通州与环京的一体化发展的政策红利，不至于被房地产所攫取？相关规划专门指出，严禁在交界地区大规模开发房地产，科学引导居住空间布局。坚决摒弃以房地产开发为主的发展方式，制定更加严格的房地产项目准入条件和年度开发总量约束机制。加强交界地区房地产开发全过程联动监管，严厉打击房地产企业囤地炒地。

不难看出，北京城市副中心定在通州，不仅让分流非首都功能有了更明确的承接地，也让京津冀城市群的融合更进一步，不管北三县会不会并入北京，在一体化模式下，整个环京地区的发展都会持续加速。

长三角：41城聚集，中国最大城市群诞生

没有一个城市群，能像长三角覆盖范围之广。

最早的长三角，只有上海、杭州、南京、苏州、无锡、宁波等15个主要城市，主要位于江浙沪三省市，以上海为中心，构成环沪城市群。2016年，长三角城市群规划获批。安徽合肥、芜湖、马鞍山、铜陵、安庆等城市获得"入长资格"，长三角扩大到26城。2019年以来，随着长三角一体化上升为国家战略，铜陵、安庆、蚌埠、阜阳等城市纳入长三角范围，长三角最终扩容到三省一市41个城市，与明朝时的江南省高度重合。

这41个城市所组成的长三角，以35.8万平方公里的区域面积、2.35亿的人口总量，创造了接近全国1/4的生产总值，超越京津冀、粤港澳大湾区，成为我国首屈一指的最大城市群。

长三角城市群，谁是龙头城市？谁能引领区域发展？

■ **四大圈层，谁是中心？**

长三角，是当之无愧的第一大城市群。

从全域到区域，长三角又可细分为四个圈层。第一圈层属于完整意义上的长三角，包含上海、浙江、江苏、安徽三省一市，覆盖全部41个地级市。这41个城市所组成的长三角，面积仅占国土面积的3.7%，但生产总值高达24.5万亿元，人口超过2.35亿，分别

占全国的 24.1%、16.7%,说是最大城市群并不为过(见表 4-2)。

表 4-2 2020 年京津冀、长三角、粤港澳大湾区主要指标

指标	京津冀	长三角	粤港澳大湾区
城市（个）	16	41	11
面积（万平方公里）	21.6	35.8	5.6
地区生产总值（万亿元）	8.6	24.47	11.53
人口（万人）	10 747	23 521	8604
人均 GDP（万元）	8.0	10.4	13.4
占全国经济比重（%）	8.5	24.1	11.3
占全国人口比重（%）	7.6	16.7	6.1

数据来源：各地统计公报、人口普查公报；香港统计处、澳门统计暨普查局等

"长三角中心区"是第二圈层，覆盖 27 个城市，面积 22.5 万平方公里。这 27 个城市包括上海市，江苏省南京、无锡、常州、苏州、南通、扬州、镇江、盐城、泰州，浙江省杭州、宁波、温州、湖州、嘉兴、绍兴、金华、舟山、台州，安徽省合肥、芜湖、马鞍山、铜陵、安庆、滁州、池州、宣城。作为中心区，这些城市将成为引领长三角全域发展的重要增长极，辐射带动长三角地区高质量发展。而以徐州、衢州、安庆、阜阳为代表的苏北、浙西南、皖北的部分城市，不在中心区之列。

在中心区内，以上海青浦、江苏吴江、浙江嘉善为主的长三角生态绿色一体化发展示范区，可以视为第三圈层。这一生态一体化示范区，横跨三个省市，被赋予示范引领长三角地区更高质量一体化发展的使命。既然是一体化发展，那么必然要打破行政边界，但又不改变行政隶属关系，统一规划，统筹土地管理，创新财税分享机制，探索公共服务同城化，在此基础上探索共建、共管、共享、共赢的新模式。

在示范区之外，还有一个"特区"，可视为第四圈层：以上海临港等地区为中国（上海）自由贸易试验区新片区，打造与国际通行规则相衔接、更具国际市场影响力和竞争力的特殊经济功能区。

■ 江浙沪皖：谁是龙头？

在所有世界级城市群中，都不乏作为核心的中心城市。粤港澳大湾区以广深港澳作为四大中心城市，体现了特殊的制度安排。京津冀以北京、天津为中心城市，引领区域发展。

那么，在长三角，谁是中心城市？

毫无疑问，只能是上海。上海的城市地位之高、全国影响力之大、在长三角的核心驱动力之强、辐射范围之广，在一线城市里几无挑战者，更不用说二线城市。在规划中，"发挥上海龙头带动作用，苏浙皖各扬所长"被着重提及，"提升上海城市能级和核心竞争力，引领长三角一体化发展"同样被重点提及……这些定调，直接奠定了上海作为核心龙头的重要地位。

因此，规划不仅明确了上海国际经济、金融、贸易、航运和科技创新"五个中心"的重要定位，而且提出要形成上海服务、上海制造、上海购物、上海文化"四大品牌"，推动上海品牌和管理模式全面输出，为长三角高质量发展和参与国际竞争提供服务。

在长三角三省一市中，上海各项经济指标和人均指标均位居前列（见表4-3），而江苏、浙江、安徽各有所长，因此在定位上是分工合作，各扬其长。换言之，这三大区域互不统领，各自有各自的优势，各自有各自的中心城市，共同服务于长三角一体化的大格局。

表 4-3 2020 年长三角三省一市主要指标

指标	上海	江苏	浙江	安徽
生产总值（亿元）	38700.58	102719.00	64613.00	38680.60
常住人口（万人）	2487.10	8474.80	6456.80	6102.70
人均GDP（万元）	15.56	12.12	10.01	6.34
一般公共预算收入（亿元）	7046.30	9059.00	7248.00	3216.00
工业增加值（亿元）	9656.51	37744.85	16715.00	11662.20
进出口总额（亿元）	34828.47	44500.50	33808.00	5406.40
社会零售品消费总额（亿元）	15932.50	37086.10	26630.00	18333.70
本外币存款余额（亿元）	155865.00	172580.30	152234.00	59897.80
城镇居民人均可支配收入（元）	76437.00	53102.00	62699.00	39442.00

数据来源：各地统计公报、人口普查公报

江苏的优势在于制造业发达、科教资源丰富、开放程度高，因此在规划中，江苏被定位成"全球影响力的科技产业创新中心和具有国际竞争力的先进制造业基地"。

与江苏不同，浙江的优势在于数字经济领先、生态环境优美、民营经济发达，因此被定位为"全国数字经济创新高地、对外开放重要枢纽和绿色发展新标杆"。

至于安徽，特色在于创新活跃强劲、制造特色鲜明、生态资源良好、内陆腹地广阔，因此定位为"具有重要影响力的科技创新策源地、新兴产业聚集地和绿色发展样板区"。

可以说，在长三角，上海是唯一的核心龙头，引领整个长三角发展。而江苏、浙江、安徽则被赋予区域协调发展的重任，摆脱无序竞争，在各自区域及各自优势产业领域，发挥积极作用。

■ G60 走廊：谁是科创中心？

美国硅谷有 101 公路，粤港澳大湾区有广深港、广珠澳科技创新走廊，长三角则有 G60 科创走廊。

G60 科创走廊沿 G60 国家高速公路和沪苏湖、商合杭高速铁路布局，包括上海市松江区，江苏省苏州市，浙江省杭州市、湖州市、嘉兴市、金华市，安徽省合肥市、芜湖市、宣城市 9 个市（区），总面积 7.62 万平方公里，拥有张江高科技园区、苏州工业园区、杭州国家自主创新示范区、合肥综合性国家科学中心、上海临港松江科技城等 42 个全国乃至世界知名的科技产业园区。

这一区域被定位为中国制造迈向中国创造的先进走廊、科技和制度创新双轮驱动的先试走廊、产城融合发展的先行走廊。

在这条科创走廊上，上海和合肥是综合性国家科学中心。国家科学中心不同于一般的创新战略，主要聚焦于重大科技基础设施、前沿性基础科学研究、重大技术研发等，以国家目标和战略需求为导向，瞄准国际科技前沿。上海拥有以上海交通大学、复旦大学为代表的众多名校，以及以集成电路、生物医药为代表的先进产业集群，合肥则依托中国科学技术大学，形成了同步辐射、全超导托卡马克和稳态强磁场 3 个大科学装置，是全国除北京之外大科学装置最密集的地区。

国家科学中心更多着眼于基础科学和前沿领域，那么制造业方面，G60 科创走廊有何优势？

与广深港、广珠澳科技创新走廊在新一代电子信息技术、人工智能、汽车制造、超清显示、生物医药等产业的领先优势不同，G60 科创走廊则在人工智能、集成电路、生物医药、高端装备、新能源、新材料等方面有着突出优势，而量子信息、类脑芯片、第三代半导体、基因编辑则作为面向未来的前瞻性行业而存在。

上海无疑是高新产业的龙头城市，上海的集成电路、生物医药、大飞机、新能源等产业优势突出，位居国内第一矩阵；苏州以电子信息、装备制造、轻工、纺织、冶金和化工为传统支柱产业，在纳米新材料、芯片半导体等行业上有了一争之力；杭州则是数字经济和数字安防产业的高地；合肥以新型显示、新能源为代表，产业不断成长，为打造科技创新中心积蓄力量。

不过，与大湾区相比，长三角个别省市存在传统产业过重、新旧动能转换不及时等问题，有待尽快解决。

■ 六大都市圈：你中有我我中有你

与城市群战略一道而来的，还有都市圈战略。

长三角地域广阔，城市众多、人口密集，任何大的一体化战略，都必然要落实到区域之上，因此，都市圈的重要性就显得极为突出。

与大湾区不同，长三角共划分为六大都市圈：上海大都市圈、杭州都市圈、苏锡常都市圈、南京都市圈、合肥都市圈、宁波都市圈。

虽说规划了六大都市圈，但事实上，都市圈的实际影响范围远不止此，而更进一步的都市圈规划则向实际范围靠拢。如表4-4所示，上海大都市圈与苏锡常都市圈、宁波都市圈多有重合之处，上海的影响力早已覆盖到这些区域。而杭州都市圈、南京都市圈与合肥都市圈有一定重合之处，杭州、南京双双向安徽进行"跨省扩圈"，都市圈开始局部重合。

表 4-4　长三角地区主要都市圈

都市圈	城市个数	范　　围
上海大都市圈	9	上海、无锡、常州、苏州、南通、宁波、湖州、嘉兴、舟山
杭州都市圈	6	杭州、湖州、嘉兴、绍兴、衢州、黄山
南京都市圈	8+2	南京、镇江、扬州、淮安、马鞍山、滁州、芜湖、宣城和常州的溧阳、金坛

续表

都市圈	城市个数	范围
合肥都市圈	7+1	合肥、淮南、六安、滁州、芜湖、马鞍山、蚌埠、桐城（县级市）
苏锡常都市圈	3	苏州、无锡、常州
宁波都市圈	3	宁波、舟山、台州

资料来源：《长江三角洲区域一体化发展规划纲要》及各地都市圈规划

根据此前规划，上海大都市圈包括上海、苏州、无锡、常州、南通、宁波、嘉兴、舟山、湖州这9个城市。这意味着，上海大都市圈已经将苏州、无锡、宁波等纳入覆盖范围，上海的影响力纵深到江苏、浙江腹地。而常州部分区市也被纳入南京都市圈范围，浙江的湖州、嘉兴也在杭州都市圈范围，几大都市圈难免出现重合。

上海、南京、杭州的竞争关系不算明显，城市的溢出效应足以覆盖到都市圈内。相比而言，杭州、南京、合肥的都市圈竞争关系更为突出，尤其是南京与合肥之间，既有重合又有各自分属，既有竞争又有合作。

杭州都市圈包括杭州、湖州、嘉兴、绍兴、衢州、黄山6市，而宣城作为观察员城市存在。黄山、宣城都是安徽城市，省内地市均可视为自己的潜在腹地，杭州向安徽的跨省扩圈，无疑会让合肥感受到压力。

与杭州相比，南京、合肥都市圈的竞争态势更为明显。南京向来有"徽京"之称，南京都市圈，不仅包括江苏本省的南京、镇江、淮海、扬州以及常州市溧阳市、金坛区等地，还包括了安徽的马鞍山、滁州、芜湖、宣城4市。总面积6.6万平方公里，常住人口超过3500万，2020年南京都市圈实现生产总值41 750.78亿元，占全国比重为4.1%。

值得一提的是，早在2021年初，《南京都市圈发展规划》就获国家发改委批复，成为全国首个获得由国家发改委正式复函同意的跨省都市圈规划。更关键的是，这一规划由江苏、安徽联合印发，意味着两地打破"画地为牢"的传统阻碍，承认安徽部分地市作为南京腹地的事实。

南京跨省扩圈，合肥怎么办？根据规划，合肥都市圈包括8个城市：合肥、芜湖、蚌埠、淮南、滁州、六安、马鞍山及县级市桐城。其中，芜湖、滁州、马鞍山横跨南京、合肥两大都市圈，成为两大省会的共同腹地，这三个城市可以"左右逢源"，享受两边的政策红利，对于发展显然是好事，但对于合肥则是另外一回事。

不过，作为一个从中部最弱省会摸打滚爬上来的城市，合肥早非"昔日吴下阿蒙"。否则，按照当年孱弱的市场地位，合肥被并入南京都市圈也未尝不可能。如今，合肥都市圈独扛大旗，能与南京都市圈相提并论，合肥人口反超南京、经济追赶南京也成为坊间热议的话题，足以说明合肥的成功之处。

合肥这些年获得了一系列的重磅利好：通过最强风投建立了高新产业矩阵，在八纵八横高铁路网上获得了枢纽地位，带领整个安徽成功跻身长三角城市群，获批仅有的4个国家科学中心之一……这些正是合肥发展的重要支撑。经济强，产业强，不怕人口不回流，不怕其他地市不争相拥抱，更不怕其他都市圈的直接竞争。

可见，上海、杭州、南京、合肥，长三角四大都市圈，可谓你中有我，我中有你，几乎每个城市都不甘心拘囿于本省范围。之所以出现这样的局面，是长三角城镇化率相对较高、交通畅达、腹地广阔，城市乃至省际之间的联系较为紧密，都市圈能够跨越行政藩篱融为一体的结果。

这也带来一个意想不到的结果：在长三角，想要打造强省会并不容易。中国城市打造强省会的传统路径，是扩容和集聚全省资源。

这在中西部省份可谓无往而不利。但在长三角，这一切都不存在。浙江的地级市，既可向上海靠拢，也可向本省的杭州汇聚；安徽的地级市，既可从属于合肥，也可与南京合纵连横；江苏的地级市，即便远离南京，也不会担心被孤立，因为有上海这一超级中心。

这会带来良性竞争。省会不一家独大，地级市就能获得更多机会；都市圈之间互相交叉，必然会形成竞争的正向激励。可以说，强省会背后显然有行政力量的推动，而都市圈则只能借助市场化的整合。谁能成功扩圈，看的不是城市地位，更不是行政级别，而是拿出了多少真金白银，给出了多少真实红利。

广深港澳引领,粤港澳剑指世界第四大湾区

三江汇合,八口分流,珠江三角洲自古就是一体。

在珠江及入海口,分布着粤港澳三地 11 个城市,包括广东的广州、深圳、佛山、东莞、惠州、珠海、中山、江门、肇庆 9 市,以及香港、澳门两个特别行政区。这 11 座城市,以仅占全国 0.6%的土地面积、6%左右的常住人口,创造了超过全国 10%的经济总量,成为与旧金山、东京、纽约并驾齐驱的世界级湾区。

旧金山湾区、东京湾区和纽约湾区,已经成为世界首屈一指的经济高地,在金融、贸易、互联网、科技创新、先进制造业等领域取得了全球性的影响力,培育出包括纽约、东京、旧金山、洛杉矶为代表的一众世界城市。

粤港澳大湾区,拥有广州、深圳、香港、澳门等一流城市,不乏国际金融中心、航空中心、航运中心、科创中心、制造中心的加持,未来在世界级湾区竞争中将处于引领地位。

■ 从珠三角到大湾区

从珠三角城市群到粤港澳大湾区,意味着城市群的全面升级。

都市圈、城市群、湾区,三个概念属于不同层次。都市圈是基于中心城市辐射而来、以 1 小时通勤圈为基本范围的城镇化空间形态,同城化是成熟形态,比如广州都市圈、深圳都市圈。城市群是

在都市圈基础上，由若干个都市圈组合而成的城市结构，城市之间存在经济、产业上的分工与合作。湾区则是城市群与海洋经济的结合体。湾区代表海洋经济发展的最高水平，世界上60%的经济总量产生于沿海城市群。湾区虽然脱胎于城市群，但城市群却未必拥有湾区作为海洋经济的开放特征。湾区同样拥有门户城市，但城市群却未必有湾区作为国家对外门户的高度定位。

与城市群的单一功能相比，湾区一般都有"强中心城市＋港口群＋产业群＋城市群"的多重效应。粤港澳大湾区之外，世界其他三大湾区——旧金山湾区、纽约湾区、东京大湾区均是如此。

就中心城市而言，粤港澳大湾区拥有广州、深圳、香港、澳门四大中心城市。广州、深圳、香港生产总值均已突破2万亿元，直奔3万亿元（见图4-1），而香港、澳门人均GDP更是位居世界前列。

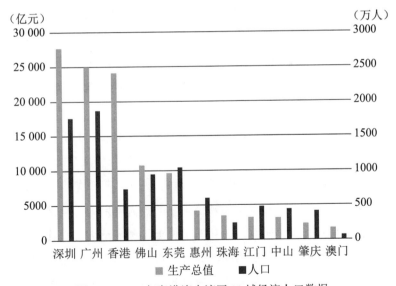

图4-1 2020年粤港澳大湾区11城经济人口数据

资料来源：各地统计公报，人口普查公报；香港统计处，澳门统计暨普查局

就港口群而言，粤港澳大湾区拥有香港港、深圳港、广州港、珠海港等一系列世界级港口，其中香港港、深圳港、广州港吞吐量均位居全国前十。同时，大湾区还有香港国际机场、广州白云机场、深圳宝安机场三大国际级机场，旅客吞吐量同样全部位居全国前十。

就产业群而言，大湾区已经形成强大的金融业、互联网业、装备制造业、电子信息产业集群，在生物医药、新能源、新材料、5G和移动互联网等高新产业的探索上，同样走在全国前列。

至于城市群，在大湾区内部，广佛肇、深莞惠、珠中江等都市圈日益成熟，深港、珠澳等城市连通效应正在进一步拓展，香港－深圳、广州－佛山、澳门－珠海的引擎作用愈发突出。

在辐射范围上，以粤港澳大湾区为龙头，以珠江－西江经济带为腹地，带动中南、西南地区发展，辐射东南亚、南亚的重要经济支撑带。这就意味着，未来粤港澳大湾区，将辐射到粤东西北、福建、广西、贵州、海南、湖南、江西、四川、云南等泛珠三角省域，成为南中国经济发展的核心驱动引擎。同时，粤港澳也将打造成为中国面向东南亚、南亚的重要桥头堡。

如此庞大的经济腹地，如此广阔的经济辐射带，只有大湾区才能承担如此高的功能定位。

无论是科技创新实力，还是城市融合力度，抑或集海陆空为一体的城市群架构，面向东南亚乃至国际的强大辐射力，湾区都非一般城市群所能比拟。所以，在功能定位上，粤港澳大湾区比原来的珠三角更为全面：充满活力的世界级城市群、具有全球影响力的国际科技创新中心、"一带一路"建设的重要支撑、内地与港澳深度合作示范区、宜居宜业宜游的优质生活圈。

■ 谁是中心城市？

任何一个世界级湾区，都少不了中心城市的引领作用。

与纽约湾区、旧金山湾区和东京大湾区不同，粤港澳涉及"一个国家、两种制度、三个关税区"。因此，规划纲要明确提出，广州、深圳、香港、澳门四大城市均为中心城市。

虽然广深港澳均为中心城市，但这四大城市定位分工各不相同（见表4-5）。

表4-5 粤港澳大湾区主要城市定位

城市	定 位
香港	巩固和提升国际金融、航运、贸易中心和国际航空枢纽地位，强化全球离岸人民币业务枢纽地位、国际资产管理中心及风险管理中心功能，推动金融、商贸、物流、专业服务等向高端高增值方向发展，大力发展创新及科技事业，培育新兴产业，建设亚太区国际法律及争议解决服务中心，打造更具竞争力的国际大都会
澳门	建设世界旅游休闲中心、中国与葡语国家商贸合作服务平台，促进经济适度多元发展，打造以中华文化为主流、多元文化共存的交流合作基地
广州	充分发挥国家中心城市和综合性门户城市引领作用，全面增强国际商贸中心、综合交通枢纽功能，培育提升科技教育文化中心功能，着力建设国际大都市
深圳	发挥作为经济特区、全国性经济中心城市和国家创新型城市的引领作用，加快建成现代化国际化城市，努力成为具有世界影响力的创新创意之都

资料来源：粤港澳大湾区发展规划纲要

香港的定位是国际金融、航运、贸易中心和航空枢纽，以及全球离岸人民币业务枢纽、国际资产管理中心、亚太法律及争议解决服务中心。虽然唱衰香港之声不绝于耳，但不得不承认的是，香港仍旧是世界第三大金融中心、全球第二大国际航运中心、全球第三大对外直接投资输出地，且拥有全球第五的国际货运机场。

香港未来仍旧能够在中国内地与世界之间扮演超级联系人的角色，这也就是大湾区赋予香港以离岸人民币业务枢纽、国际资产管理中心、亚太法律及争议解决服务中心的用意所在。

与香港不同，澳门经济结构较为单一，对博彩和旅游业的依赖度较高，但澳门在国际化上优势独一无二。根据国家"十四五"规划，支持澳门丰富世界旅游休闲中心内涵，支持粤澳合作共建横琴，扩展中国与葡语国家商贸合作服务平台功能，打造以中华文化为主流、多元文化共存的交流合作基地，支持澳门发展中医药研发制造、特色金融、高新技术和会展商贸等产业，促进经济适度多元发展。

因此，澳门的定位着眼的是世界旅游休闲中心、中国与葡语国家商贸合作服务平台。

至于广州深圳两大一线城市，有竞争自然也有合作，两地在功能分工上不同，体现了各自的城市特色。

广州主要是充分发挥国家中心城市和综合性门户城市的引领作用，全面增强国际商贸中心、综合交通枢纽和科技教育文化中心功能，同时着力建设国际大都市。这是基于广州作为华南国家门户的区位优势，也是基于广州作为传统商贸中心的历史底蕴，更是基于广州在全球城市的综合地位而定的。

深圳与广州不同，深圳的经济竞争力和科创能力一流。因此在定位上，深圳主要是发挥作为经济特区、全国性经济中心城市和国家创新型城市的引领作用，努力建成具有世界影响力的创新创意之都。

此外，深圳还是社会主义先行示范区，这一定位赋予了深圳"高质量发展高地、法治城市示范、城市文明典范、民生幸福标杆、可持续发展先锋"等发展目标。到21世纪中叶，深圳将成为竞争力、创新力、影响力卓著的全球标杆城市。

深圳既有经济特区、计划单列市的特殊定位，又不乏粤港澳大湾区和先行示范区"双区"光环的加持，因此在大湾区的引领作用更为突出。

可见，每个中心城市都有自己的独特优势，也都有各自的独特定位。四大中心城市分工协作，相互竞争合作，促进粤港澳大湾区的全面崛起。

■ 东西两岸：制造高地

粤港澳大湾区，不仅是中国面向国际的主要桥头堡之一，还是科技强国、先进制造业崛起的重要支撑之一。

粤港澳大湾区被定位为全球科技创新中心。在珠江两岸，形成了以广深港、广珠澳科技创新走廊为代表的先进产业矩阵。无论是研发能力、人才优势还是产业实力，均居全国前列。世界知识产权组织发布的《2020年全球创新指数报告》显示，在世界科技集群前100名中，深圳－香港－广州科技集群位居全球第二，仅次于东京－横滨。

广深港、广珠澳科技创新走廊，可与美国硅谷101公路、波士顿128公路相媲美。101公路是美国西岸重要的南北通道，聚集了以斯坦福大学、加州大学洛杉矶分校为代表的名校，以及谷歌、英特尔、惠普、英伟达、甲骨文等世界知名企业，成为美国乃至世界的科技创新中心。

广深港澳科技走廊虽然论发达和创新程度与101公路还有一定距离，但也聚集了以中山大学、华南理工大学、香港科技大学、澳门大学为代表的知名高校，云集了腾讯、华为、平安、招商银行、广汽、美的、格力代表的世界500强企业，形成了包括广州琶洲人工智能试验区、科学城、知识城、大学城,东莞松山湖、滨海湾新区,深圳高新区、坂雪岗科技城、空港新城、深圳国际生物谷为代表的创新矩阵。

大湾区11个城市,产业分工相对明晰(如图4-2所示)。广深港澳四大中心城市,第三产业突出,金融业、专业服务业等高端服务业相对发达;而佛莞惠珠中江等城市,则基本都以第二产业为主,大湾区内部存在较强的产业互补性。

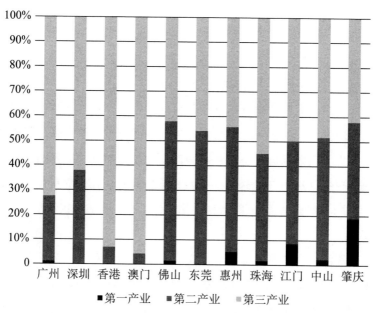

图4-2 2020年大湾区11城三次产业结构

资料来源:各地统计部门

在第二产业方面,大湾区沿着珠江,分布于东西两岸,形成了极其分明的珠江西岸产业带和珠江东岸产业带。珠江东岸,以深圳东莞惠州为代表,优势产业在电子信息制造业、生物医药和新能源、新材料等产业;珠江西岸,以佛山中山珠海江门为代表,优势产业在于汽车制造业、家电制造业和先进装备制造业等。可见，珠江东西两岸的定位极为清晰：以珠海、佛山为龙头建设珠江西岸先进装备制造产业带，以深圳、东莞为核心在珠江东岸打造具有全球影响力和竞争力的电子信息等世界级先进制造业产业集群。

其中，深圳市新一代信息通信集群、深圳市先进电池材料集群、广佛惠超高清视频和智能家电集群、东莞市智能移动终端集群、广佛深莞智能装备集群、深广高端医疗器械集群6个先进制造集群，跻身"国家队"名单，广东为上榜产业集群最多的省份。这些产业堪称广东实体经济的支柱，在科创中心的助力之下，代表中国参与世界竞争，提升了粤港澳大湾区在全球产业矩阵里的位置。

■ **深港、广佛、珠澳**

以极点带动、轴带支撑打造大湾区的超级网络空间格局。大湾区共有三大极点：香港－深圳，广州－佛山，澳门－珠海。

香港深圳均属于一线城市，两地生产总值基本不相上下，在金融、航运等方面有一定重合性，难免存在竞争关系。不过，足可互补的是，香港的国际化程度一流，转运港口的地位牢不可破，在高端服务业上的优势同样不容低估，而深圳则在高新产业和科创上具备领先优势。深港合作，不仅有利于大金融业的国际化步伐，而且还能促进实体经济的发展。

广佛两地市中心相距不到30公里，地铁早已将两个城市连为一体，城市边界已经基本消失。换句话说，排除行政边界，广佛在事实上已经基本融为一个城市。值得一提的是，广佛产业具有高度互补性。广州第三产业发达，佛山第二产业突出。广州在第二产业上的优势产业为汽车、石化和电子信息技术，同时在高新产业上也取得突破，而佛山的优势则在于装备制造业，这就为两地产业融合提供了可能。随着同城化进程的加速,广州与佛山正在深化产业协同发展,聚焦先进装备制造、汽车、新一代信息技术、生物医药与健康等产业,共建若干个万亿元级产业集群。

澳门的优势在于旅游休闲、会展博览,在于国际化,这就为珠海发展横琴国际休闲旅游岛提供了基础。同时,港珠澳大桥的建成通车,也缩短了香港与澳门珠海之间的距离,粤港澳大湾区得以加速融合。

不过,由于体制机制的差异,粤港澳三地的合作有待进一步深入。即便是珠三角内部,如何处理好广州与深圳的关系,同样是一场前所未有的考验。

■ 湾区大融合

虽然大湾区涉及粤港澳三地、两种制度、三个关税区,但湾区正在融为一体。

珠三角内地九市,通过都市圈实现了协同发展。根据规划,广东共有 5 大都市圈,其中珠三角九市形成了三个都市圈:广州都市圈、深圳都市圈、珠江西岸都市圈。广州、佛山、肇庆,深圳、东莞、惠州、珠江、中山、江门等地通过轨道交通,实现了 1 小时交通圈,未来随着公共服务均等化的落地,珠三角有望率先实现都市圈统一规划、协同发展和落户积分互认。

港澳与珠三角的融合也在加速。在交通上,2018 年,港珠澳大桥的横空出世、广深港高铁香港段的贯通,将粤港澳三地在地理上进一步连成一体。在经贸上,随着《内地与香港关于建立更紧密经贸关系的安排》(CEPA)及其系列协议深入落实,粤港澳三地经贸合作早已步入深水区。在金融上,本外币合一的跨境资金池业务落地实施,跨境理财通试点加快推进,大湾区保险服务中心加快筹建,粤港澳三地跨境车险"三地保单、一地购买"试点实施,2021年挂牌的广州期货所引入香港证券交易所作为股东,开创了新的历史。

在教育上,大量港澳地区的高校到珠三角地区建立分校,珠三角的高校也准备在香港建立分校,高密度的教育交流,无疑将提升整个大湾区的科教水平。目前,香港科技大学(广州)、香港城市大学(东莞)、香港公开大学(肇庆)、香港理工大学(佛山)、香港大学深圳校区、澳门科技大学珠海校区等,都在顺利推进之中。

除了交通、经贸、金融和教育之外,粤港澳三地在社会民生领域已有深度合作和探索。目前,港澳居民在内地可办理居住证、社会保险、缴纳公积金等,与内地公民享受同等权益。同时,港澳居民在珠三角的就业限制正在逐步取消,目前大湾区事业单位已允许港澳居民报考,港澳创业者也纳入珠三角当地创业补贴政策范围,港澳居民及随迁子女在大湾区内地享受学前教育、义务教育、高中阶段教育以及参加中高考。

更关键的是,在居住上,港澳居民在珠三角拥有购房资格,且豁免了居住、学习或工作年限证明,以及缴纳个人所得税及购买社保这些条件的限制,同时可按规定使用港澳银行跨境按揭购房,这一举措进一步促进港澳居民到内地就业定居。地缘相近、文化同源、人缘相亲,港澳居民很容易融入广东本地的居民生活,享受内地飞速发展带来的红利。

根据中原地产的统计数据,虽然存在疫情影响,但2020年香港居民在大湾区内地城市置业成交宗数高达1.61万宗,涉及面积约150万平方米,总成交金额超过309亿元。香港居民在珠三角九市均有置业需求,其中占比最高的是中山及珠海,分别占当地成交的5%及7%。而随着港珠澳大桥、南沙大桥、深中通道等陆续开通,香港居民在珠江西岸的置业需求还会进一步提升。

国家"十四五"规划提出,加强内地与港澳各领域交流合作,完善便利港澳居民在内地发展和生活居住的政策措施。未来,随着粤港澳深度融合,三地无论是经贸往来,还是社会交流,都将步入新的台阶。人力、资本和产业的流动,则进一步促进粤港澳大湾区跻身世界一流湾区之列。

成渝、长江中游：谁是中国城市群第四极

京津冀、长三角、粤港澳大湾区，位于中国城市群的金字塔尖，是我国仅有的三大世界级城市群。

三大城市群之后，谁是中国城市群第四极？

■ 成渝 VS 长江中游

我国共规划了 19 个国家级城市群：京津冀、长三角、珠三角、成渝、长江中游等城市群、山东半岛、粤闽浙沿海、中原、关中平原、北部湾、哈长、辽中南、山西中部、黔中、滇中、呼包鄂榆、兰州—西宁、宁夏沿黄、天山北坡。"十四五"规划纲要指出，发展壮大城市群和都市圈，推动城市群一体化发展，全面形成"两横三纵"城镇化战略格局。

虽然这 19 个城市群均为国家级城市群，但由于经济发展步伐不一，定位不同，根据发展情况分为三个梯队。如表 4-6 所示，辽中南、山西中部、黔中等 9 个城市群尚未真正成形，还在"培育发展"之列；山东半岛、中原、关中平原、粤闽浙沿海、北部湾等已有雏形，未来需要的是"发展壮大"，这也是相对有潜力的城市群，属于第二梯队；只有京津冀、长三角、珠三角、成渝、长江中游等发展相对成熟，属于"优化提升范围"。

表4-6　19个城市群发展定位

分类	定位	城市群
第一类	优化提升	京津冀、长三角、珠三角、成渝、长江中游
第二类	发展壮大	山东半岛、粤闽浙沿海、中原、关中平原、北部湾
第三类	培育发展	哈长、辽中南、山西中部、黔中、滇中、呼包鄂榆、兰州-西宁、宁夏沿黄、天山北坡

资料来源：国家"十四五"规划纲要

"十三五"时期，成渝和长江中游城市群都还属于"发展壮大"的范畴。从"发展壮大"到"优化提升"，意味着成渝与长江中游城市群地位的提升，虽然远远不能与长三角、珠三角、京津冀等世界级城市群并驾齐驱，但在国家区域战略中的地位日益凸显，有了竞争"第四极"的资格。

种种迹象表明，成渝先行一步，"第四极"已经呼之欲出。

■ 国家战略最密集的区域之一

成渝城市群的第一大助力，在于成渝地区双城经济圈上升到国家战略。

2020年，中央财经委员会第六次会议明确提出，推动成渝地区双城经济圈建设，在西部形成高质量发展的重要增长极，建设具有全国影响力的重要经济中心、科技创新中心、改革开放新高地、高品质生活宜居地。当年，《成渝地区双城经济圈建设规划纲要》获得审议，将突出重庆、成都两个中心城市的协同带动，注重体现区域优势和特色，使成渝地区成为具有全国影响力的重要经济中心、科技创新中心、改革开放新高地、高品质生活宜居地，打造带动全国高质量发展的重要增长极和新的动力源。

从西部地区的高质量增长极，到全国高质量发展的重要增长极和新的动力源，标志着成渝经济圈开始向三大城市群看齐。

这背后的变化不难理解。重要会议对此有明确表述：推动成渝地区双城经济圈建设……是构建以国内大循环为主体、国内国际双循环相互促进的新发展格局的一项重大举措。

2020年以来，国内经贸形势的变化，让"百年未有之大变局"的形势愈发明朗。这种背景下，"双循环"政策应运而生，而"内循环"的重要性与日俱增，作为中国西南地区最重要的两大国家中心城市，成都、重庆的地位愈发凸显。

成渝地区可谓国家战略最为密集的区域之一。从城市能级来看，重庆是直辖市，成都是副省级城市，两个城市都是国家中心城市，而全国目前仅有9个国家中心城市，一个地区就占据其二，这其中的分量不言而喻。

从国家战略来看，成都、重庆不仅是成渝双城经济圈这一新的国家战略的重心，同时还是"一带一路"和长江经济带的重要节点城市，在西部大开发和西部陆海新通道这两大国家战略中的地位同样举足轻重。

可以说，成渝地区至少承载了包括双城经济圈、长江经济带、西部大开发、西部陆海新通道等一系列国家战略，重要性可想而知。

从经济产业来看，成渝地区是我国西部的经济腹地和战略后方，成渝双城经济圈覆盖面积达18.5万平方公里，涉及16座城市，常住人口1亿人，以全国1.9%的国土面积，承载了全国6.9%的常住人口，创造了全国6.3%的经济总量。其中，重庆、成都生产总值在全国遥遥领先，其他成员无论是生产总值还是人均GDP，与两大城市均有较大差距（见图4-3）。就整体而言，虽然在生产总值和支柱产业上，成渝地区无法与长三角、大湾区、京津冀三大世界级城市群相提并论，但两地在汽车、电子信息、装备制造业、新经济等产业已经成了发展优势，而1亿人口所承载的市场空间也非一般地区可比。

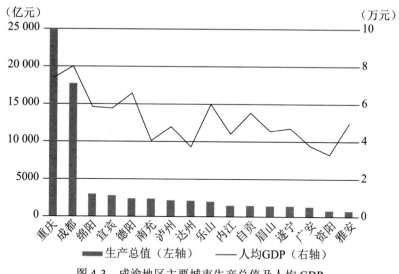

图 4-3 成渝地区主要城市生产总值及人均 GDP

资料来源：各地统计公报、人口普查公报

数据显示，成渝两地的计算机产品产量已占全球的 1/3、汽车整车产量已占全国的 18%，对外竞争的规模优势已经形成，具备了参与全球竞争、带动区域发展的实力。

可以说，成渝只要唱好"双城记"，在产业协同方面再进一步，打造成为中国城市群"第四极"并不存在太大的悬念。

■ 中国交通"第四极"

成渝晋级的第二大助力，来自《国家综合立体交通网规划纲要》。

这一规划着眼于 2021—2035 年，远景展望到 21 世纪中叶。根据规划，以京津冀、长三角、粤港澳大湾区和成渝地区双城经济圈 4 个地区为极来构建国家综合立体交通网主骨架，同时以这 4 个极来建设面向世界四大国际性综合交通枢纽集群，建设 20 个左右国际性综合交通枢纽城市、80 个左右全国性综合交通枢纽城市。

这是我国第一个综合立体交通网的中长期规划纲要。纲要将重点区域按照交通运输需求量分为极、组群、组团3类，并明确"京津冀、长三角、粤港澳大湾区和成渝地区双城经济圈4个地区作为极"，这是成渝首次在国家顶层交通规划里，获得与京津冀、长三角和大湾区同等的位置。

这意味着成都地区成了中国交通第四极，也是唯一的"内陆极"。围绕四极，我国形成了6大主轴、7条走廊、8条通道，其中有3轴、2廊、2通道在成渝地区交汇，包括京津冀－成渝主轴、长三角－成渝主轴、粤港澳－成渝主轴；西部陆海走廊、成渝昆走廊；川藏通道、厦蓉通道（如表4-7所示）。

表4-7 国家综合立体交通网主骨架及枢纽

相关概念	相关内容
6条主轴	京津冀－长三角主轴、京津冀－粤港澳主轴、京津冀－成渝主轴、长三角－粤港澳主轴、长三角－成渝主轴、粤港澳－成渝主轴
7条走廊	京哈、京藏、大陆桥、西部陆海、沪昆、成渝昆、广昆
8条通道	绥满、京延、沿边、福银、二湛、川藏、湘桂、厦蓉
国际性综合交通枢纽集群	京津冀、长三角、粤港澳大湾区、成渝地区双城经济圈
国际性综合交通枢纽城市	北京、天津、上海、南京、杭州、广州、深圳、成都、重庆、沈阳、大连、哈尔滨、青岛、厦门、郑州、武汉、海口、昆明、西安、乌鲁木齐等

资料来源：《国家综合立体交通网规划纲要》

以四极为基础，未来还将打造四大国际性综合交通枢纽集群，成渝在其中有一席之地。成渝地区双城经济圈枢纽集群以成都、重庆为中心；成都是国际性综合交通枢纽城市、国际铁路枢纽和场站、国际航空（货运）枢纽站，重庆则将重点被打造成为国际铁路枢纽场站、国际航空（货运）枢纽。

这一系列战略布局，意味着成渝在我国现代交通体系里的地位得到空前提升。过去武汉、郑州借助中部地区的通衢优势，成为综合性交通中心的有力竞争者，但在现代化交通体系里，海陆空为一体，交通极必须兼顾铁路、公路、航空、航运等多方面，成渝地区在铁路公路航空等方面有相当大的领先优势，而在航运方面，则通过西部陆海新通道，与位于北部湾的出海口联系在一起。

■ "双循环"时代的内陆机遇

成渝地区获得的第三大助力，来自于国内国际双循环的战略定位。

面对百年未有之大变局，我国提出加快构建以国内大循环为主体、国内国际双循环相互促进的新发展格局。新发展格局，既是适应我国经济发展阶段变化的主动选择，应对错综复杂的国际环境变化的战略举措，更是发挥我国超大规模经济体优势的内在要求。

国内大循环是主体。内循环时代，做大国内市场、扩大内需无疑是第一要务，而科技创新是重要支撑，对内对外开放则是必然要求。在这几方面，成渝地区都获得了前所未有的发展机遇。

内循环战略的提出，意味着内陆中心城市在国民经济中的地位得到提升。在外循环为主体的时代，以出口驱动为特色、率先开放的沿海城市成了最大受益者，借助外贸，深圳、东莞、厦门等沿海城市一马当先。随着国内大循环地位的提升，在产业链自主可控的背景下，沿海产业将一改向东南亚地区转移的趋势，有望加速向内陆中心城市回流，成都、重庆、西安、郑州等内陆中心城市将是主要的承接对象。

就劳动力成本来说，虽说内陆中心城市相比东南亚并无优势，但论产业工人的技能、基础设施建设、法治环境、上下游产业链、科技创新等，中西部对东南亚仍有相当大的领先优势。目前，戴尔、英特尔、富士康落户成都，英业达、富士康、仁宝、纬创等云集重庆，成渝地区电子信息产业规模目前达到全球规模的1/3，全球每3台笔记本电脑，就有一个来自重庆；全球70%的iPad和近20%的笔记本电脑产自成都。

过去几十年，中国经济逐步从出口驱动、投资驱动迈向消费驱动。在投资驱动时代，中西部借助大规模基础设施建设，弥补了在交通等基建层面的短板，同时有力助推了经济的增长。而在消费时代，拥有人口和市场规模优势的城市，将会成为新一轮城市洗牌的主要受益者。

成渝地区是我国人口密度最大的地区之一，四川和重庆的总人口超过1.1亿人，仅次于广东省，接近湖南湖北两省的人口总和，论市场规模之大、消费潜力之足，成渝地区可谓首屈一指。就社会零售品消费总额来看，重庆、成都双双跻身前十，2018年重庆社消总额率先突破1万亿元大关，成为北京、上海之后第三个破万亿元的城市，而成都的社消总额超过了深圳、杭州等城市，位居前列。

此外，成都、重庆都还是首屈一指的"网红城市"，商业活力相当突出。消费能力与人口结构、市场规模、收入水平乃至房价水平，都存在直接或间接的关系；商业活力则与商业资源集聚度、城市枢纽性、城市人活跃度、生活方式多样性等息息相关。成都、重庆的商业资源丰富，生活方式多种多样，加上成功的城市营销，无论消费能力还是商业活力，都超过了同一层级的城市。

可以说，人口优势、消费优势和商业活力，将成为成都、重庆双双跻身国际消费中心城市的有力支撑。

更关键的是，虽然深居内陆，成渝地区在对外开放上也有很大的优势。数据显示，虽然面临疫情冲击，但成都、重庆外贸增速双双逆势飘红。2020年成都实现进出口总额7154.2亿元，同比增长

22.4%；重庆进出口总额 6513.36 亿元，同比增长 12.5%。两地的进出口总额已经开始向沿海外贸城市看齐。

这背后，中欧班列、西部陆海新通道、国际航空枢纽发挥着极大的助力。

先看中欧班列。重庆、成都的中欧班列于 2011 年和 2013 年先后开通，让地处西南大山之中的成渝地区，获得了直通欧洲消费市场的可能。目前，重庆、成都累计开行的中欧班列已突破 1 万列，占全国中欧班列总开行量的 40% 以上。

再看西部陆海新通道。这一新通道是从西部内陆到西南沿海的新通道，为重庆、四川等西南腹地提供最快、最便捷的出海通道。西部陆海新通道包含三条通道：一是自重庆经贵阳、南宁至北部湾出海口（北部湾港、洋浦港）；二是自重庆经怀化、柳州至北部湾出海口；三是自成都经泸州（宜宾）、百色至北部湾出海口。

最后看国际航空枢纽。成都是西南地区的交通中心，随着天府机场的开通，已成为中西部地区唯一坐拥双机场的城市。值得一提的是，成都的两座国际机场都为国际民航领域最高标准的 4F 级，目前全世界拥有这样配置的城市不超过 20 个，新开通的天府机场可满足年旅客吞吐量 6000 万人次、货邮吞吐量 130 万吨的需求。显然，在构建西部对外开放的空中门户方面，成都拥有独一无二的优势。

重庆在航空上的优势虽然不如成都，但重庆拥有长江经济带、"一带一路"、西部陆海新通道的多重加持。向东，重庆通过长江与沿江经济带贯通；向北，重庆通过中欧国际班列西部通道与西北地区连通；向南，西部陆海新通道，将重庆与北部湾乃至东南亚联系在一起。

显然，在新的国内外大环境下，成都、重庆早已不是偏僻的大后方，不再是被高山阻隔的西南内陆城市，而一跃成为国内大循环的重要支点、对内对外开放的重要高地。

超大城市再扩张！三个超级"大都市圈"逐渐成熟

中心城市、都市圈、城市群，正在成为我国新型城镇化的主要载体。

中心城市指的是区域内具有突出影响力和辐射力的超大特大城市，而都市圈是城市群内部以超大特大城市或辐射带动功能强的大城市为中心、以 1 小时通勤圈为基本范围的城镇化空间形态，城市群则是多个中心城市和都市圈构成的连绵城市带。

可以说，都市圈是城市群的中心地带，也是发展最为成熟、同城化程度最高的区域，培育现代化都市圈成为国家推进城市群建设的突破口。

目前，我国有 19 个国家级城市群、数十个都市圈，但真正接近成熟的只有 3 个：上海大都市圈、广州都市圈、深圳都市圈。

■ 上海大都市圈：何以为大

上海大都市圈，是典型的跨省都市圈。

随着长三角一体化上升为国家战略，上海大都市圈的"1+8"格局最终定型，江浙沪三省 9 市被纳入其中，包括上海，江苏的苏州、无锡、常州、南通四市，以及浙江的宁波、嘉兴、舟山、湖州四市。

上海大都市圈之大，第一个体现在规模和能级上。都市圈陆域面积约 5.4 万平方公里，人口超过 7700 万，经济总量超过 11 万亿元，与俄罗斯、韩国等经济体量相当。如表4-8所示，9个城市里，上海、苏州、宁波、无锡、南通都是万亿元生产总值城市；从人口看，上海是超大城市，苏州、宁波是特大城市，成员城市层级相对较高。

表4-8 上海大都市圈成员主要经济数据

城　市	生产总值（亿元）	人口（万人）	人均GDP（万元）
上海	38 700.58	2487.10	15.60
苏州	20 170.50	1274.80	15.80
宁波	12 408.70	940.40	13.20
无锡	12 370.48	746.20	16.60
南通	10 036.30	772.70	13.00
常州	7805.30	527.80	14.80
嘉兴	5509.52	540.10	10.20
湖州	3201.40	336.80	9.50
舟山	1512.10	115.80	13.10

注：均为2020年全市数据
数据来源：各地统计公报、人口普查公报

上海大都市圈之大，第二个体现在跨省都市圈上。行政分割之下，跨城都市圈协调就已经不容易，更不用说跨省都市圈。横跨江苏、安徽两省的南京都市圈用了20多年才获得顶层认可，更不用说横跨三省的上海大都市圈。然而，必须指出的一点是，上海无论是行政级别还是城市能级抑或城市定位，都远远高过二线城市，在长三角一体化规划里，上海是唯一的中心龙头城市，这就决定了上海大都市圈的推进力度。

同时，强强组合、弱弱组合而成的都市圈，容易出现各种利益扯皮现象。而强弱组成的都市圈，反而更能实现交通一体化、公共服务同城化、产业协同发展等目标。上海大都市圈的成员，虽然不乏经济强市，但在作为经济中心和金融中心的上海面前，都有各取所需的地方，向上海靠拢也就成了各地心照不宣的共同选择。

上海大都市圈之大，第三个体现在上海的强辐射效应上。作为经济第一大市，上海早已过了靠虹吸周边资源发展的阶段，溢出效应、辐射效应开始大过虹吸效应。这从上海的一系列规划和政策里就可见一斑。比如上海将第三机场放在了南通，虹桥开放枢纽则分别向江苏、浙江两地辐射，上海的地铁已经开到了昆山，未来不乏向嘉兴延伸的可能，上海的集成电路、生物医药等优势产业的崛起，带动都市圈内相关产业链的完善。事实上，在上海都市圈内，已有不少企业将研发基地放在高端资源要素更为齐全的上海，而生产制造基地放在都市圈内的其他城市。

正因为上海突出的城市能级和经济地位，都市圈内一众城市都主动向上海靠拢。浙江嘉兴设立了浙江省全面接轨上海示范区，江苏南通则出台了南通建设上海大都市北翼门户城市总体方案，浙江宁波提出"谋划大湾区，强化与上海一体化同城化建设"，江苏苏州则高调推进"沪苏同城化"，深度融入上海大都市圈建设……

囿于人口天花板，上海很难像广州、深圳一样大开落户之门，但上海大都市圈内的其他成员却可开展都市圈积分互认。宁波与舟山已经开始推进户籍同城化互认，探索苏州与无锡、常州等具备条件的都市圈率先实现户籍准入年限同城化积累互认，等等。

■ 广佛：不是一城胜似一城

与沪深相比，广州无疑是都市圈的先行者。与深莞惠着眼于珠江东岸相对应，广佛肇成了珠江西岸首屈一指的都市圈，而广佛同城更成为全国都市圈的典范。

早在2009年，广佛同城就已横空出世。这两大万亿元级城市，中心城区相距不到30公里，文化同源，地缘相近，地铁早已横跨两个城市，两地城市边界几近消失，广州地铁早已通往佛山，而广佛"候鸟"群体数以几十万计,说广佛是中国最成熟的都市圈并不为过。

2021年,广州都市圈进一步扩容,涵盖广州、佛山全域和肇庆、清远、云浮、韶关四市的都市区部分。其中,广佛同城是广州都市圈的核心,广州、佛山都是万亿元生产总值的城市,而其他成员经济体量相对较小(见表4-9)。广东"十四五"规划提出,深入推动广佛全域同城化发展,支持广佛共建国际化都会区,联动肇庆、清远、云浮、韶关"内融外联",打造具有全球影响力的现代化都市圈建设典范区。

表4-9 广州都市圈成员主要经济数据

	生产总值(亿元)	人口(万人)	人均GDP(万元)
广州	25 019.11	1867.60	13.40
佛山	10 816.47	949.80	11.40
肇庆	2311.65	411.30	5.60
韶关	1353.49	285.50	4.70
清远	1777.15	396.90	4.50
云浮	1002.18	238.30	4.20

注:均为2020年全市数据
数据来源:各地统计公报、人口普查公报

经过十多年的推进,广佛同城正在步入深水区。早在2020年,广州、佛山两市携手编制《广佛高质量发展融合试验区建设总体规划》,提出在广佛197公里长的边界两侧,选取629平方公里极具发展潜力的区域,推动两市全面互联和深度融合,并提出探索建立利益共享的财税分成机制。两个万亿元级城市打造"全域同城化",且在城市之间罕见地探索财税分成机制,这是史无前例的创举,势必成为中国都市圈的标志性之举。

众所周知,中国财政走的是"分税制"模式,这里的分税指的是中央与地方财政分成，而地方与地方之间并不存在财政共享或分成模式，各大城市都是各自为政、牢守地盘，这就造成都市圈、同城化一直运作不畅。不难想象，如果广州、深圳、上海的产业分别对应转移到佛山、东莞、苏州，税收留成在佛山、东莞、苏州，这自然不利于一线城市的利益。如果没有一个好的财税分成机制，跨城市的产业集群、新城恐怕都很难顺利推进。

2021年，广佛两地进一步提出，探索建立统一的规划委员会，实现规划统一编制、统一实施，探索推进土地、人口等统一管理。规划统一编制，土地、人口统一管理，产业协同发展，利益共享财税分成……这正是都市圈战略的核心要义。广佛同城能在这些方面取得突破，将为全国的都市圈战略做出积极探索，树立起可复制可推广的新模式。

这里的大背景是，广州佛山已在多方面深度融合，与北京和燕郊的单向"候鸟"群体不同，广佛是双向"候鸟"群体，既不乏佛山居住广州工作的群体，也不乏广州居住佛山工作的群体。从佛山行政中心到广州行政中心只有30多公里的距离，而广州南沙区、从化区、知识城等地到行政中心的距离均在50公里之上，佛山与广州的融合程度甚至还高过广州的一些远郊区。

所以，在广佛交界处，一些产业沿着边界布局，形成了广佛产业带。基于这一点，广州佛山规划了"1+4"个合作区，总面积相当于深圳的1/3，包括"广州南站-佛山三龙湾-广州荔湾海龙"先导区、"荔湾-南海"试验区、"南沙-顺德"试验区、"白云-南海"试验区、"花都-三水"试验区，同时提出共建装备制造、汽车、新一代信息技术、生物医药与健康4个万亿元级产业集群。

广州以汽车、电子、石化为支柱产业，以新一代信息技术、智能制造、生物医药为优势产业，且高端服务业更为发达，佛山以制造业立市，以家电制造、装备制造、电子信息为主导产业，民营经济相当发达。

广佛同城，不仅是都市圈模式的全新突破，也是跨区域产业协同的典型范例，两个城市不是一城胜似一城。

■ 深圳：融合的不只是莞惠

深圳渴望扩容已久。作为先行示范区和经济特区，深圳的城市地位独一无二。然而，深圳发展长期面临一个短板：城市面积不足，土地资源相对紧张，可开发空间越来越稀缺。

深圳拥有1700多万常住人口，加上流动人口，实际管理人口超过2000万。然而，深圳城市面积不足2000平方公里，而广州为7434.4平方公里，上海为6340.5平方公里，北京则高达1.6万平方公里。

城市面积相对有限，深圳土地成本居高不下，无论是房价还是写字楼，价格都远远超过广州。土地成本过高，不仅会刺激房价上涨，而且还会抬升产业成本。不少制造企业开始了外迁之路，其中不乏华为终端这样的巨头。

正因为这一点，深圳一直在寻求扩容之路。这些年，深圳合并东莞、惠州的传闻不绝于耳，深圳"直辖"的消息更是满天飞，当地官方不得不出面回应：传闻毫无事实根据。

显然，无论是直辖还是吞并，可能性都微乎其微。真正的解决路子不在吞并更不在直辖，而在飞地经济和大都市圈扩容。

2018年底，深汕特别合作区正式揭牌。不仅汕尾的居民全部转为深圳户籍，而且这一位于汕尾的"飞地"将由深圳直接管理，升级为深圳第"10+1"区。随后，河源出台文件重点谋划深河特别合作区，继深汕特别合作区之后，深圳又一"飞地"或将出现。飞地经济的意义在于,既能将产业留在省域内部,而且还能带动落后地区的发展,相关生产总值数据还能两地共享,此为多赢之举。

同时,深圳都市圈实现了大扩容。根据广东"十四五"规划,深圳都市圈包括深圳、东莞、惠州全域和河源、汕尾两市的都市区部分。这意味着,深圳都市圈从传统的深莞惠向深莞惠河汕扩容,无论是面积、人口规模还是产业腹地都得到全面提升(见表4-10)。

表4-10 深圳都市圈成员主要经济数据

城 市	生产总值(亿元)	人口(万人)	人均GDP(万元)
深圳	27 670.24	1756.00	15.80
东莞	9650.19	1046.60	9.20
惠州	4221.79	604.20	7.00
汕尾	1123.81	267.20	4.20
河源	1102.74	283.70	3.90

注:均为2020年数据

数据来源:各地统计公报、人口普查公报

推动深莞惠一体化发展,加强三市基础设施规划建设统筹协调,建设跨区域产城融合组团。推进河源、汕尾主动承接核心城市功能分流、产业资源外溢、社会服务延伸,加快吸引现代要素流动集聚,打造具有全球影响力的国际化、现代化、创新型都市圈。

所以,借助都市圈,深圳不仅有望解决土地资源受限的老问题,还有望开拓更多属于自己的经济腹地。在都市圈模式下,深圳企业向东莞、惠州、汕头等地迁移,不再是企业流失,而是相关要素和资源在都市圈内的重配,以都市圈而非单个城市来衡量未来的发展成绩,无疑更有现实意义。

大城大圈！从都市圈看中心城市的"势力范围"

一二线城市的影响力有多大？

过去，我们通常用生产总值、人口及产业来进行衡量。事实上，都市圈战略的实施以及都市圈相关规划的出台，为我们看清各城市真实的"势力范围"提供了新的观察视角。

都市圈是以城市群内超大特大城市或辐射带动功能强的大城市为中心，以1小时通勤圈为基本范围的城镇化空间形态。根据任泽平团队的报告，中国有上海、北京、广佛肇、杭州、深莞惠等10个2000万人以上的大都市圈，有重庆、青岛、厦漳泉等14个1000万~2000万人的大都市圈。24个千万级大都市圈以全国6.7%的土地集聚约33%的常住人口，创造约54%的生产总值。

这份报告将24个千万级大都市圈分为发达型、崛起型、起步型三类。其中，上海、深莞惠、广佛肇、苏锡常、南京、杭州6个大都市圈为发达型，北京、天津、成都、长株潭、重庆等15个大都市圈为崛起型，哈尔滨、南昌、长吉3个都市圈为起步型。

以中心城市及其"势力范围"的视角来看，可以将都市圈分为跨省都市圈、一线都市圈、强省会都市圈、"弱省会"都市圈等多个类型，并可以此界定其实际影响力。

哪些都市圈最有潜力？哪所超大、特大城市的影响力最大？

■ 跨省都市圈

能够跨省扩圈，要么说明中心城市本身行政级别或城市能级较高，对周边具有强中心的影响力，要么说明中心城市本身经济、产业实力突出，邻近省份的城市主动向其靠拢。

中国只有 4 个跨省都市圈：北京、上海、南京、杭州都市圈。其中，上海、北京都市圈兼具城市能级和经济产业吸引的双重加持，城市能级在其中的分量不容低估；南京、杭州更多是因为本身经济实力对周边地区的虹吸影响。

上海大都市圈，覆盖两省一市 9 个城市，包括上海，江苏的苏州、无锡、常州、南通 4 市，以及浙江的宁波、嘉兴、舟山、湖州 4 市。这一都市圈的形成，得益于上海作为国际经济、金融等中心的超级地位。

北京都市圈，严格来说是首都都市圈。首都的影响力无远弗届，都市圈虽然只涵盖环京地区，但覆盖整个城市群。具体来看都市圈，从大的层面来说是京津雄协同发展，京津要唱好"双城记"，而北京通州城市副中心和雄安新区要比翼齐飞；往细化的层面看，则是北京与河北廊坊北三县、固安、保定涿州、天津武清等周边地区的协同发展，尤其是通州与北三县的一体化发展。

与上海、北京不同，南京、杭州则是借助自身的经济产业吸引力，完成了跨省扩圈。

南京都市圈，横跨两省 8 个城市 2 个城区，包括江苏省的南京、镇江、淮安、扬州 4 地，安徽的马鞍山、滁州、芜湖、宣城 4 市，以及常州市溧阳市、金坛区 2 个区。南京都市圈的特殊之处，在于得到了江苏、安徽两省共建的定调，相关规划也是由两省共同制定的，标志着南京跨省扩圈的举动得到了国家层面的认可。

南京都市圈仍有向安徽腹地扩容的可能。2020年，安徽北部城市蚌埠曾向南京伸出橄榄枝，就加入南京都市圈事宜进行对接。蚌埠加入南京都市圈事宜需要江苏、安徽两省达成一致意见，目前正在持续推进。安徽多个城市纷纷向邻省省会靠拢，足以说明南京对于周边地市的吸引力。

历史上，南京是江南省的首府。无论是明朝的南直隶省，还是清朝的江南省，都横跨如今江苏、安徽、上海以及江西部分地区，"徽京"之名正是由此而来。

杭州都市圈，有望横跨浙江、安徽、江西三省。目前，杭州都市圈以杭州、嘉兴、湖州、绍兴、衢州、黄山为主体。此外，安徽宣城市、江西上饶市、江西景德镇，都有望被纳入杭州都市圈范围。2021年，安徽宣城市成为杭州都市圈协调会成员城市。早在2018年，江西上饶、景德镇就成了杭州都市圈的考察成员。

针对不同成员，杭州都市圈确立了不同的发展模式。对于邻近的绍兴、嘉兴、湖州，推进的是一体化合作，打造"1小时通勤圈"，推进以"一卡通"为基础公共服务共享网络。对于稍远一些的衢州、黄山等地，则是在重点领域展开合作，比如杭州与衢州将共同推动钱塘江诗路建设，与黄山共建杭黄毗邻区块生态旅游合作先行区。

南京、杭州之所以能将"势力范围"拓展到邻近省份，原因不只是两个城市本身经济实力突出、产业竞争力强劲，更关键的是邻省尚未形成真正具有竞争对标能力的强省会，安徽省会合肥尚在崛起之中，影响虽然不断扩大，但仍旧无法与南京相比，江西省会南昌经济体量不大，产业竞争力远不及杭州，因此同省的地市很容易向南京靠拢。

■ 一线都市圈

一线城市的影响力遍及各个领域，基于一线城市形成的都市圈，其实力同样位居全国前列。四大一线城市，除了北京、上海因为直辖市的身份兼具跨省都市圈的属性之外，广州、深圳都市圈的综合实力首屈一指。

广东"十四五"规划将整个广东划分为5个都市圈：广州、深圳、珠江口西岸、汕潮揭、湛茂。如表4-11所示，广州都市圈涵盖广州、佛山全域和肇庆、清远、云浮、韶关4市的都市区部分，深圳都市圈包括深圳、东莞、惠州全域和河源、汕尾两市的都市区部分。

表4-11 广东五大都市圈

都市圈	范围	建设重点
广州都市圈	广州、佛山全域和肇庆、清远、云浮、韶关4市的都市区部分	充分发挥广州国家中心城市对周边地区的辐射带动作用，深入推动广佛全域同城化发展，联动肇庆、清远、云浮、韶关"内融外联"，打造具有全球影响力的现代化都市圈建设典范区
深圳都市圈	深圳、东莞、惠州全域和河源、汕尾两市的都市区部分	充分发挥深圳核心城市带动作用，进一步拓展深圳发展空间。推动深莞惠一体化发展，推进河源、汕尾主动承接核心城市功能分流，打造具有全球影响力的国际化、现代化、创新型都市圈
珠江口西岸都市圈	珠海、中山、江门、阳江	强化珠海作为珠江口西岸核心城市定位，加快推动珠中江协同发展，联动阳江协同建设粤港澳大湾区辐射带动粤西地区发展重要增长极
汕潮揭都市圈	汕头、潮州、揭阳三市和梅州都市区	以汕头为中心大力推进汕潮揭同城化发展，联动梅州都市区协同发展，积极参与粤闽浙沿海城市群建设，打造链接粤闽浙沿海城市群与粤港澳大湾区的战略枢纽
湛茂都市圈	湛江、茂名	以湛江为中心推动湛茂一体化发展，全方位参与北部湾城市群建设，积极融入粤港澳大湾区、海南自由贸易港、"一带一路"建设等国家重大发展方针，打造国家重大战略联动融合发展示范区

资料来源：广东省"十四五"规划纲要

与过去相比，广州都市圈从传统的广佛肇扩大为广佛肇清云韶6市，而深圳都市圈也从传统的深莞惠扩大到深莞惠河汕5市。当然，由于清远、云浮、韶关、河源、汕尾等地城镇化程度与广深存在明显差距，且部分县域离广深两大中心城市较远，以其都市区作为大都市圈的一部分，更具合理性。

这轮扩容，也说明广州、深圳两大一线城市不再局限于珠三角内部，而是将影响力向粤东西北延伸，被寄予了带动粤东西北同步发展的重任。正如规划目标所定调，对于广州都市圈，要深入推动广佛全域同城化发展，支持广佛共建国际化都会区，联动肇庆、清远、云浮、韶关"内融外联"，打造具有全球影响力的现代化都市圈建设典范区；对于深圳都市圈，要推动深莞惠一体化发展，加强三市基础设施规划建设统筹协调，建设跨区域产城融合组团。推进河源、汕尾主动承接核心城市功能分流、产业资源外溢、社会服务延伸，加快吸引现代要素流动集聚，打造具有全球影响力的国际化、现代化、创新型都市圈。

当然，作为一线城市，广州深圳在多个领域的影响力都是遍及全国的，即使在珠三角内部，"势力范围"也不会泾渭分明。东莞夹在广深之间，无论是东联深圳、西联广州都不乏可行性。而位于珠江口西岸的珠海、中山、江门等地，既可借助珠江西岸的地缘关系靠近广州，也可通过深中通道与深圳密切融合。而潮汕地区与深圳的关系更为紧密；汕头、茂名、阳江等地明显与省会广州的合作更多。

即使是广州、深圳，也是既有竞争又有合作。对于广州、深圳的关系，广东对此提出"双城联动、两翼齐飞"。既要全力支持深圳建设中国特色社会主义先行示范区，又以同等力度支持广州实现老城市新活力和"四个出新出彩"，广州、深圳同等重要。

■ 强省会都市圈

我国有几个典型的强省会：成都、武汉、西安。这几个省会，不仅生产总值在全省的比重超过30%，而且人口比重也超过20%。整个省域内部，副中心城市与省会的差距巨大，省会对全省的经济、产业、人口都有举足轻重的影响力。

值得一提的是，这几个城市都不乏扩容的想法。2016年，成都代管简阳，原本由资阳市代管的简阳成了成都下辖的区市；2017年，西安代管西咸新区，这一横跨西安、咸阳两市的新区，被纳入西安之下。而近年来，西安合并咸阳、武汉合并鄂州的说法不绝于耳，借助合并周边经济体量相对较小的地市实现扩容，成了许多省会城市的共同想法。

不过，在中央明确"中西部有条件的省市，要有意识培育多个副中心城市"之后，强省会的合并扩容之路就充满了诸多不确定性，都市圈扩容，转而成了新的选择。与直接合并扩容相比，都市圈扩容不涉及行政区划的调整，更多是经济、产业、公共服务的一体化发展，更容易获得支持。

对此，四川省提出，强化成都主干功能，加快推进成德眉资同城化，促进全省发展主干由成都拓展为成都都市圈。换言之，成都的地位仍旧重要，但站在全省区域均衡发展的视角，成都都市圈的重要性更为凸显。

成都都市圈以素有"天府之国"称号的成都平原为主体，包括四川省成都、德阳、资阳、眉山全域及雅安市辖区，面积3.2万平方公里，生产总值接近全省的一半。其中，成德眉资同城化是成都都市圈重点发展方向，四城除了"1小时交通圈"带来的同城化之外，在产业上也有诸多合作：以成都国际铁路港大港区联动德阳共建成德临港经济产业协作带，以天府新区联动眉山共建成眉高新技术产业协作带，以成都东部新区联动资阳共建成资临空经济产业协作带。

四川地域广阔，但山岭众多，不少地区发展还需要转移支付进行扶持。虽然四川规划了成都经济圈、川南经济区、川东北经济区、攀西经济区和川西北生态示范区等多个区域，但其主导者始终都是成都及成都都市圈。成都强则四川强，已经成了许多人的共识。

面对新格局，湖北在"十四五"规划里提出"支持武汉做大做强、打造武汉城市圈升级版"的同时，还强调了"襄十随神""宜荆荆恩"两大城市群作为"两翼"协同发展。

武汉都市圈为"1+8"模式，包括武汉、黄石、鄂州、孝感、黄冈、咸宁、仙桃、潜江、天门9个城市，相关城市之间已经成为1小时交通出行圈。在8个城市里，武汉与鄂州的关系最为密切，武汉鄂州合并传闻已久，无论最终能否合并，两地的一体化发展早已步入新阶段，两地已经开始共用027区号，武汉的地铁也已向鄂州延伸，而光谷科创大走廊，也以鄂州为第一站，可见两地在交通、公共服务和产业方面的融合超过了许多地区。

鄂州虽然体量不大，但地位相当重要。鄂州是"中国孟菲斯"的有力竞争者之一，孟菲斯位居美国中南部，是全球首屈一指的航空物流枢纽。这个人口仅有百万规模的小城，借助航空物流，创造了巨大的就业空间，带动了相关制造业的发展。

鄂州与孟菲斯有类似之处。2020年，国家发展改革委、民航局印发《关于促进航空货运设施发展的意见》，明确鄂州机场定位为专业性货运枢纽机场，与北上广深等综合性枢纽机场共同完成航空货运枢纽、国际航空货运枢纽规划布局。而以货运为主的鄂州机场于2022年开通运营，这是国内目前唯一获批建设的专业国际货运枢纽机场，1.5小时飞行圈可覆盖五大国家级城市群，辐射全国

90%的经济总量、80%的人口。

　　武汉作为九省通衢,本身就是全国重要综合交通枢纽之一。武汉-鄂州被联合列为空港型国家物流枢纽承载城市,足以说明两地在建设物流枢纽的合作上有着相当大的空间。

　　与四川、湖北一样,陕西也将多中心模式作为发展方向,在强调"提升西安国家中心城市发展能级"的同时,将推动关中陕北陕南形成区域协调发展新格局也放在了关键位置。但无论规划如何定位,西安及西安都市圈在陕西的地位仍是独一无二的。

　　西安都市圈,以"一核一轴、两翼三区、多组团"为特征。所谓"一核",指的是西安主城区、咸阳主城区和西咸新区组成的都市圈核心区;"一轴"是依托陇海铁路、连霍高速形成的东西向发展轴;"两翼"则是南部秦岭生态文化提升区和北部渭北产业转移承载区;"三区"是铜川主城区、渭南主城区、杨凌示范区。

　　其中,西安咸阳无论能不能合并,西咸一体化都是西安都市圈的核心所在。而在西咸一体化之外,基于都市圈融合,西安开始向东拓展,西渭东区的概念已经出现,渭南与西安开始了新一轮的深度融合。

　　在陕西及整个大西北,只有西安一个万亿元生产总值的城市,也只有西安一个国家中心城市,西安不仅对于陕西相当重要,对于整个西北地区而言都有重大意义。这从西安"三中心两高地一枢纽"的定位可见一斑:西部地区重要的经济中心、对外交往中心、丝路科创中心、丝路文化高地、内陆开放高地、国家综合交通枢纽。

第五章 —— 布局未来的国家战略

服贸会、进博会、广交会，北上广各拿到一张贸易"王牌"

海南自贸港，下一个香港？

全国首个"共同富裕示范区"，为什么是浙江

东西差距缩小！西部大开发20年，"西三角"呼之欲出

告别"中部塌陷"，中部崛起谁是领头羊

停滞十多年！振兴东北，又到了关键时刻

服贸会、进博会、广交会，北上广各拿到一张贸易"王牌"

广州有广交会，上海有进博会，北京有服贸会，三大一线城市各自拿到了一个国家级展会。

广交会诞生于 1957 年，历经 60 多年繁荣依旧，是以货物出口为主的国际性贸易盛会；上海进博会诞生于 2018 年，影响日盛，是以货物进口为主题的国家级展会；北京服贸会创办于 2012 年，2020 年由"京交会"更名为"服贸会"，是我国服务贸易领域唯一的国际性、国家级、综合型展会。

三大国家级展会，虽然定位分工不同，但在国家战略的作用却是一致的：展示中国对内对外开放的成果，传递更高水平的开放形象，共筑全球互利共赢平台。

北上广，以及京津冀、长三角和粤港澳大湾区，由此也成为全国首屈一指的会展高地。

■ 广交会：一线城市的"催化剂"

广交会，又称中国出口商品交易会，是我国时间最久、层次最高、规模最大、商品种类最全、到会客商最多、成交效果最好的综合性国际贸易盛会。正常时期，每届广交会有来自 200 多个国家和地区的 20 多万名国内外客商进出广州。

除了2020年和2021年上半年因为新冠肺炎疫情在网上举办之外,广交会历经60余年从未间断。无论国际环境如何变幻,无论经济发展水平高低,广交会始终是我国对外贸易的重要窗口之一,堪称我国外贸的"晴雨表"和"风向标"。

在改革开放之前,广交会一度是中国突破对外封锁、创收外汇的重要渠道。1957年的广交会就吸引了5000多名客商,成交总额高达8686万美元,占全国创汇总额的20%。从1965年开始,广交会年出口成交额占全国外贸年出口总额的30%以上。1972年、1973年,占比一度超过50%。截至2019年第126届,广交会已累计出口成交约14 126亿美元,累计到会境外采购商约899万人。

不过,从2011年广交会达到747.6亿美元的成交峰值之后,广交会年成交额有所回落,2019年成交额为590亿美元(见图5-1),但仍旧是中国成交规模最大的出口展会。

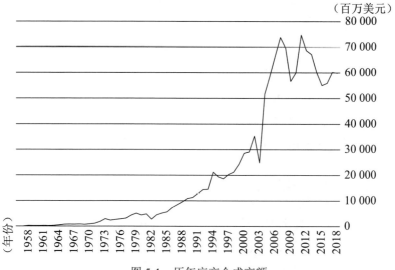

图 5-1 历年广交会成交额

资料来源:广交会官网

广交会的兴起，得益于广州作为千年商都、"一带一路"重要枢纽城市的历史底蕴，毗邻港澳、拥有大型良港的区域优势，以及敢为人先、不断突破的探索精神。近年来，广交会成交规模之所以有所下滑，其中不无电子商务兴起带来的影响，但更重要的是宏观环境的变化，中国正在从外贸驱动走向消费驱动时代，对外贸的依存度不断降低，而以国内大循环为主体、国内国际双循环为特征的新发展格局正在形成，以货物出口贸易为主的广交会自然会随经济形势变化而变化。

广交会对广州的改变是显而易见的，它将广州推向国际会展之都的高位。广交会对于广州成为外贸城市、跻身一线城市、荣膺国家中心城市、位列世界Alhpa城市都起到了不容低估的作用。更关键的是，广交会的存在，还让整个珠三角都能从中受益，珠三角能成为对外开放的最前沿，能成为首屈一指的"世界工厂"，广交会功不可没。

可以说，广交会是广州拿到的最大政策红利之一。近年来，上海、深圳可谓政策不断，上海成为科创板、临港自贸区、浦东社会主义现代化建设引领区，深圳成为社会主义先行示范区等，两个城市在新时代获得了更高的战略定位。相比而言，广州拿到的重大战略和平台不算多，但基于广州的区位优势、历史底蕴和改革精神，广州的一线城市地位仍旧牢不可破。

■ 进博会：为什么是上海？

如果说广交会承载的是提升我国货物贸易出口的重任，那么进博会的到来，则意味着我国转向了对外开放和高质量发展的新阶段。

进博会又称中国国际进口博览会。进博会的诞生，是在贸易保护主义涌现、全球化逆流出现之际，中国向外界展示"开放的大门不会关闭，只会越开越大"决心的重要举措，也是"主场外交"和扩大国际合作的应有之义。同时，在中国从经济大国迈向经济强国的过程中，无论消费升级还是产业转型，都有利于提高进口空间，引入国际竞争，促进经济的高质量发展。

2018年首届进博会，就吸引了172个国家、地区和国际组织参会，3600多家企业参展，展览总面积达30万平方米，超过40万名境内外采购商到会洽谈采购。2020年进博会，即使疫情影响未退，仍有来自全球150多个国家的3600多家企业亮相，经贸合作累计意向成交达726.2亿美元。

事实上，进博会不是简单的货物进口博览会，而是与降低关税、优化营商环境、取消外资股比限制、扩大金融业服务业开放等结合在一起，起到了促进对内改革和对外开放的双重作用。以汽车为例，中国早于2018年取消了专用车、新能源汽车的外资股比限制，2019年又取消了商用车外资股比限制，到2022年取消乘用车外资股比和合资企业家数限制，中国汽车行业即将实现完全对外开放。2019年开始量产的特斯拉上海超级工厂，就是我国汽车行业放开外资股比限制后的首个外商独资整车制造项目。借助上海超级工厂释放出的巨大产能，特斯拉在中国和全球的销量迅速井喷，巩固了新能源汽车第一梯队的国际地位。

中国国际经济交流中心副理事长、重庆原市长黄奇帆认为进博会至少有三重意义：第一，进博会让世界深入了解到中国市场容量有多大；第二，进博会标志着中国进一步降低关税，让老百姓的生活更加多元化，不出国就能体验更多的进口产品；第三，进博会绝对提升了中国在国际贸易中的话语权、定价权，并说明中国是一个对世界负责任的大国。

此外，进博会还使上海巩固了国际贸易中心的定位，有力促进了上海跻身世界一流城市的进程。

那么,为什么进博会落户上海,而非拥有广交会的广州或其他外贸城市?

上海是国际经济、金融、贸易、航运和科创中心,是中国最大的贸易城市之一。与其他外贸城市不同的是,上海进口在外贸中占有更大的位置。2020年数据显示,上海市货物进出口总额34 828.47亿元,位居全国首位(见图5-2)。其中,进口21 103.11亿元,出口13 725.36亿元,进口占比6成左右。

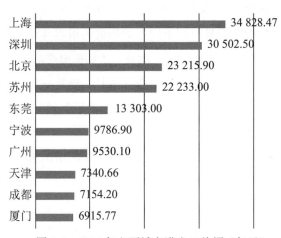

图5-2　2020年主要城市进出口总额(亿元)

资料来源:各地统计公报

同时,上海还是我国扩大对外开放的主要桥头堡。2019年获批的上海自贸试验区临港新片区,被赋予探索投资自由、贸易自由、资金自由、运输自由、人员从业自由的重任,打造更具国际市场影响力和竞争力的特殊经济功能区。

再考虑到长三角一体化等国家战略的存在,上海能成为进博会的主办地并非偶然,这一系列重大国家战略都需要一个龙头城市作为承载，也需要一个具有改革魄力的先锋城市进行突破。

这正是进博会选择上海的原因所在。

■ 服贸会：有多特别？

广交会和进博会，无论聚焦于出口还是进口，着重的都是货物贸易。而北京的服贸会，则是首个以服务贸易为主的国家性展会。

服贸会又称中国国际服务贸易交易会，其前身为"京交会"，即中国（北京）国际服务贸易交易会，2019年更名为中国国际服务贸易交易会，2020年简称由"京交会"更名为"服贸会"。

服务贸易与货物贸易有何不同？货物贸易很容易理解，一切与有形的货物商品相关的贸易均属于此列，诸如机电产品、化工产品、纺织产品、矿石、运输设备等。而服务贸易，则是与服务业高度相关的贸易形式，从金融服务、商业服务、通信服务到娱乐文化服务、旅游旅行服务、教育服务等都可归为此类。

服务贸易听起来很抽象，事实上我们常见的出国旅行、出国留学都是服务贸易的一部分，而在全球范围内的知识产权使用、购买境外保险、使用信息服务、研发服务也属于服务贸易。

服务贸易覆盖范围很广，但我国的服务贸易与货物贸易存在一定差距，货物贸易顺差突出，而服务贸易仍旧存在逆差。中国已成为世界货物贸易第一大国，在服务贸易上只是第二大国。

2020年，我国货物进出口总额321 557.00亿元，货物进出口顺差37 096.00亿元；服务进出口总额45 642.70亿元，逆差为6929.30亿元（见表5-1）。2020年由于疫情影响，一些与出国旅行、留学相关的服务贸易断崖式下滑，由此导致逆差收窄。而2016—2019年，服务贸易逆差均在1.5万亿元以上，但也整体呈现下降趋势。

表 5-1　我国历年服务贸易进出口情况

年份	进出口总额（亿元）	出口（亿元）	进口（亿元）	逆差（亿元）
2020	45 642	19 357	26 286	-6929
2019	54 153	19 564	34 589	-15 025
2018	52 402	17 658	34 744	-17 086
2017	46 991	15 407	31 584	-16 177
2016	43 947	13 918	30 030	-16 112
2015	40 745	13 617	27 127	-13 510
2014	40 053	13 461	26 591	-13 130
2013	33 814	13 020	20 794	-7774
2012	30 422	12 699	17 722	-5023

数据来源：商务部

不难看出，服务贸易总额只有货物贸易的 1/7 左右，而服务贸易逆差与货物贸易顺差更是形成了鲜明对比。相比而言，发达经济体的服务贸易总额与商品贸易总额之比在 40% 左右，可见服务贸易未来发展空间很大。

服务贸易是中国经济步入高质量发展阶段的必然要求。服务贸易虽然仍旧存在逆差，但其规模和增速却在不断扩大，而以知识产权使用、金融服务、信息服务相关的新兴服务贸易蓬勃发展，数字贸易更是不断创下新高，服务贸易正在成为我国对外贸易中举足轻重的一部分。同时，从国际环境来看，一方面我国制造业面临着向发展中国家转移和向发达国家回流的双重压力；另一方面逆全球化潮流、地方保护主义的兴起对外贸也带来一定不确定性，这就进一步凸显服务贸易的重要性。

服务贸易的重要性毋庸讳言，但为何服贸会选在了北京？

在传统货物贸易方面，北京由于缺乏港口和制造业腹地，货物进出口不算突出，不及深圳东莞等一些沿海城市。但服务贸易的逻辑与货物贸易有天壤之别，它更依赖于发达的第三产业，北京第三产业占比超过 80%，而上海、广州刚突破 70%，深圳还不到 65%。

北京不仅第三产业占比最高，而且相当发达。作为全国政治中心、文化中心、国际交往中心、科技创新中心，北京在金融、商务、信息、科创、文化娱乐、医疗等方面的优势是独一无二的。根据第四次经济普查数据，北京在 IT 方面有 139 万从业人员，科学研究和技术服务有 140 万人，金融行业有 80.6 万人，文体娱乐方面有 37.5 万人，位居国内各大城市前列。这些条件，决定了北京作为服贸会主办地的优势。

可见，北京、上海、广州，在不同时期承担起我国对外贸易和对外开放的重任。虽然城市角色不断变化，定位有所差异，但对外开放的决心却始终坚持如一。

海南自贸港,下一个香港?

海南,拿到了建省以来的最大一张"王牌"。

2018年,国务院正式批复设立中国(海南)自由贸易试验区,这是中国首个覆盖全省全岛全域的自贸区。2020年,中共中央、国务院印发《海南自由贸易港建设总体方案》,提出到21世纪中叶,全面建成具有较强国际影响力的高水平自由贸易港。

根据时间表,2025年之后,海南自贸港将适时启动全岛封关运作,"一线"放开,"二线"管住;且以"零关税"为基本特征,推进贸易自由便利、投资自由便利、跨境资金流动自由便利、人员进出自由便利、运输来往自由便利。

以自由贸易港为目标,海南从此有了与众不同的定位,获得了与香港、迪拜、新加坡等同场竞技的可能。从1988年建省和成立经济特区,到2010年获批国际旅游岛,再到2018年建设全岛自贸区,再到未来推进建设自由贸易港……海南获得了前所未有的历史机遇。

自贸港是超级定位,也是超级责任,这是史无前例的探索。海南能否成为下一个香港?

■ 为什么是海南?

全国有20多个自贸区,上海自贸区更是内地首个自贸区,为何最终探索建设自贸港的却是海南？

这要从自贸港的时代背景说起。我国之所以要推进自贸港建设，是因为世界面临百年未有之大变局，保护主义、单边主义抬头，经济全球化遭遇更大的逆风和回头浪，有必要推进高水平开放，建立开放型经济新体制，旗帜鲜明地反对保护主义、支持经济全球化，用实际行动向世界表明，中国开放的大门不会关闭，只会越开越大。

自贸港是全新探索，无论是全岛封关运作，还是贸易自由、投资自由等探索，都是全新的尝试。与40多年前开启的改革开放一样，需要的不是一下子放开，而是逐步探索，既要敢闯敢试，又要防控风险。正是基于这一点，海南在一众省市中脱颖而出。

一方面，海南地理位置独特，拥有全国最好的生态环境，同时又是相对独立的地理单元，具有成为全国改革开放试验田的独特优势。海南是我国仅次于台湾的第二大岛，与广东隔海相望，19.4公里的琼州海峡将海南与内陆地区分隔开来，便于进行封关运作。自贸港"一线放开，二线管住，岛内自由"的贸易模式，决定了海南岛作为试验田的优势。一线放开，指的是面向国际的放开，零关税，货物进出自由；二线管住，则是面向内陆而言，海南与其他地区之间设立新的管理环节。

另一方面，与上海、深圳等相比，海南虽然发展迅猛，但经济体量仍旧相对薄弱，生产总值仅为深圳一个区的水平，而整个省的常住人口不到上海的一半（见图5-3）。这决定了以海南作为试验田，不仅容易推动，而且风险较小。如果很快有了行之有效的改革探索方案，则能逐步向其他地区推广；而相关试验如果遇到了问题，不仅能迅速调整掉头，也能最大程度遏制风险的扩散。

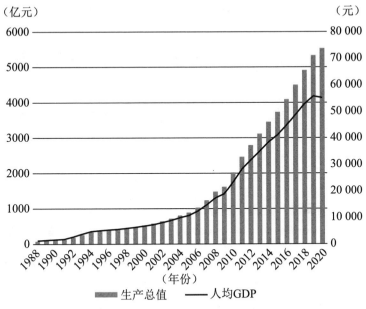

图 5-3 海南历年生产总值及人均 GDP

资料来源：海南省统计公报、统计年鉴

此外，国际贸易形势的变化，也凸显了海南的重要性。早在 2020 年，东盟就超越美国和欧盟，成为我国第一大贸易伙伴。而 RCEP（区域全面经济伙伴关系协定）的签署，推动了东亚区域经济一体化的进程，助力中国与日韩以及东盟国家的经贸往来。海南与东盟国家距离不远，在新的形势下，不乏成为中国与东南亚国家贸易桥梁的可能性。

这正是海南的独特性所在。事实上，海南近年来发展定位的三次变化，均与地理区位有着密切关系。1988 年，海南从广东脱离单独建省，正是基于海南面积过大且与广东本土隔海相望的现实，不仅管理不便，而且珠三角地区也难以溢出到海南。2010 年海南获批国际旅游岛，则是海南的地理环境、生态环境和人文历史共同作用的结果。2020年海南自贸港的横空出世，同样是基于地理区位的优势而来。

地理相对独立，因此更适合作为试验田。面向海洋，开放特征更为突出。背靠粤港澳大湾区，对望东盟，海南的改革探索不乏良好基础……这一系列因素让海南脱颖而出，成为新一轮国家战略的重要落脚点。

■ 对标香港？

海南自贸港，是否对标香港？有没有取代香港的可能？

对此，国家发改委有关负责人表示，海南自由贸易港与香港定位不同，重点发展产业也不同，互补大于竞争，不会对香港造成冲击。

海南与香港定位不同，发展阶段不同，经济底蕴不同，不会也难以完全取代香港。海南不以转口贸易和加工制造为重点，而以旅游业、现代服务业、高科技产业为支柱，与香港的金融、旅游、贸易和专业服务业为支柱的产业结构形成了差异（见图5-4），两地完全有可能双翼齐飞，共同成为我国经济发展的亮点。

香港拥有国际金融、贸易、航运中心和航空枢纽的定位，又是世界主要旅游目的地和购物天堂。在人民币迈向国际化的进程中，香港还是中国内地与世界的超级联系人，其地位之独特，短期难有其他城市可以取代。

海南首先缺乏成为国际金融中心的基础。一个城市能否成为金融中心，离不开世界级的证券交易所、庞大的金融衍生品交易市场、大型金融机构总部，也离不开一流的法治环境、资本账户对外开放，以及高端人才和资金实力的支持。海南缺乏这些高端要素，短期或许能在金融对外开放、跨境资金自由流动、国际能源产权股权交易等方面作出探索，但离形成金融中心还有较长的距离。目前，我国以香港、北京、上海、深圳作为金融中心,广州等地作为区域金融中心。

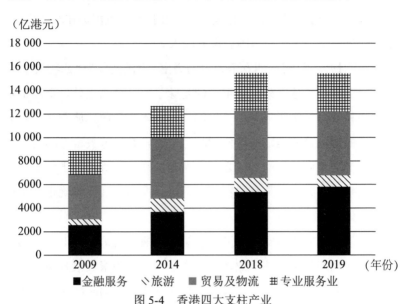

图 5-4 香港四大支柱产业

数据来源:香港统计处

其次,海南的航运将有所突破,但并非发展的主流。正如官方明确的,海南不适宜大规模发展加工贸易,原因是海南偏离国际主航线,自身缺乏足够的发展腹地,缺乏建设国际航运中心的基础。目前,我国有国际航运中心潜力的城市包括香港、上海、广州、深圳等,这些城市无一不有国际大港和产业腹地作为支撑,如上海背后的长三角,广深背后的珠三角。

不过,与香港相比,海南有望在贸易、购物中心和高科技建设方面获得独特的发展优势。

海南作为贸易中心的着眼点,在于新型离岸国际贸易,而非加工转口贸易。所谓离岸贸易,指的是公司注册在离岸法区,投资人不用亲临注册地,而业务遍布全球的一种贸易模式,单据流、资金流和货物流"三流"分离。举例来说,一批货物从香港销售至新加坡,订单和资金往来在海南远程进行。在自贸港就能运作全球生意,必将促进资金、人才和跨国公司的涌入。

在购物方面,海南的竞争力更为突出。香港能成为"购物天堂",除了商业高度发达之外,更重要的是除了个别商品之外,全部都是"零关税",价格优势是第一位的。海南本就是国际旅游岛,是名副其实的旅游目的地,旅游资源相当丰富,在"零关税"和离岛免税政策等自贸港政策的加持之下,海南获得了与香港相当的税费优势。既是度假天堂,又是购物天堂,这是海南发展前景确定性预期最强之处。

海南还有望成为实体经济的重镇。一般而言,国际上多数的自贸港,房地产都是支柱产业之一,资金、人才的聚集很容易推动房价不断上涨。但海南早已明确"去房地产化",同时将实体经济作为重要发展方向。海南自贸港以旅游业、现代服务业、高新技术产业作为三大主导产业,旅游业是传统优势产业,现代服务业的落脚点也在于服务实体经济,高科技产业则是高质量发展的必然要求,海南将重点发展信息产业、生态环保、生物医药、新能源汽车等产业。

当然,与香港相比,海南在经济基础、国际化营商环境、金融自由化水平、人才聚集等方面还存在不少短板,有待取长补短,与粤港澳大湾区形成良性互动,共同进步。

■ 壮士断腕去房地产

就在自贸港获批、炒房团蠢蠢欲动之际,海南表示,"壮士断腕"摆脱房地产依赖,破除房地产"一业独大"局面。

在许多省市依旧将房地产作为拉动经济、补充财政的重要支柱时,海南率先喊出了"去房地产化"的口号,这既是避免自贸港的超级政策利好被房地产所攫取,也是出于防范历史教训的考虑。

对于房地产泡沫,海南有着切肤之痛。

中国房价 20 多年来的上行史,给人以房价只涨不跌的印象。事实上,中国楼市曾经出现两次区域性泡沫破裂,影响极其深远。一次是 2011 年前后的温州,民间借贷危机引发楼市下行,直到 2020 年前后才恢复正常;另一次是 1990 年代的海南,"天涯海角烂尾楼"的传说流传甚久。

1988 年,海南成为中国唯一的省级经济特区,经济开发建设的需求,政策层面的倾斜,让海南一度堪比北上广。"要挣钱,到海南;要发财,炒楼花",海南吸引着来自全国各地的淘金者。鼎盛时期,这个只有 600 多万人口的小岛上,云集了两万多家房地产公司,平均每 300 人就对应一家房地产公司。

在资金助推之下,海南房价一飞冲天。1988 年到 1991 年,海口、三亚等热门地区商品房价格基本维持在 1300~1400 元/平方米之间,1992 年蹿升到 5000 元/平方米,1993 年最高更是达到 7500 元/平方米的价格。要知道,当时海南的人均年可支配收入只有 2000 多元,三年的纯收入才买得起一平方米的房子。

与之对比,1992 年全国商品房均价只有 1291 元/平方米,而海南全省均价接近 4000 元,而北上广深的商品房均价直到 1998 年都还在 5000 元以内。

显然,这种状况不会持久。全面的楼市调控,成了房地产硬着陆的引爆点。

1993 年 6 月,面对楼市过热,中央出台宏观调控政策,限期收回违章拆借资金、削减基建投资、清理所有在建项目,招招对准房地产市场。与此同时,有关部门还宣布终止房地产公司上市、全面控制银行资金进入房地产业。

釜底抽薪，一夜寒冬。海南房地产市场应声而落，海南经济亦进入寒冬。海南全省的房价从最高点的 3849 元跌到最低点的 1638 元，直接腰斩（见图 5-5）。

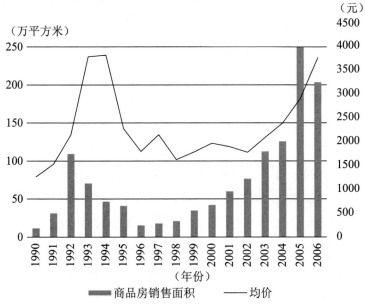

图 5-5　1990—2006 年海南商品房均价走势

数据来源：海南省统计年鉴

房地产泡沫破裂，代价不可谓不严重。这些企业在海南留下了 600 多栋烂尾楼、18 834 公顷闲置土地和 800 亿元积压资金。部分烂尾楼长期得不到盘活，一度变为养猪场。一时间，"天涯海角烂尾楼"成为海南新的形象。1999 年开始，海南用了整整七年时间，才将房地产库存和烂账清理完成。直到 2010 年前后海南获批国际旅游岛，借助全国房价上行的东风，海南房价才超越当初的水平。

虽然历史教训在前，但由于海景资源的稀缺性，海南房地产炒作不绝于耳。在获批自贸港之前，海南房地产投资依赖度一度超过

50%，房地产业税收占税收比重也超过40%，双双位居全国之首。随着去房地产化的推进，海南房地产投资依赖度下降到20%左右，房地产税收占比也下降到35%，不排除未来继续下滑的可能。

海南这一轮获得政策力度，比当初有过之而无不及。推进海南改革开放上升为国家战略，海南自贸港在中国更是独一无二，利好刺激之下，房地产必然蠢蠢欲动。而壮士断腕，无疑释放出极其强烈的信号。自贸港的前途不可限量，房地产不能也不应该占据主导地位。

全国首个"共同富裕示范区",为什么是浙江

深圳拿走了先行示范区,上海浦东拿走了现代化建设引领区,浙江则被赋予建设共同富裕示范区的定位。

2021年,《关于支持浙江高质量发展建设共同富裕示范区的意见》发布,赋予浙江重要示范改革任务,先行先试、做出示范,为全国推动共同富裕提供省域范例。

无论是深圳的先行示范区,还是上海浦东的现代化引领区,更多着眼于经济产业,解决的是改革再出发和高质量发展的问题。共同富裕的目标更深一层,指向的是改革开放的终极追求:先富带动后富,实现共同富裕。

当中国经济总量突破100万亿元,人均GDP突破1万美元,东部地区有望率先实现现代化之际,探索共同富裕,已成大势所趋。

中央财经委第十次会议提出,在高质量发展中促进共同富裕,正确处理效率与公平的关系,构建初次分配、再分配、三次分配协调配套的基础性制度安排。

共同富裕示范区,这个重任为何给了浙江?

■ 浙江有多特殊?

这些年,浙江和杭州可谓高光不断。从举办G20峰会到亚运会,再到支持建设共同富裕示范区,浙江一再肩负重任。这既是对浙江

经济社会发展的高度认可，也是浙江全新的责任和挑战。

除了作为政策高地的因素外，更重要的是浙江本身具有共同富裕的基础和潜质。与广东、江苏、山东等经济大省相比，浙江有着一些独特优势。

浙江面积、经济、人口均有一定规模。浙江省域面积10.5万平方公里，行政区划上有杭州、宁波2个副省级城市，温州、嘉兴、湖州等9个地级市和53个县（市），具有一定代表性。

浙江同时还是中国经济第四大省，仅次于广东、江苏和山东，杭州、宁波生产总值均已破万亿元，位居全国前列；常住人口规模位居全国第九，外来人口仍在持续涌入。2010年到2020年，浙江人口增量高达1014万人，仅次于广东。

相比于总量指标，浙江的人均指标更为突出。2020年，浙江生产总值为6.46万亿元，人均生产总值超过10万元，位于省域第三名。人均可支配收入5.24万元，仅次于上海和北京，位居省域（直辖市除外）第一名，是全国平均水平的1.63倍。

浙江的城乡收入差距在全国都被称道。图5-6中的数据显示，2020年，浙江城镇居民、农村居民人均可支配收入分别达到62 699元、31 930元，不计入直辖市，浙江分别连续20年、36年位居全国各省（区）第一，城乡居民收入倍差为1.96，远低于全国的2.56，是全国唯一一个所有设区市居民收入都超过全国平均水平的省份。

此外，浙江民营经济高度发达，藏富于民。浙江并无地理优势，七山一水二分田，平原并不广阔，但靠着民营经济，浙江走出了一条与众不同的发展之路。在整个浙江，超过9成的企业都是民营企业。截至2021年年初，浙江在册市场主体总量815.97万户，其中企业291.85万户，个体工商户518.27万户。按常住人口计，8个浙江人里就有1个是老板。2020年，浙江民营经济创造增加值42 800

亿元,占生产总值比重 66.3%,而这些民营经济创造的税收更是高达 73.9%。

反观其他经济强省,如广东和江苏,各自都存在一些短板。广东的区域差距较大,珠三角与粤东西北形同两个世界;江苏区域发展相对均衡,百强市、百强区、百强县、百强镇数量均名列前茅,但江苏也面临产业结构相对传统、民营经济不够发达、苏南苏北差距大等问题。

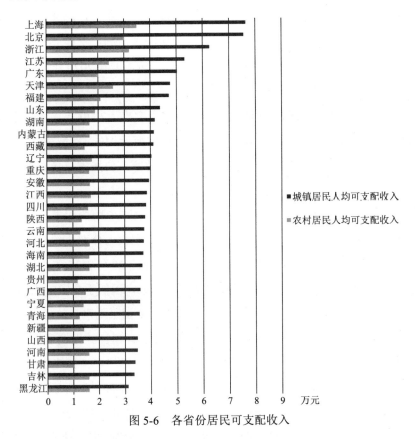

图 5-6 各省份居民可支配收入

数据来源:国家统计局

综合各种因素,以及政策在各地的实施情况,浙江得以脱颖而出。

■ 长板与短板

共同富裕示范区要探索什么？

正如官方文件多次所申明的，共同富裕不是均贫富，不是同步富裕、同等富裕，而是先富带后富、先富帮后富，最终实现共同富裕。可见，富裕是基础，经济增长和收入增长是前提，再分配则是辅助手段。

换言之，共同富裕说到底还是做大蛋糕和合理分蛋糕的问题。前者涉及的是高质量发展，夯实共同富裕的物质基础；后者则涉及收入分配和区域转移支付，让公平触手可及。

做大蛋糕靠什么？文件提出，大力提升自主创新能力，塑造产业竞争新优势，提升经济循环效率，激发各类市场主体活力。这其中，关键是培育世界级先进产业集群。

目前浙江最大的支柱产业当数数字经济，2020年核心产业增加值7020亿元，2015—2020年，年均增速高达15.2%，高出同期生产总值增速6.7个百分点，占全省生产总值比重从2015年的7.7%提升至2020年的10.9%，对全省生产总值增长贡献率达到34.9%，在国民经济中的支柱地位和战略性作用显著提升。

数字经济，是浙江的"一号工程"，也是浙江最大的优势产业。数字经济对于打造共同富裕示范区，将提供莫大的助力。

与广东、江苏相比，浙江在数字经济上拥有领先优势，但在先进制造业上还有不少薄弱之处。广东、江苏各有6个先进产业集群跻身"国家队"名单，分别涵盖信息技术、智能家电、智能装备、生物医药、新材料，以及物联网、智能电网、新材料、工程机械、软件和信息服务等领域，覆盖范围广，前沿领域多，发展空间更大。

相比而言，浙江只有杭州市数字安防集群、宁波市磁性材料集群和温州乐清电气集群3个集群入选先进制造业"国家队"名单。目前，浙江正在重点打造炼化一体化与新材料、节能与新能源汽车、现代纺织3个万亿元级产业链，智能装备、智能家居2个五千亿元级产业链，数字安防、集成电路、网络通信、智能计算和生物医药5个千亿元级产业链，整体制造业实力有待提升。

当然，省域竞争不以数字论英雄。取彼之长，补己之短，正是共赢发展的题中之义。

■ 分蛋糕的重任

做大蛋糕是第一位的，但如何分蛋糕，却涉及更为核心层次的利益调整。作为共同富裕示范区，浙江必须迎难而上，做出积极探索。

针对高收入群体，合理调节高收入是必然选择，尤其是非正当收入甚至非法收入必须纳入取缔之列。

在发达国家，财富多是遵循"二八规律分布"，即20%的人掌握80%左右的收入，全球最富的1%的人甚至掌握了45%的财富，收入两极分化是个全球性现象。我国由于发展阶段不同、制度不同，收入差距没有这么夸张，但高收入与低收入群体的悬殊仍旧是难以否认的客观现实。

从国际经验来看，调节高收入，主要依靠的是累进税、财产税、遗产税、房地产税等。这其中，累进税是关键，收入越高税负责任也就越高。尤其是个税，对于中低收入群体可以减免个税，我国不断提高个税起征点正是出于这点考虑；而高收入者，则要征收超额累进税。这样不仅有助于缩小贫富差距，而且还能刺激消费。

至于非法收入，或者说灰色收入，已经成为社会普遍关注的焦点。近年来，改革开放飞速发展，一些领域的制度建设有所滞后，因此在个别领域出现了灰色收入，一些企业家早年间通过各种游走于法律边缘地带的手段积累了"第一桶金",随着法律制度的健全,这些灰色收入乃至非法收入必然在取缔之列。

对于中等收入群体,关键词在于"扩"。浙江提出,2025年将基本形成"以中等收入群体为主体的橄榄型社会结构"。所谓"橄榄型"社会,指的是中间大、两头小的社会,即中等收入群体庞大、极富极贫群体很少的社会。要想形成橄榄型社会,需要的不仅是调节高收入和提振低收入,更重要的是扩大中等收入群体。

"扩中"并不容易,中产阶层普遍存在着教育、医疗、养老、住房等焦虑,处在社会的夹层,甚至比低收入群体更为焦虑。这就意味着"扩中"将是一项系统工程,既需要激发技能人才、科研人员、小微创业者、高素质农民等重点群体活力,也需要人力资本、人才流动、拓宽上升渠道等多层面的提升,更需要住房、医疗、教育等方面的改革。

■ 亿万富豪们的责任

在高收入群体中,亿万富豪是金字塔尖的存在。在先富带动后富,构建初次分配、再分配、三次分配制度的时代责任面前,亿万富豪自然不能置身事外。

浙江是亿万富豪较多的省份之一。2020年福布斯中国富豪榜显示,400位上榜富豪中,浙江占了58位,相比2018年增加12位。其中杭州35位,相比2018年增加12位,十大富豪里杭州占了两席;宁波10位,温州和绍兴各4位,其他地市5位。

而据2021福布斯全球亿万富豪榜,2755名亿万富豪登上榜单,北京、香港、上海、深圳、杭州跻身上榜人数最多的前十大城市,杭州共有47人入围(见图5-7)。

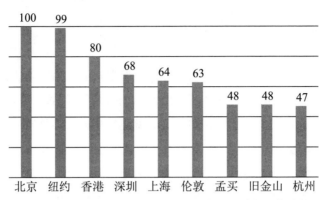

图 5-7　2021 年福布斯全球亿万富豪榜分城市上榜人数

资料来源：福布斯官网

为了解决收入两极分化的问题，鼓励引导高收入群体和企业家向上向善、关爱社会，增强社会责任意识，积极参与和兴办社会公益事业。充分发挥第三次分配作用，发展慈善事业，完善有利于慈善组织持续健康发展的体制机制，畅通社会各方面参与慈善和社会救助的渠道。探索各类新型捐赠方式，鼓励设立慈善信托。

显然，未来在中国，一个企业家最引以为傲的，或许不再是在富豪榜中的位置，而是在慈善榜的排名。对于金字塔尖的富人来说，财富榜的位置太过醒目，从来都不是好事。没有一个富豪会将"中国首富"印在自己的名片上，相反，公益慈善的头衔，在所有地方都会十分醒目。

■ 全部地市房价破万元

共同富裕，绕不开高房价问题。

坚持房子是用来住的、不是用来炒的定位，完善住房市场体系和住房保障体系，确保实现人民群众住有所居。针对新市民、低收入困难群众等重点群体，应有效增加保障性住房供给。对房价比较高、流动人口多的城市，土地供应向租赁住房建设倾斜，探索利用集体建设用地和企事业单位自有闲置土地建设租赁住房，扩大保障性租赁住房供给，加快完善长租房政策，使租购住房在享受公共服务上具有同等权利。

浙江是我国少有的全部地市房价都破万元的省份，不少三四线县城乃至镇街房价都已迈上万元大关，而省会杭州房价直追广州。

浙江房价之高，一方面与土地财政依赖不无关系。2016年至2020年，杭州卖地收入累计超过1万亿元，位居全国之冠。从卖地收入与一般预算收入之比来看，杭州土地财政依赖度连续多年超过100%，位居全国前列。

另一方面，浙江藏富于民，民间新富阶层不在少数，每8个常住人口里就有一个老板。这种财富分配格局，自然容易带动全部地市房价的上行。换言之，恰恰是因为浙江省内贫富差距较小，每个地市都有相对富裕的群体，所以各地市房价差距不大，同时迈入万元大关。

此外，浙江人口吸引力一流，外来人口源源不断流入，也带动了住房需求的提升。表5-2提供的数据显示，浙江常住人口从2010年的5442.7万人增加到2020年的6456.8万人，10年增加1014万人，增长18.63%，年均增长1.86%。其中，杭州、宁波、金华三地增量最高，分别为323.56万人、179.86万人、168.91万人，均位居全国前列。

表5-2　浙江各地市人口增长情况　　　　（单位：万人）

统计范围	2020年	2010年	10年增量
全省	6456.8	5442.7	1014.1
杭州	1193.6	870.0	323.6
宁波	940.4	760.6	179.9
温州	957.3	912.2	45.1

续表

统计范围	2020 年	2010 年	10 年增量
绍兴	527.1	491.2	35.9
嘉兴	540.1	450.2	89.9
台州	662.3	596.9	65.4
金华	705.1	536.2	168.9
湖州	336.8	289.4	47.4
衢州	227.6	212.3	15.3
丽水	250.7	211.7	39.0
舟山	115.8	112.1	3.7

数据来源：浙江省第六次、第七次人口普查公报

另外一个不容忽视的因素是，浙江民间炒房热情更甚于其他地区。早年间，温州炒房团的声名曾经响彻大江南北。但在 2011 年民间借贷危机影响下，温州房价一度腰斩，温州炒房团从此不见了身影。虽然作为炒房团的温州炒房群体不复存在，但借助房产投资跑赢通胀并实现财富增值的想法却深入人心，这也从另一方面带动了当地房价的持续上涨。

正因为高房价的存在，浙江也是楼市调控最密集的区域之一。除了杭州、宁波被住建部多次约谈之外，绍兴、湖州、衢州等普通地级市也都先后施行了多轮楼市调控措施。

作为共同富裕示范区，浙江该如何处理高房价问题？

房住不炒、住有所居、租购同权，正是关键所在，这也是我国楼市调控的大方针、大原则所在。除了通过加大租赁房建设，让所有人都住有所居之外，更重要的是租购同权。

所以，为了推动房住不炒、住有所居、租购同权，浙江必须要做出更多探索。

东西差距缩小！西部大开发 20 年,"西三角"呼之欲出

中国区域格局迎来历史性变局：东西差距正在变成南北差距。

东西差距的缩小，得益于 2000 年开始的西部大开发战略。以胡焕庸线为分界，长期以来，中国东西差距相当明显。西部地区虽然地域广阔、资源丰富，但无论是人口总量还是经济总量，占比均远远不及东部。

这种局面被"西部大开发"战略所扭转。经过 20 多年的推进，西部一些省份在全国经济产业版图中的分量不断提升，西藏、云南、贵州等省份经济增速长期霸榜，以重庆、成都、西安为代表的"西三角"正在成为带动区域发展的核心力量。

西部大开发覆盖陕西、甘肃、青海、宁夏、新疆、四川、重庆、云南、贵州、西藏、内蒙古、广西 12 个省市区，总面积达 685 万平方公里，约占全国的 71.4%，总人口约占全国的 25%，生产总值合计占全国的 20% 左右。

西部大开发，能将西部带向何方？西三角能否成为与珠三角、长三角相匹敌的存在？

■ **转移支付最多的地区**

在西部大开发、中部崛起、振兴东北三大区域战略中，西部堪

称是政策红利最多的一个。

与东北和中部相比，西部横跨第二和第三阶梯，幅员辽阔，但自然环境复杂，重山阻隔，发展基础相对薄弱，连片贫困区域最多，因此更需要直接的转移支付、税费优惠、基建投资等作为扶持。

其一，西部地区拿到了规模最大的转移支付，远远超过中部地区。自1994年"分税制"改革落地以来，中央的财权得到空前提升，从而有财力通过财政转移支付来支援落后地区建设。广东浙江等经济大省作为主要的贡献省份，连续多年支持了中西部地区财政转移支付。

2000年，中央对西部的转移支付规模为1089亿元，2008年跃升到7933亿元，2000—2015年累计达11.5万亿元，2015年以来对西部的转移力度不断扩大，仅2020年西部地区就拿到了3.5万亿元的转移支付，占比为42%，而当年西部12省区市一般预算收入合计为1.95万亿元，仅为中央财政转移支付的55%。换言之，转移支付支撑了西部地区45%左右的财政支出（见表5-3）。

表5-3 2020年中央对地方一般公共预算转移支付情况

省级行政区	转移支付（亿元）	一般预算收入（亿元）	常住人口（万人）	人均转移支付（元）
四川	5707.59	4257.98	8367.49	6821
河南	5067.31	4155.22	9936.55	5100
湖北	4784.46	2511.52	5775.26	8284
云南	4167.62	2116.69	4720.93	8828
湖南	4111.18	3008.66	6644.49	6187
河北	3940.58	3826.43	7461.02	5282
黑龙江	3874.01	1152.49	3185.01	12 163
安徽	3639.07	3215.96	6102.72	5963
新疆	3468.66	1477.21	2585.23	13 417
广西	3381.92	1716.94	5012.68	6747

续表

省级行政区	转移支付 （亿元）	一般预算收入 （亿元）	常住人口 （万人）	人均转移支付 （元）
贵州	3166.16	1786.78	3856.21	8211
山东	3030.41	6559.90	10 152.75	2985
江西	2966.88	2507.53	4518.86	6566
甘肃	2938.51	874.54	2501.98	11 745
辽宁	2913.98	2655.50	4259.14	6842
陕西	2871.30	2257.23	3952.90	7264
内蒙古	2758.67	2051.26	2404.92	11 471
吉林	2461.44	1085.00	2407.35	10 225
山西	2231.25	2296.52	3491.56	6390
重庆	2081.16	2094.84	3205.42	6493
西藏	1977.94	220.98	364.81	54 218
江苏	1808.68	9058.99	8474.80	2134
广东	1684.53	12 921.97	12 601.25	1337
福建	1476.32	3078.96	4154.01	3554
青海	1442.28	298.03	592.40	24 347
北京	1055.67	5483.89	2189.31	4822
海南	1019.69	816.05	1008.12	10 115
宁夏	970.90	419.43	720.27	13 480
浙江	873.77	7248.00	6456.76	1353
上海	829.89	7046.30	2487.09	3337
天津	613.46	1923.05	1386.60	4424

数据来源：财政部，国家统计局，第七次全国人口普查公报

以四川和重庆为例，2016—2020 年，中央财政对四川转移支付累计总额达 2.28 万亿元，连续多年位居全国首位。这一数字，相当于四川单年一般公共预算收入的 5.3 倍，年均转移支付超过了当地每年的预算收入。同期，中央财政对四川转移支付累计总额超过 8500 亿元，相当于重庆 2020 年一般预算收入的 4 倍，年均转移支付资金相当于预算收入的 8 成以上。

与中部和东部相比，更能看出西部获得政策支持的力度。作为中国经济第一大省的广东，2016—2020年，广东仅获得转移支付7100多亿元，仅相当于广东2020年一般预算收入的55%左右，年均转移支付资金仅为预算收入的1/8。相比于通过分税制上缴的金额，广东获得的转移支付几乎可以忽略不计。

其二，西部地区享受一系列税费优惠，其中最重要的一条是鼓励类产业企业减按15%的税率征收企业所得税，有效期延长到2030年。在其他地区，企业所得税法定税率在2008年前为33%，2008年之后调整为25%，比西部地区的优惠税率高出了6成以上。这里的鼓励类产业，包括汽车及零部件制造、智能化绿色化纺织服装加工、家电及消费电子产品制造、太阳能电池、医疗、跨境贸易等数十个种类。

据《人民日报》报道，2011—2018年间，累计约有25万户（次）企业享受西部大开发企业所得税优惠，累计减免企业所得税约5025亿元。仅2018年就减免1035亿元，较2011年增加640亿元，年均增长近15%。

在基础设施建设上，西部获得了国家层面的鼎力扶持。截至2020年，西部地区铁路营运里程5.9万公里，其中高铁近万公里，高铁已连接西部大部分省会城市和70%以上的大城市。其中四川一省铁路里程5312公里，高铁运营里程达到1261公里，"蜀道难"已成历史。同期西部地区高速公路总里程超过8万公里，而2000年仅为1854公里，20年增长了40多倍，其中四川高速公路运营里程突破8100公里，实现了"市市通"，贵州高速公路里程超过7600公里，曾以连片贫困带著称的乌蒙山区也实现了高速贯通，为脱贫攻坚工作提供了强大助力。

这些成绩的取得，离不开国家层面的支持。基建项目，动辄数百亿元乃至上千亿元，耗资巨大，仅靠西部省份自身的财力无法维持，为此国家通过转移支付或专项资金的方式支援西部地区的基建建设。以难度极高、投资巨大的川藏铁路为例，雅安到林芝段总投资就高达3198亿元，全部由国家出资，这条铁路的战略意义更大于经济价值。

再以2010年获批复、2017年正式开通的西成客运专线为例，项目投资估算总额693.7亿元，资本金占一半，资本金中由陕西省、四川省各自承担境内征地拆迁费用（分别为16亿元和10.59亿元），其余320.26亿元由铁道部使用铁路建设基金和自有资金安排。

可见，基于东西差距客观存在的过去，中央对西部进行转移支付、财税政策等方面的支持，是理所应当的，而这种支持正在也应该继续持续下去。但同样需要考虑的是，未来当西部一些省份经济逐渐向中部看齐时，相关转移支付是否应该有所调整，需要整个社会予以权衡考量。

■ "西三角"的未来

在西部大开发中，重庆、成都、西安的发展最受人瞩目。

三大城市经济总量和人口总量位居前列（见图5-8），既是国家中心城市，又是国际门户枢纽城市。重庆、成都引领西南地区，西安扼守西北，借助成渝双城经济圈和关中平原城市群的力量，带动整个西部发展。

成渝历来地缘相近文化相亲，借助铁路公交化运营、省际城际公交开行和铁海铁水联运，成渝"双核"之间基本实现1小时通达。而西安与重庆、成都之间，原本有重重山岳阻隔，过去西安到成渝的通行时间长达十多个小时，通达性远不及东部地区，但高铁时代的到来颠覆了这一切。

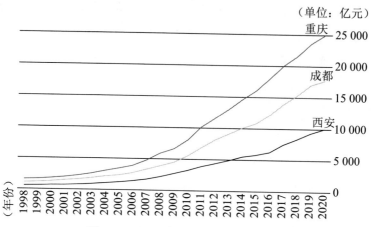

图 5-8 "西三角"历年生产总值走势

资料来源：各地统计年鉴

随着穿越秦岭的西成高铁开通，西安到成都的时间从 16 个小时缩短到 3 小时。而纳入"十四五"规划的渝西高铁一旦开通，西安与重庆之间的通行时间将会缩短 2～3 小时。届时，重庆、成都、西安将会实现"3 小时交通圈"，借助高铁通达所带来的商贸文化交流，将会助推"西三角经济圈"的形成。

长三角和珠三角都是自然形成的三角洲地区，由于靠近入海口，沿海贸易发达，形成了长三角城市群和粤港澳大湾区两大世界级城市群。以重庆、成都、西安为支点，成渝城市群、关中平原城市群为依托，重庆、四川、陕西三省市为腹地的"西三角"则是民间约定俗成的概念，这一概念随着高铁贯通之后变成了现实。

2020 年发布的《关于新时代推进西部大开发形成新格局的指导意见》，对各省市做出了明确定位："支持重庆、四川、陕西发挥综合优势，打造内陆开放高地和开发开放枢纽""鼓励重庆、成都、西安等加快建设国际门户枢纽城市""促进成渝、关中平原城市群协同发展，打造引领西部地区开放开发的核心引擎""支持川渝、川滇黔、渝黔等跨省（自治区、直辖市）毗邻地区建立健全协同开放发展机制"……

这从政策层面肯定了三省及三个中心城市作为西部引领者的关键地位，"西三角"正在成为西部大开发的重要增长极。

■ 南宁昆明的机遇

南宁、昆明，都是面向东南亚的门户城市。

随着国际经贸形势变迁，东盟已经取代美国和欧盟成为中国第一大贸易伙伴。同时，"一带一路"和区域全面经济伙伴关系协定（RCEP）的签订，让中国与东南亚之间的关系更为密切，与东南亚毗邻的广西、云南两省区自然成为最大受益者。

南宁和昆明，谁是面向东南亚的龙头城市？

这方面，两地可谓竞争不断。在各自的"十四五"规划中，南宁的定位是"建设面向东盟开放合作的区域性国际大都市、'一带一路'有机衔接的重要门户枢纽城市"，昆明的定位是"建设成为面向南亚东南亚区域性国际经济贸易中心、科技创新中心、金融服务中心和人文交流中心"。

在重要平台建设中，南宁有东盟博览会，昆明则有南亚博览会。在领事馆方面，南宁有六国总领事馆，分别是柬埔寨、越南、泰国、老挝、缅甸和马来西亚，都来自东南亚国家；而昆明在上述6个领事馆的基础上，还多了孟加拉国领事馆，基本不相上下。

在相关战略上，南宁有"西部陆海新通道"的加持，广西北部湾正式成为重庆、四川的出海口，而南宁成为内接川渝腹地、外连东盟前线的桥头堡。昆明则有泛亚铁路的长期利好，一旦中老、中缅、中泰建成贯通，昆明则将成为集航空、铁路为一体的国际综合性交通枢纽。可见，南宁有港口优势，昆明则有航空和铁路优势，两者同样不分伯仲。

从具体经贸关系来看，2020年广西外贸进出口总值4861.3亿元，其中对东盟进出口2375.7亿元，占比近半，东盟连续20多年是广西第一大贸易伙伴。同期云南省外贸进出口总额2680.4亿元，其中对东盟进出口1230.1亿元，东盟也是云南最大的贸易伙伴。虽说东盟是广西、云南的最大贸易伙伴，但两地合计对东盟外贸总额还不到全国的1/10，2020年，中国与东盟的进出口总额高达4.74万元。

所以，南宁、昆明谁是面向东盟的龙头并不重要，因为中国与东盟之间的贸易空间无比巨大，广西云南两省区的体量仅能消化1/10，未来增长空间均十分可观，两地完全可以发挥各自优势，共同做大与东盟的经贸关系，实现双赢。

■ 大西北如何破局

相比于"西三角"和云桂地区，以新疆、甘肃、宁夏、青海为代表的大西北地区，幅员辽阔，资源丰富，但也存在地广人稀、自然环境相对不佳、远离沿海和发达地区等短板，大西北如何破局，无疑关乎西部大开发的全局性突破。

一个突破点在于"一带一路"和延边地区开放。要提高昆明、南宁、乌鲁木齐、兰州、呼和浩特等省会（首府）城市面向毗邻国家的次区域合作支撑能力。新疆与多个中亚国家相邻，乌鲁木齐是"一带一路"的重要节点城市，以乌鲁木齐为中心，通过乌鲁木齐航空口岸、亚欧大陆桥、霍尔果斯陆路口岸等，带动与中亚地区全方位的贸易合作，这是新疆尤其是乌鲁木齐的机遇所在，新疆有望成为西向交通枢纽和商贸物流、文化科教、医疗服务中心。

另一个突破点在于能源。大西北是我国重要的能源基地，煤炭、石油、天然气等矿产能源丰富，煤炭储量占全国的30%，石油储量占全国的20%，天然气储量占我国的50%以上，这些传统能源的重要性毋庸讳言。但大西北并不局限于传统能源，还是我国清洁能源的重要基地，国家"十四五"规划的九大清洁能源基地，西北地区就占了4个，包括新疆清洁能源基地、黄河上游清洁能源基地、河西走廊清洁能源基地、黄河几字弯清洁能源基地，风能、太阳能、水能均相当发达，拥有"风光水储一体化"的优势。

在碳中和和碳达峰背景下，传统能源发展空间受到限制，而清洁能源则大展身手，以清洁能源为基础的光伏产业在西北遍地开花。西部省份要么海拔高、阳光充足，要么戈壁滩一望无际，适合发展光伏产业。仅青海全省太阳能可开发量就超过30亿千瓦，已建成包括多晶硅、单晶硅、晶硅电池、光伏组件、光伏玻璃等一批项目。

第三个突破点在于生态和旅游。西部地区是我国主要的生态功能区，也是生态极为脆弱的区域，大开发与大保护并重，不仅能提高西部的生态承载能力，也能借助生态进一步推动文化旅游等行业的发展。西部地区山川壮丽，大漠戈壁、黄土高原、雪山草原不胜枚举；文物古迹、丝路文化令人神往，独特的民俗风情也是难得的文化旅游资源。随着高铁、高速公路向甘肃、新疆、宁夏、青海等地的推进，西北地区旅游业蒸蒸日上。

以新疆为例，"旅游兴疆"已成为当地的重要发展战略之一。2016—2019年，全年接待游客数量从8102万人次跨越到2.13亿人次，旅游收入从1401亿元猛增到3632.62亿元。到2025年，新疆接待境内外旅客总人次将会突破4亿人次。

可见，西部大开发大有可为。在财政转移支付、所得税率优惠、大规模基建投资的助力之下，西部的经济增速还会继续走在全国前列，东西差距将会进一步缩小。

告别"中部塌陷",中部崛起谁是领头羊

促进中部崛起,与东部率先发展、西部大开发、振兴东北共同作为四大区域发展战略。

中部地区,涵盖湖北、河南、湖南、安徽、江西、山西六个省份,囊括武汉、长沙、郑州、合肥、南昌、太原六大省会。早年间,在东部率先发展与西部大开发战略夹击之下,一度出现"中部塌陷"的现象,中部地区不仅经济增速一度落后于全国平均水平,而且城镇化、工业化和市场化进程也严重滞后。为此,自2006年起,促进中部地区崛起上升为国家战略。2016年,《促进中部地区崛起"十三五"规划》发布,推动中部崛起上了新台阶。2021年,《关于新时代推动中部地区高质量发展的指导意见》,赋予新时代中部崛起以新的重任。

如今,中部已经成为全国经济增速最快、劳动力人口最为密集的区域之一,也是万亿元生产总值俱乐部的重要来源地之一,早已摆脱"中部塌陷"的局面。

从"中部塌陷"到"中部崛起",谁是中部领头羊?

■ 谁是龙头?

六大省会里,谁是龙头城市?

从行政层级来看,中部6个省会,只有武汉是副省级城市,郑州、

长沙虽然生产总值早已破万亿元、人口超千万，但至今依旧只是普通省会城市。目前，全国共有15个副省级城市，其中不乏沈阳、长春、哈尔滨等东北省会，但由于副省级城市从1994年以来再无扩容，郑州、长沙、合肥即使后来经济迎头赶上，也未能位列其列。

从城市能级来看，武汉、郑州是国家中心城市，其他省会只是区域中心城市。从2010年至今，我国确立了九大国家中心城市，中部地区唯有武汉、郑州入围。

从经济规模来看，武汉、长沙、郑州、合肥陆续迈进万亿元俱乐部，南昌、太原还在40名开外（见表5-4）。其中，武汉遥遥领先，与成都、杭州等省会同台竞技，长沙、郑州不相上下，合肥作为新晋万亿成员，发展势头迅猛。2010年至2020年，中部地区生产总值增幅均位居前列，合肥、郑州生产总值增幅分别高达271.8%、197%，遥遥领先，武汉为180%，长沙为167%，南昌161%，太原133%。

表5-4 中部6大省会主要经济指标

城市	武汉	长沙	郑州	合肥	南昌	太原
生产总值（亿元）	15 616.10	12 142.52	12 003.00	10 045.72	5745.51	4153.25
人口（万人）	1232.65	1004.79	1260.00	936.99	625.50	530.40
人均GDP（万元）	12.70	12.10	9.50	10.70	9.20	7.80
一般公共预算收入（亿元）	1230.29	1100.09	1259.00	762.90	483.86	378.44
本外币存款余额（亿元）	31 005.89	23 316.81	24 994.30	18 675.31	13 676.82	14 587.57
城镇居民人均可支配收入（元）	50 362.00	57 971.00	42 887.00	48 283.00	46 796.00	38 329.00

注：以上均为2020年数据
数据来源：各地统计局第七次人口普查公报

从人口规模来看，武汉、郑州、长沙均已破千万，湖北、河南、湖南均为人口大省，省会对全省人口的虹吸效应越来越强。合肥接近千万门槛,南昌、太原虽然经济、人口总量均位居全省首位,但由于腹地薄弱、强省会势能不足,人口规模相较其他省会还有很大差距。

从枢纽地位来看,武汉、郑州均为国际综合交通枢纽,铁路航空物流实力突出。而长沙入选国际铁路枢纽、合肥入选国际航空货运枢纽,南昌、太原在交通上缺乏枢纽优势。

从支柱产业来看,武汉以汽车、光电子、生物医药为支柱产业;郑州以电子、汽车和食品制造业见长;长沙是中国工程机械之都,娱乐文化餐饮等行业相对发达;合肥是显示产业和家电产业的高地,近年来又在新能源产业上取得突破;南昌拥有食品、汽车和电子信息三个千亿元级产业;太原以轨道交通和煤化产业为主。

简单来说,就综合实力而言,武汉最为突出,郑州、长沙其次,合肥发展势头最猛,南昌、太原有待突破。

■ 谁的腹地更广?

任何一个城市的发展,都离不开广阔的腹地作为支撑,而都市圈和城市群就是最大的腹地所在。

根据国家"十四五"规划纲要,我国共规划了19个国家级城市群,分为三个梯队:优化提升、发展壮大、培育发展。

合肥所在的长三角城市群,属于第一梯队。长三角城市群与京津冀城市群、大湾区城市群是我国仅有的三个世界级城市群。不过,合肥虽有长三角城市群作为依托,但长三角只有上海一个核心城市,其他中心城市竞争激烈,南京已将触角深入到安徽腹地,江苏、安徽两省今年更是共同表态共建南京都市圈,这对合肥构成明显挑战。

武汉、长沙、南昌所在的长江中游城市群,与京津冀、长三角、大湾区、成渝等共同位列第一梯队,属于优化提升之列。三地虽然位于同一城市群，但这一城市群更多是就地理意义而言，三地还处于各自独立发展阶段，分别以各自省份为经济腹地，离协同发展尚有距离。就都市圈而言，武汉和长株潭都市圈发展相对成熟。国家"十四五"规划纲要明确提出，加快武汉、长株潭都市圈建设，打造全国重要增长极。南昌则处于追赶之中。近年来，南昌开始将打造"强省会"和"强都市圈"作为提升城市能级的主要手段，但由于江西本身经济体量有限，南昌城市地位的提升需要时间。

郑州所在的中原城市群则属于第二梯队，属于发展壮大之列。根据规划，中原城市群以郑州为中心，辐射的不只河南一地，还包括河北、山西、安徽、山东等省市。不过，就短期而言，如果不存在上海这样的强中心城市，一般城市群的跨省域协调相当困难。退一步讲，郑州即使坚守省内，以河南的劳动力优势，也足以托起一个超大城市。

太原所在的山西中西城市群，处于第三梯队，初见雏形，处于培育发展阶段，城市群的作用暂时还难以发挥出来。

■ 谁的人口吸引力更强？

衡量一个城市的发展潜力，主要看人口吸引力和产业结构。

人口吸引力代表的是一个城市对于高学历人才和劳动力人口的吸引力，这是经济和产业优势的体现。从第七次全国人口普查数据来看，郑州、长沙人口吸引力遥遥领先，武汉、合肥次之，南昌、太原再次之。

从2010年到2020年，郑州、长沙人口分别增加397.4万、300.3万，增幅双双超过40%；武汉、合肥分别增加254.1万、191.2万，增幅超过25%；南昌、太原分别增加121.3万、110.3万，增幅均超过20%。（见图5-9）

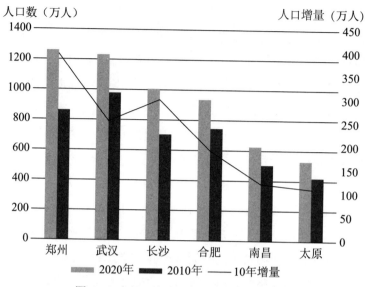

图 5-9 中部 6 个省会城市人口增长情况

资料来源：各地第七次人口普查公报

常住人口增加，背后既有自然增长人口的贡献，也有流入人口的贡献。相比于常住人口，衡量人口素质结构的重要指标是高学历人群。

同样以人口七普数据为准，在每 10 万常住人口中，大学文化程度人口最多的是武汉，为 3.38 万人，武汉高学历人口总体规模高达 417.4 万。这背后，既与武汉作为教育重镇，在校大学生人口数量众多有关，也不乏抢人大战带来的助力，武汉是最早进行抢人大战的城市，以"留住百万大学生"为目标，让更多高学历人群在武汉就业定居，取得了一定成效。

值得一提的是，太原高学历人口总量以微弱优势领先于郑州、长沙和合肥。太原没有一所双一流高校，吸纳高学历人群为主的高新产业也谈不上发达，为何高学历人口占比反而更高？

一方面,太原是山西唯一的中心城市,但山西周边没有类似北上广深这样的强中心城市,山西人口尤其是高学历和年轻人口更多往省会去。另一方面,太原过去在煤炭经济的助力下,发展一度领跑中部,城镇化率接近90%,与北上广深处于同一水准,远超其他中部城市。而武汉郑州等城市,虽然高学历人口总量居多,但还有大量农业人口,高学历人群占比由此被摊平。

■ 谁的产业结构更好?

产业决定经济发展的潜力,六个省会的支柱产业各不相同。

从三次产业结构来看,武汉、太原第三产业占比超过60%,而南昌不足50%。(见图5-10)南昌第二产业占比虽然最高,但在相关产业竞争力却不及武汉等城市,武汉的光电子、郑州的电子信息、长沙的工程机械等产业在相关领域均有一席之地。

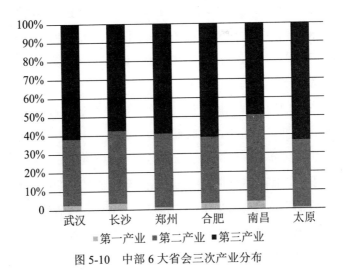

图5-10 中部6大省会三次产业分布

资料来源:各地2020年统计公报

武汉从老工业基地成功实现了转型，正在向高新科技产业发展。目前，已形成以光电子信息、汽车及零部件、生物医药及医疗器械为代表的新支柱产业。

在光电子信息方面，背靠光谷，武汉成为全球最大的光纤光缆制造基地、中小尺寸显示面板基地，是国内最大的光电器件生产基地和光通信技术研发基地，拥有国家存储器基地、网络安全人才与创新基地、新能源和智能网联汽车基地、航天产业等四大国家级产业基地。在半导体领域，武汉拥有代表了国内存储芯片最高水平的长江存储。在显示面板领域，武汉则坐拥国内三强——华星光电、天马微电子、京东方的生产基地。在光通信和激光领域，武汉则有以烽火科技、华工科技为代表的龙头企业。

在汽车方面，武汉是我国重要的汽车工业制造基地之一，作为东风汽车的大本营，武汉汽车年产量超过150万辆，形成了完整的上下游产业链。在医药领域，武汉形成了以生物技术药物、化学药品制剂和现代中药为主的产业集群，不仅拥有九州通、人福、远大、健民等行业领军企业，还有明德生物、海特生物、安翰科技等新兴企业，发展势头不弱。

长沙是中国工程机械之都，拥有"国字号"的工程机械先进产业集群，坐拥三一重工、中联重科、铁建重工、山河智能等诸多龙头企业，2020年总产值突破2500亿元，规模连续10年居全国第一，文化、餐饮、食品等产业更将长沙推向网红城市的高位。湖南卫视、芒果超媒的影响力与日俱增，文和友、茶颜悦色等餐饮品牌不断攻城略地，成为网红城市的顶流担当。借助文化、娱乐、餐饮的持续繁荣，长沙有望跻身国际消费中心城市。

郑州拥有电子信息、汽车及装备制造、现代食品、新型材料、铝加工制品和生物医药六大支柱产业，其中电子信息产业最受瞩目。

自从2010年富士康落地郑州，当地电子信息产业形成蓬勃发展之势，形成了由300多家企业组成的上下游产业链，带动高科技产业和外贸进出口的同时繁荣。除了电子信息产业之外，郑州汽车产业已经形成了千亿元级的产业集群规模，上汽乘用车基地、东风日产基地、郑州日产基地、郑州海马汽车基地、宇通客车等在此落户。

合肥有"中国最敢赌的风投城市"之称，2010年之前，合肥还以传统产业为主，但借助强大的产业远见，已形成以新型显示、集成电路、家电产业、新能源汽车为核心的支柱产业体系，不仅是中国最负盛名的家电产业之都，而且还是平板显示和集成电路产业的重镇，还借助投资蔚来跻身为新能源汽车生产基地。

值得一提的是，中科大这一知名高校的存在，还让合肥与北京、上海、粤港澳大湾区获得了共同建设国家综合性科学中心的资格。这意味着，合肥不仅在高新产业上有所斩获，在科技创新上也占有突出地位，未来有望在前沿科技领域占有一席之地。

南昌以绿色食品、现代针纺、新型材料、机电装备制造为传统支柱产业，以汽车及新能源汽车、电子信息、生物医药、航空装备为四大战略性新兴产业。不过整体产业结构仍然相对传统，新兴产业成长需要时间。

不过，南昌的航空装备产业的实力不容小觑。南昌是新中国第一架飞机的诞生地，是我国重要的航空产业研发和生产基地之一，拥有国家重点航空制造企业——洪都集团，以及洪都飞机设计所（650所）、南昌航空大学等科研院所和试验基地。

太原以能源、冶金、机械、化工产业为传统支柱产业，这些产业均与山西是传统能源大省息息相关。资源型产业曾经让太原增速领跑中部，也曾因为产业过"重"和去产能等而明显降速。在碳中和、碳达峰的时代背景下，传统产能无疑都需要升级，这是太原城市发展必须面临的阵痛。

综合来看，6个省会各有所长，武汉的光电、郑州的电子、长沙的工程机械、合肥的新型显示、南昌的航空装备、太原的能源都是各自的拳头产业。但从面向未来的战略性新兴产业的布局来看，武汉、合肥有了一定的领先优势，有望在二线城市的高新产业竞争中不断突围。

■ 不靠政策

中部地区虽然没有这么多颇具含金量的政策支持，但本身面临着一系列发展机遇。其一，产业转移机遇。中部地区多是人口大省，拥有人口红利。沿海地区正在进行产业转移，中部地区是主要承接区域之一。这其中最具代表性的当数富士康落地郑州，富士康直接带动了郑州的电子信息产业和进出口规模，对于城市发展的作用不容小觑。

其二，人口回流。过去是孔雀东南飞，如今随着产业转移和中部城市崛起，人口开始从东部向中西部地区回流。安徽常住人口已经连续多年正增长，河南湖北虽然还在净流出，但流出规模越来越小。从七普数据来看，郑州、长沙、合肥人口增幅位居全国前列，省会对本省人口的虹吸效应越来越强，未来有望作为劳动力回流的主要承接地。

其三，做大做强中心城市。中部地区多数都拥有相对强大的中心城市，这些城市正在成为区域经济的新增长极，无论在对国家重大战略的争取上，还是对重要产业的争夺上，均拥有一定优势。

所以，中部崛起大有所为，中部地区省份与沿海发达省份差距将会持续缩小。

停滞十多年！振兴东北，又到了关键时刻

中西部地区不断崛起时，东北发展却陷入了停滞。

这些年，一说起东北，给人的直观认识除了冰天雪地和直播里的东北口音之外，更多的是"投资不过山海关""人才持续流失""房价跌回白菜价""经济发展停滞"之类的感慨。

从举足轻重的重工业基地，到区域发展的短板，东北究竟经历了什么？2003年就开启了振兴东北，为何过了一二十年，东北仍旧缺乏明显起色？当东部地区率先步入现代化，西部大开发取得新突破，中部崛起更有作为之际，振兴东北的路径在哪里？

■ 东北曾经支援全国

不能否认东北曾经做出的巨大贡献。

20世纪90年代之前，东北一直都是我国重要的工业基地，有"共和国长子"的美名。作为新中国工业的摇篮，东北诞生了我国第一台自主研发的汽车、第一台车床、第一架国产喷气式战斗机、第一艘驱逐舰、第一艘核潜艇……仅辽宁一省就创造了1000多个"第一"，在重工业时代，可谓风光无限。

不仅如此，东北还以一己之力支援了全国各地的工业建设。20世纪60年代，在"三线建设"的大背景下，东北曾向中西部输入了200个事业单位、100万人和300多个援建项目，大量工业设备、

人才和资金从东北流向中西部。拿下2021年春节档票房冠军的《你好,李焕英》,背景在湖北襄阳,而演员却是清一色的东北口音,与东北援建三线建设的历史密不可分。电影里李焕英所在的胜利化工厂,其原型是东方化工厂,正是20世纪60年代由吉林援建而来的。

东北在当时的地位和贡献,不亚于如今的广东和江苏。改革开放之前,东北还是我国税收的重要来源之一,东北上缴的利税有力支援了其他地区的建设。作为重工业最发达的区域,东北的工业管理制度探索走在全国前列,为各地的工业基地输送了大量的管理人才和技术人才。

正因为地位重要,在20世纪90年代确定副省级城市时,东北三省就独占4个名额,沈阳、大连、长春、哈尔滨全部位列副省级城市之列。这一格局的形成,正是当时经济发展和城市地位的体现。后来崛起的省会城市,如郑州、长沙、合肥、福州等,至今仍旧只是普通省会,副省级城市可望而不可即。

发达的工业促进了东北城镇化的进程。1975年,全国平均城镇化率为17.37%,辽宁、吉林、黑龙江分别为36.47%、32.34%、36.48%;2010年全国为49.7%,辽宁、吉林、黑龙江分别为62.1%、53.4%、55.4%;2020年全国为63.89%,辽宁、吉林、黑龙江分别为72.14%、62.64%、65.61%,除吉林外,均高于全国平均水平。

值得一提的是,东北的大学文化程度人口占比位居全国前列。第七次人口普查数据显示,辽宁、吉林、黑龙江每10万人中拥有大学(指大专及以上)文化程度的人数分别为1.82万、1.67万、1.48万。辽宁高学历人口比重甚至超过了浙江、广东、山东等经济大省,在直辖市之外的省份位居第四名。

不难看出,借助深厚的工业底蕴、先人一步的工业化和城镇化进程,东北在过去创造了无数辉煌,虽然今天早已不复当日,但东北的贡献不容磨灭。

■ 东北落寞了

改革开放以来,东北地区经济比重呈现逐年下降之势。1978年,东北三省生产总值比重为13%,辽宁、黑龙江经济总量跻身前十。到了2000年,下滑到10%左右,前十之中只有辽宁一个东北省份;2010年前后有所复苏,维持在9%~10%;但到了2020年,东北三省生产总值比重下滑到5%,三省的生产总值不到广东的一半,全部被挤出了10名开外。

1978年,沈阳、大连、哈尔滨全部跻身城市生产总值十强阵营;1990年,大连、沈阳仍在十强之列。但从2000年开始,先是十强阵营接着是二十强阵营里,都已不见东北城市的身影。到了2020年,三十强阵营里也仅剩大连一个城市。

从10年周期来看,2010年到2020年,经济增幅最大的城市基本都位于南方,包括贵阳、合肥、成都、昆明、重庆、厦门等,增幅均超过200%;而垫底的基本都是东北城市,哈尔滨仅增长41.4%,大连36.3%,沈阳31%,说是停滞不前毫不夸张。(见图5-11)

东北城市退出了中国城市第一梯队。2020年,当全国万亿元生产总值城市扩容到20多个之后,东北地区仍然"挂零"。2010年前后处于领先地位的沈阳、大连、长春、哈尔滨分别被中西部省会城市超越。

随着老工业基地功能的衰退,东北产业在全国的影响力急速下滑。除了一些资源型工业之外,东北在互联网、数字经济、人工智能、电子信息、智能装备等高新产业中鲜有明星企业脱颖而出。2021年公布的先进制造业集群"国家队"名单里,东北无一城市入围。

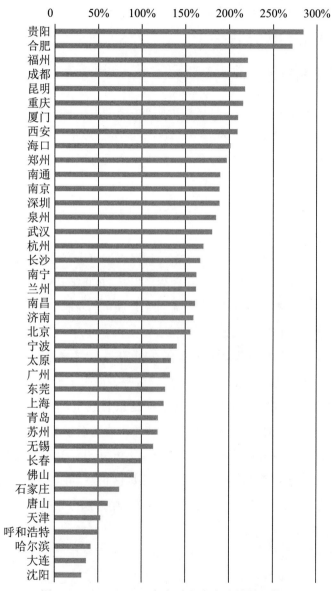

图 5-11 2010—2020 年各城市生产总值增长情况

数据来源：各地统计局

■ 东北为什么会衰落

关于东北衰落，官方、学界和民间观点纷呈。究其根本，东北衰落至少有以下几个方面的原因。

一是东北产业结构过于单一，对传统重工业尤其是资源型工业过于依赖。东北因资源而兴，但也因资源枯竭或工业产能过剩而衰落。东北煤炭、钢铁、石油、林业、粮食等资源丰富，因此形成了以能源、化工、装备制造、机械、水泥、木材、纺织等为支柱的传统工业体系。这些产业，在经济转型升级、碳中和、碳达峰等战略中首当其冲，产能过剩和利用率较低等问题的存在，更加剧了工业发展的困境。

更关键的是，资源是不可再生的，城市因资源而生也会因资源而衰落。2008年、2009年和2012年，国务院分三批确定了我国69个资源枯竭型城市（县、区），其中东北地区占了近1/3，包括七台河、阜新、盘锦、抚顺、辽源、白山、伊春、鹤岗、鸡西、双鸭山等，有煤炭城市，有石油城市，也有林业城市，衰退之后仅靠资源型工业多数城市很难再次复苏。

在沿海城市借助对外开放和加入WTO而不断崛起的过程中，东北没有顺势而上，反而在传统资源禀赋的约束之下，未能迅速进行转型，拥抱先进制造业和外贸产业，未能享受到大国经济飞速发展的盛宴。

其二，"投资不过山海关"的困境。这已经成为东北挥之不去的地域标签。这句话，本身只是一句调侃，但在很多人眼里却早已成了既定事实。2018年初，投资人毛振华控诉黑龙江亚布力管委会一事连续多天成为社会热点，后以相关负责人被处分、管委会道歉等作为结果，但东北营商环境问题却不是短期所能扭转的。

这从资本市场可见一斑。2020年全国新增A股上市公司396家，其中浙江、江苏、广东位居前三，合计占比超过4成，而东北三省合计只有6家。2000年全国实际利用外资近1万亿元，根据各地统计公报，广东实际利用外资1620.3亿元，而东北利用外资最高的辽宁仅为174.4亿元，黑龙江更是只有5.4亿美元，不到广东的零头，这背后不无营商环境的影响。

其三，民营企业不够发达。就全国而言，民营企业贡献了50%以上的税收、60%以上的生产总值、70%以上的技术创新成果、80%以上的城镇劳动就业、90%以上的企业数量，在国民经济中的地位举足轻重。在各大省市里，民营经济最为发达的省份是广东、浙江、福建，而东北由于资源型工业的特性而国企众多。在历年的中国民营企业500强名单里，辽宁、吉林、黑龙江加起来不超过15家，而浙江则高达90家左右。

其四，生育率下滑、人口持续流失的双重困境。有人才有未来，但东北却面临着生育率下滑和人口流失的双重困境。东北地区的出生率长期低于全国平均水平，且在各省市中垫底（见图5-12），当地已有多个地市自然增长率由正转负，人口负增长，已成为无法回避的问题；人口流失，流走的多数都是年轻人口，这不仅导致东北无法利用劳动力红利，反而进一步加剧了养老负担。

其五，气候因素。气候因素也是讨论最为热烈但实际上影响最小的原因。诚然，东北纬度较高，冬天寒冷，阻碍了许多人到东北就业的想法。但气候寒冷早已有之，东北为何在一百多年前能吸引无数人"闯关东"，能在几十年前成为我国最发达的工业基地之一，但为何直到20世纪90年代之后却出现衰落的迹象？这一系列疑问，说明东北经济衰退显然不是气候原因所能解释的。

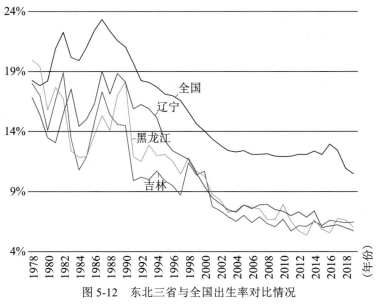

图 5-12　东北三省与全国出生率对比情况

数据来源：国家统计局

■ 东北振兴靠什么

东北振兴，开方子不难，但如何落实却成了问题。

早在 2003 年，振兴东北老工业基地就正式成为国家战略。显然，早在一开始，产业结构问题就被认为是东北振兴的最大障碍，产业转型升级也是东北振兴的关键因素。但产业升级知易行难，且不说几乎所有城市都存在路径依赖，一个地方从重工业向先进制造业和互联网、金融等产业转型，相当于破旧立新，不是短期就能完成的。

相比产业升级，东北的营商环境问题更为复杂。几乎每一次关于振兴东北的方案里，都会把营商环境放在重要位置，连去东北视察的有关领导都指出"营商环境过了关，投资就能跨过山海关"。国家"十四五"规划也明确提出"深化国有企业改革攻坚，着力优化营商环境,大力发展民营经济",药方俱全,但营商环境改革涉及法治政府建设、转变政府职能等一系列更为复杂的改革,涉及的利益更为深层,需要刮骨疗伤的勇气和魄力。

营商环境和其他事物不同,不能靠一个地方自说自话,这是企业看得见感受得到的东西。营商环境好了,企业、资金和人才自然会来。

相比于产业结构和营商环境,东北缺乏一个拥有足够领导力的中心城市也是问题所在。东北地区有4个副省级城市,包括沈阳、长春、哈尔滨3个省会以及大连1个计划单列市。除了哈尔滨之外,其他三个城市的经济总量和产业实力相差并不悬殊,在人口吸引力上也是不相上下,所以谁能成为东北的龙头城市一直都存在悬念。

在重工业时代,沈阳被视为东北的中心所在。后来大连崛起,这个被视为"北方深圳"的城市一度成为东北明星般的存在,但由于近年来经济增长停滞,大连的经济地位也不复以往。长春在合并公主岭市之后实现了经济总量和人口总量的双双跃升,与沈阳等城市有了一争之力,但长春过度依赖汽车产业,也为发展带来一定束缚。哈尔滨面临着黑龙江省经济停滞和人口收缩的尴尬,自身的经济体量、人口体量都在下滑。

所以,无论是基于东北振兴,还是出于遏制人口流失的需要,东北都需要一个国家中心城市,来带领整个区域走出困境。

事实上,面对未来,东北还有两大历史性机遇给振兴东北带来新的转机。

一个是国际政治经济环境的变化,让东北的战略地位再次凸显出来。随着经济保护主义卷土重来,全球化遭遇逆流,加上国际关系的日益不确定性,东北在国防、能源、粮食安全等方面的重要性日益凸显。国家"十四五"规划明确提出,推动东北振兴取得新突破。

从维护国家国防、粮食、生态、能源、产业安全的战略高度，加强政策统筹，实现重点突破。

单看粮食。2020年开始的新冠疫情危机，波及农业生产领域，全球粮食面临减产，一些粮食大国限制出口，抢粮囤粮事件不断发生，让粮食安全的重要性凸显出来。

作为我国重要粮食生产基地的东北，地位自然至关重要。如图5-13的数据显示，黑龙江粮食年产量超过7500万吨，连续多年位居全国首位；吉林年产量超过3000万吨，辽宁年产量超过2000万吨，均位居全国前列。东北三省合计粮食年产量超过1.36亿吨，占全国的1/5，堪称重要粮仓。

另一个是区域经济一体化，尤其是中日韩自贸区，将给东北带来全新的发展机遇。2020年底，历时8年，由中国、日本、韩国、澳大利亚、新西兰和东盟十国共15方成员参与的区域全面经济伙伴关系协定（RCEP）正式签署，世界最大自贸区诞生。与日本、韩国、朝鲜等地毗邻的东北地区，无疑将成为区域经济一体化的最大受益者。

事实上，这么多年来，东北一直不缺乏国家战略和政策的眷顾，未来也不乏各种各样的超级机遇，重要的是能否带动营商环境、产业结构的调整，从而为经济长远发展奠定基础。

东北振兴在路上，我们拭目以待。

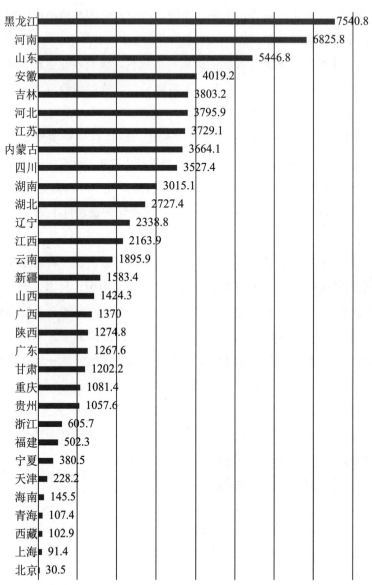

图 5-13 2020 年各省份粮食产量（单位：万吨）

数据来源：国家统计局

第六章 —— 一触即发的人口争夺战

人口大变局：孔雀东南飞，中西部回流，东北持续流失

赶超四川、山东，中国人口第一大省是怎样形成的

"零门槛落户"时代开启，大城市抢人进行时

人口"余额"不足，超大城市能不能继续扩张

二十岁的珠三角，四十岁的长三角

人口或将负增长，房地产最大的"灰犀牛"来了

人口大变局：孔雀东南飞，中西部回流，东北持续流失

十年河东，十年河西。

每隔十年，我国都会进行一次全国人口普查。人口普查，与全国经济普查、农业普查并称三大周期性调查，在摸清我国各地人口基本面的同时，为人口政策和区域经济战略提供了基础数据支持。

中国正处于飞速的城镇化进程中，区域经济格局不断洗牌，人口流动之快远超发达国家。这意味着每隔10年，人口分布都会发生翻天覆地的变化，以10年为一个周期，更能看出人口流动的大趋势。

2020年，我国进行了第七次全国人口普查。与2010年第六次人口普查相比，哪些省市人口增量最多？

■ 孔雀东南飞

人口奔向东部尤其是东南地区，是改革开放以来人口流动的大趋势。

第七次全国人口普查数据显示，东部地区人口占39.93%，中部地区占25.83%，西部地区占27.12%，东北地区占6.98%。与2010年相比，2020年东部地区人口所占比重上升2.15个百分点，中部地区下降0.79个百分点，西部地区上升0.22个百分点，东北地区下降1.20个百分点。

无论是城市数据还是省域数据都体现了这一趋势。从省域数据

来看，如图 6-1 所示，人口增长最多的 5 个省份分别是广东、浙江、江苏、山东、河南，分别增长 2170.9 万人、1014 万人、608.8 万人、573.4 万人、534 万人。其中，除了河南位于中部之外，其他四省均在东部，人口增长最多的广东、浙江、江苏都是东南省份。

在 31 个省份中，有 6 个地区人口负增长，包括黑龙江、吉林、辽宁、山西、内蒙古、甘肃，均为北方省份，且东北三省全部在列。黑龙江一省就减少了 600 万人，相当于其人口总量的 1/6。

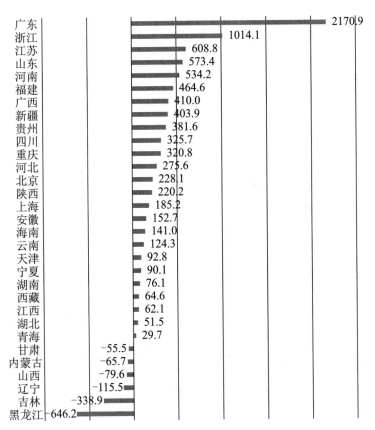

图 6-1　2010—2020 年各省人口增长情况（单位：万人）

数据来源：各地人口普查公报

从城市数据来看，在主要省会及经济强市中，深圳、广州人口增量最多，杭州、佛山、东莞、合肥、上海、厦门等东部城市位居前列。除去自然增长人口，仅看机械流入人口，东部地区的人口优势尤其明显。

如图 6-2 所示，在主要城市里，人口增长最多的 10 个城市分别是深圳、广州、成都、西安、郑州、杭州、重庆、长沙、武汉、佛山。除西安、郑州外，其他城市都位于南方，且广东一省就有深圳、广州、佛山三地入围。

"孔雀东南飞"，人口向东部地区集聚，背后是什么原因呢？

人随产业走，这是经济规律所在。东部地区沿海城市众多，经济相对发达。这些城市处于对外开放的时代潮头之上，以外贸为主的制造业相对发达，涵养了大量就业人口，珠三角、长三角吸引了来自全国各地的劳动力，由此带动人口格局在地区之间的重塑。除了产业因素之外，东部地区经济相对发达、公共设施较为完善、营商环境相对一流、法治环境更胜一筹，无疑也是吸引劳动力和高学历人才蜂拥而至的关键因素。

以第七次人口普查数据为例，在广东 1.26 亿常住人口中，流动人口高达 5206 万人，其中省际流动人口为 2962 万人，占全省人口比重为 23.5%，规模为全国之最。在浙江 6456 万常住人口中，流动人口为 2555.7 万人，其中跨省流动人口为 1618.6 万人，占全省人口比重为 1/4 左右。

过去由于户籍门槛的严格限制，人口流动受到一定程度的阻碍。如今随着户籍制度改革的持续推进，大城市放开落户正在遍地开花，零门槛落户早已不是新鲜事，人口向东部流动的趋势仍在加速，且正在大规模从流动人口变成常住人口再进一步转换为户籍人口，这些来自中西部地区的劳动力不仅在东部地区就业，而且置业定居渐成趋势,为当地提供了可贵的人力资本和人才资源。

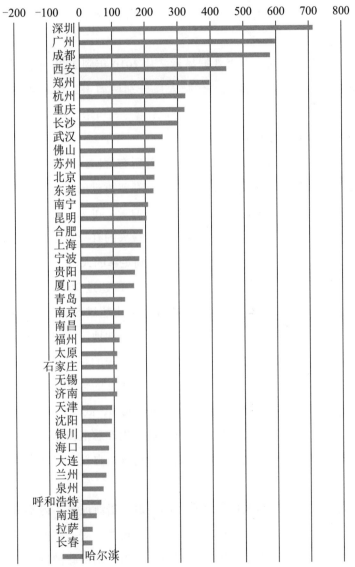

图 6-2 2010—2020 年主要城市人口增长情况(单位:万人)

数据来源:各地人口普查公报

■ 中西部回流

与"孔雀东南飞"相伴而生的是，中西部地区开始享受人口回流的红利。

第七次全国人口普查数据显示，从 2010 年到 2020 年，成都、西安、郑州、长沙、武汉、合肥人口分别增加 582 万、448.6 万、397.4 万、300.3 万、254 万、191.2 万，无论是人口增长规模还是增幅，都不亚于东部沿海城市。

当然，人口回流并非体现在中西部所有地区，只在中心城市更为突出。河南超过 7 成的人口增长都是郑州贡献的，成都、长沙、西安的人口增量甚至超过了全省整体的增量，可见省会城市在吸引外来人口回流的同时，也成了省内人口最大的虹吸目标。若无省会城市作为支撑，许多省份恐怕很难吸引到足够的人口。

中西部地区人口大省众多。河南总人口超过 9000 万，四川超过 8000 万，湖南、安徽超过 6000 万，湖北超过 5000 万。过去，由于经济相对欠发达、产业不够发达，中西部地区更多都成了东部地区的劳动力输出地，无法享受人口红利带来的利好。近年来，这一形势有所变化，随着国家重大战略向中西部的转移，加上强省会战略的推动，中西部省会步入崛起之路，成都、武汉、郑州、长沙、西安、合肥等中西部省会均已跻身万亿元生产总值俱乐部，且与东部沿海城市有了一争之力，城市能级的提升，自然会带动人口和人才的回流。

同时，随着全国人口红利整体的消退，沿海城市不得不进行产业升级，从劳动力密集型产业向高新产业转型，对人才的需求更甚于普通劳动力，而中西部地区一些省会城市，则借此契机承接来自沿海的加工制造产业，从而带动劳动力人口的回流，人口回流又进一步支撑了制造业的崛起,由此形成良性循环。

值得一提的是,抢人大战正是从中西部城市开始的。从2017年开始,武汉、西安、成都等地率先打响人才争夺战,通过降低落户门槛、发放人才补贴、推进共有产权房等方式吸引高学历人才落户,短短几年就取得巨大成绩,成都和西安的人口增量位居全国前列。

这其中,产业转移贡献巨大。成都的电子信息产业蒸蒸日上,四川大量的劳动力人口从东部地区回流;郑州借助富士康落地打造出电子信息产业集群,吸引了数十万就业人口;合肥借助新型显示、家电制造、新能源等产业的崛起,也使得部分安徽劳动力从江浙沪地区回流。当然,这背后也不无东部地区房价不断上涨导致生活成本居高不下的因素,在同样的工资水平面前,选择到沿海发达地区还是回到家乡,并不难做出选择。逃离北上广、逃离高房价城市等说法不断登上热搜榜单,就足以说明问题。家乡也有诗和远方,新的安居乐业想法越来越得到认可。

未来,随着西部大开发、中部崛起、双循环、强省会等战略的推进,中西部地区经济产业不断向上,在吸引本省更多人口回流的同时,还能对外省人口产生一定的吸引力。

■ 东北人口之困

东北经济长期停滞不前,人口规模也在同步下滑。

从2010年到2020年,东北三省整体减少1101万人,占全国人口比重仅为6.98%,较10年前下降1.20个百分点。从省域来看,辽宁、吉林、黑龙江整体呈现下降之势,分别减少115.万、338.9万和646.2万。

当然,东北并非所有城市人口都在减少。从2010年到2020年,沈阳、大连常住人口增加了 100 多万，长春增加了 30 万人左右。然而，除了三个中心城市之外，连作为省会的哈尔滨，东北其他 30 多个地市人口全部负增长，一些城市减少了上百万之多，多地收缩了 20% 以上。

东北人口为何持续减少？国家统计局有关人士对此分析称，受到自然环境、地理环境、人口生育水平和经济社会发展等多方面因素的影响。

人口向温暖地区迁移是全球大趋势，东北纬度较高，冬季漫长，东北也不例外。而当地生育率全国垫底，人口形势自然不及预期。这些因素无疑是东北人口下滑的关键原因，但除此之外，还有另外一些因素值得关注。

一是东北是生育政策最严的地区之一。东北地区国企众多，在一刀切和一票否决模式下，机关单位和国有企业生育政策执行力度最大，这成了东北地区人口生育率下滑的关键诱因之一。

二是人口外流，这比生育率走低更致命。长三角地区生育率同样不高，京津沪比东北好不到哪儿去，但只要有持续的人口流入，人口形势就不至于陷入困局。东北面临的恰恰是低生育＋人口外流的双重困境。人口流出的主力几乎都是年轻人，这又加剧了东北地区的老龄化危机。

三是东北经济一直没有起色。改革开放之初，东北 4 个中心城市全部跻身生产总值二十强之列。到了 2020 年前后，东北城市已经全部跌出二十强之外了。经济不振，产业萎靡，自然难以留住人口。人口一旦萎缩，资产价格也难以维持，东北一些收缩型城市房价跌回白菜价，就是人口萎缩的结果。

赶超四川、山东，中国人口第一大省是怎样形成的

"孔雀东南飞"，广东正在成为全国人口流入的高地。

第七次人口普查数据显示，2020年广东常住人口超过1.26亿人，相比位居第二的山东多了2400多万人，占全国人口总量从2010年的7.79%提高到8.93%，以较大优势稳居中国人口第一大省之位。

值得一提的是，这一数字已经赶超日本。在少子化和老龄化的双重夹击之下，日本总人口已经连续10多年持续减少，此消彼长之下，人口总量被广东赶超。

作为中国人口第一大省，广东拥有无数个"第一"的头衔：第一经济大省、第一工业大省、第一外贸大省、第一财政大省、第一养老金大省……这些第一，让广东以一省之力，得以与诸多世界大国相匹敌，体现出我国省域经济所能达到的高度。

广东的人口第一大省之位，是如何形成的？

■ 连超四川河南山东

在许多人的印象里，山东、河南、四川才是名副其实的传统人口大省。广东作为改革开放的重镇，给人以经济地位突出的感觉。与经济相比，人口优势似乎并没有那么突出。

事实上，广东并非最初就是人口第一大省。改革开放之初，人口第一大省是四川，当时四川总人口超过9000万人，紧随其后的

是山东、河南，均超过 7000 万人，而广东常住人口刚刚突破 5000 万人，不及江苏。1990 年第四次人口普查数据显示，四川总人口率先破 1 亿，山东、河南超过 8000 万，广东只有 6000 多万人。

直到 1997 年，四川才让出人口第一大省之位，原因是重庆直辖。当年原重庆市以及万县市、涪陵市、黔江地区被划入重庆直辖市，区域面积高达 8.2 万平方公里，人口超过 2000 万。换言之，由于重庆直辖，四川省被剥离出 2000 多万人，人口第一大省之位被取而代之。

2007 年，广东省常住人口首次超越河南、山东，跻身全国人口第一大省，这一优势一直保持到现在。2010 年全国第六次人口普查时，广东常住人口突破 1 亿人，而当时山东、河南分别为 9579 万人、9402 万人。再到 2020 年第七次人口普查时（如图 6-3 所示）广东常住人口再上台阶，突破 1.26 亿，而山东、河南分别为 1.01 亿人、9936 万人，也超过了原四川省（现四川省＋重庆市）的 1.15 亿人，领先优势进一步扩大。

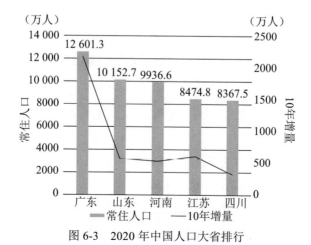

图 6-3　2020 年中国人口大省排行

数据来源：各地人口普查公报

值得注意的是，这里的人口均为常住人口。由于户籍制度的存在，户籍人口与实际人口存在一定偏差，常住人口更接近地区的真实人口数据。一般而言，人口流入省份，常住人口普遍多于户籍人口，广东就是如此；而在一些劳动力输出大省，常住人口则普遍少于户籍人口，河南正是典型代表。

■ 年增217万人，虹吸中西部

从1980年到2020年，40年间，广东常住人口增加了7000万左右，相当于增加了一个福建或陕西省的人口总量。

根据历年人口普查数据，广东人口一直保持高速增长态势。1990年相比1982年增加353万人，而1990年到2020年，广东每10年人口增量分别为2359万、1788万、2171万。综合来看，从1982年到2020年，广东累计新增人口高达6671万人，平均每年增加175.5万人。2010年到2020年，广东新增人口2170.9万人，年增217.09万人。

每年增加217多万人，这是什么概念？2020年，我国还有数十个地市常住人口不足200万人。一年增加一个普通地级市的人口量，可见广东人口吸引力之强劲。

这些人口，一部分来源于本省的自然增长人口，另一部分来自外来流入的机械增长人口。

根据第七次人口普查公报，2020年广东全省常住人口中，外省流入人口（半年以上）达2962.21万人，比2010年增加812.34万人，年均增长3.26%，外省流入人口占常住人口比重也从2010年的20.61%上升到23.51%。

这些跨省流动人口，主要来自广西、湖南、湖北、江西、河南等"泛珠三角"省份。这些省份，除河南外，基本与广东毗邻，高铁通达时间一般在 2～4 小时，加上本省缺乏强省会或主导产业优势不高，因此大量劳动力人口奔向广东寻找就业机会，不少高学历人士在此就业定居，助力广东迈向超级人口大省。河南劳动力人口众多，而本省制造业不够发达，大量年轻劳动力选择到珠三角、长三角就业，广东仍旧是河南的人口第一外流地（见表6-1）。

表6-1 广东是河南人口外流第一目的地 （单位：万人）

地 区	2020 年	2010 年	增 减
广东	277.36	257.44	19.92
浙江	246.59	131.9	114.69
江苏	219.72	86.24	133.48
上海	134.30	70.00	64.30
北京	127.19	126.03	1.16

资料来源：河南省统计局

这从"985"大学毕业生的流向也可见一斑。以地处武汉的华中科技大学为例，从近几年就业数据来看，华中科技大学毕业生的第一就业目的地不是湖北，而是广东，比例接近3成，主要吸纳企业为华为、腾讯、南方电网、美的、万科等。

可以说，整个泛珠三角地区都可视为广东的经济和人口腹地。只要广东的经济实力和产业优势稳步向上，这一虹吸效应就会长期存在，"东西南北中，发财到广东"的说法还能继续存在。

■ 广东吸引力为何这么强

广东人口增长势头之强劲，首要原因在于经济的强势崛起。

1978年，广东生产总值仅位居全国第五位，不及上海、江苏、辽宁和山东。从1980年代，广东开始追赶之路，一路向上攀升，自1989年超越山东、江苏首次登顶之后，连续30多年位居中国经济榜首之位。2020年，广东生产总值突破11万亿元，远超江苏和山东,且与俄罗斯、韩国等国家经济规模相当(见图6-4)。一省可敌一国,并非虚言。

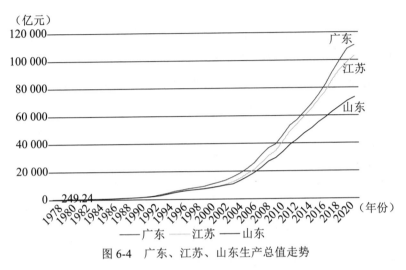

图6-4 广东、江苏、山东生产总值走势

数据来源:各地统计年鉴

广东经济崛起,是其改革开放先行者的身份,以及沿海贸易兴起、制造业"雁阵效应"共同助力的结果。20世纪80年代初,借助毗邻香港、澳门的优势,广东顺势成为外资进入内地的桥头堡。港澳"前店后厂"的合作模式,使得珠三角制造业蒸蒸日上,一跃成为首屈一指的"世界工厂",为人口流入提供强大支撑。

在20世纪80年代初,珠三角走的是劳动密集型产业之路,电子、玩具、纺织、服装等代工厂遍布各地,涵养了大量就业人口。到了21世纪初,传统制造业开始面临转型升级的压力,加上2008年全球金融危机带来的冲击,珠三角的"世界工厂"亟待转型。为此,广东率先走上"腾笼换鸟"之路,传统加工贸易行业向粤东西北或其他省份转移,同时加快建立以高新产业为主的高新产业体系。经过十多年的努力,广东形成了以电子信息、先进装备、汽车制造、新能源、新材料为主的高新产业体系，拥有深圳新一代信息通信、深圳先进电池材料、广深佛莞智能装备、深广高端医疗器械、广佛惠超高清视频和智能家电、东莞智能移动等国家级先进产业集群。

如果说中国是全世界工业门类最为齐全的国家，那么广东就是制造业门类最多、产业链最完整、配套设施最完善的省份之一。这些制造业，尤其是高新产业，不仅吸引了来自全国各地的劳动力，还吸引了来自国内外的高端人才。

除此之外，广东坐拥两大一线城市，从而成为人口增量的主要来源。过去10年，广州、深圳平均每年新增人口高达59.7万、71.3万，实际管理人口均接近2000万。这两个超级巨无霸城市的存在，抬升了广东在全国区域版图的分量，成了广东人口持续流入的重要入口。既有强劲的经济产业底气，又有不错的人口生育基本面，老龄化又不至于形成拖累，外来年轻人口不断涌入，这正是未来10年乃至20年广东经济的强劲支撑。

虽然广东人口已经超过1.2亿，但在人口向大城市不断集聚的趋势引领之下，坐拥广州、深圳、佛山、东莞等城市的广东，人口仍有巨大的增长空间。

"零门槛落户"时代开启，大城市抢人进行时

铁板一块的户籍制度，终于松动了。

近年来，"放开大城市落户限制"连续多年作为新型城镇化年度重点任务亮相，中央进一步发文提出"放开放宽除个别超大城市外的城市落户限制，试行以经常居住地登记户口制度"。

这意味着，除了以北上广深为代表的个别超大城市之外，包括普通二线省会、三四线城市在内的绝大多数城市，都将放开落户限制，部分普通大城市和中小城市则将全面取消落户限制，"零门槛落户"呈现遍地开花之势。

这一次全面放开落户限制，与以往有着明显不同。不再只是面向所谓的高学历群体，也不再只是僧多粥少的有条件落户，更非过去在一些省份盛行的房产落户，而是全面放宽乃至取消所有落户限制门槛。

70多年来，大城市的落户门槛从来没有像今天这般宽松，户籍政策从未像现在这样宽松，一场席卷几乎所有城市的抢人大战就此打响。从放开大学生落户，到取消普通人落户限制，再到"送房送钱送人口"，高学历人才和劳动力人口，从来没有像今天这般抢手。

这场"抢人大战"，正在深度重塑区域竞争格局。

■ 户籍制度改革史

放开大城市落户限制，是数十年来户籍制度不断改革的结果。

我国目前的户籍制度，开始于 20 世纪 50 年代。1958 年，全国人大颁布了首部户籍管理法规《中华人民共和国户口登记条例》，第一次明确将城乡居民区分为"农业户口"和"非农业户口"，奠定了现行户籍制度的基本格局。这一阶段的户籍管理，基本上是以严格控制为主，不鼓励人口大范围流动，同时限制人口从农村迁往城市，这与当时的计划经济和工业化初期阶段城乡二元结构息息相关。

改革开放之后，户籍管理制度逐步松动。随着沿海城市率先开放，"孔雀东南飞"成为潮流，大量劳动力开始到东南沿海的大城市寻找就业机会，人口流动的常态化，带动了户籍制度的变迁。

从一开始允许"农民可以自理口粮进集镇落户"，到 20 世纪 90 年代"农村人口可以在小城镇办理城镇常住户口"，再到 2000 年前后"对办理小城镇常住户口的人员不再实行计划指标管理"，小城镇户口率先走上放开之路，但大城市户籍门槛依旧森严。

直到 2010 年之后，户籍制度改革开始加快节奏，开启从"全面放开建制镇和小城市落户限制"到"放开大城市落户限制"的时代跨越。2013 年，《中共中央关于全面深化改革若干重大问题的决定》横空出世，明确提出创新人口管理，加快户籍制度改革，全面放开建制镇和小城市落户限制，有序放开中等城市落户限制，合理确定大城市落户条件，严格控制特大城市人口规模。随后，2014 年，《国务院关于进一步推进户籍制度改革的意见》发布，建立城乡统一的户口登记制度，取消农业户口与非农业户口性质区分，全面开启放开中小城市落户限制的新征程，拉开户籍制度改革的序幕。

城乡二元户口就此不复存在，户籍制度改革步入加速阶段。2015年，居住证制度亮相，这是对1985年诞生的暂住证制度的替代，户籍制度改革有了新的依托。2016年，国务院办公厅印发《推动1亿非户籍人口在城市落户方案》，提出调整完善超大城市和特大城市落户政策，城区常住人口300万以下的城市不得采取积分落户方式，由此开启了大城市的户籍改革之路。

2019年，国家发改委在新型城镇化年度重点任务中明确提出，继续加大户籍制度改革力度，城区常住人口100万～300万的Ⅱ型大城市要全面取消落户限制，城区常住人口300万～500万的Ⅰ型大城市要全面放开放宽落户条件，大城市落户门槛开始松绑。2020年，中共中央、国务院发布《关于构建更加完善的要素市场化配置体制机制的意见》，确立了这轮户籍改革的主方向，并进一步提出，放开放宽除个别超大城市外的城市落户限制，试行以经常居住地登记户口制度。

2021年公布的《建设高标准市场体系行动方案》，进一步提出推动户籍准入年限同城化累计互认，除超大、特大城市外，在具备条件的都市圈或城市群探索实行户籍准入年限同城化累计互认，试行以经常居住地登记户口制度，有序引导人口落户。

可以说，从中小城市到大城市再到超大特大城市，在制度层面都有了松绑空间。除了个别超大城市之外，大中小城市的户口开始面向所有人开放，绝大多数城市不再设置任何限制，"零门槛落户"时代就此开启。

■ "零门槛落户"时代开启

零门槛落户，标志着户籍准入门槛的消隐，隐藏在户籍背后的公共福利体系随之而不断瓦解。

目前，包括广东、山东、广西、江西在内的一些省份，已经出台文件要求放开落户限制。这一轮全面放开落户限制，覆盖了 80% 以上的城市，但北上广深四大一线城市，以及武汉、成都、杭州、南京等主要二线城市排除在外。

国家"十四五"规划纲要对此有明确区分：放开放宽除个别超大城市外的落户限制，试行以经常居住地登记户口制度。全面取消城区常住人口 300 万以下的城市落户限制，全面放宽城区常住人口 300 万至 500 万的Ⅰ型大城市落户条件，完善城区常住人口 500 万以上的超大特大城市积分落户政策，鼓励取消年度落户名额限制。

根据城市规模划分标准（如表 6-2 所示），城区人口超过 1000 万的为超大城市，500 万～1000 万的为特大城市，300 万～500 万的为Ⅰ型大城市，100 万～300 万之间的为Ⅱ型大城市，其他为中小城市。可以说，除了个别超大城市之外，其他城市均不乏零门槛落户的空间。

表 6-2　中国城市规模评级

城市层级	城区人口规模	代表城市
超大城市	超过 1000 万	北京、上海、广州、深圳、重庆、成都、天津
特大城市	500 万～1000 万	武汉、东莞、南京、杭州、郑州、西安、沈阳、济南、青岛、长沙、佛山、昆明、哈尔滨、大连等
Ⅰ型大城市	300 万～500 万	太原、南宁、乌鲁木齐、石家庄、厦门、宁波、福州等
Ⅱ型大城市	100 万～300 万	珠海、惠州、兰州、洛阳、呼和浩特、唐山、银川等
中小城市	100 万以下	平顶山、邢台、铁岭、广元、铜仁等

注：城市规模以城区人口作为评判标准，城区为"在市辖区和不设区的市、区、市政府驻地的实际建设连接到的居民委员会所辖区域和其他区域"

资料来源：国家统计局《第七次全国人口普查超大、特大城市人口基本情况》

所谓零门槛，指的是不再设置一些与落户无关的限制，诸如学历、房产、社保、居住年限等，而是仅以合法稳定居所、合法稳定工作作为简单前提。不管在大城市有没有房，不管属不属于高学历人群，无论有没有缴纳足够年限的社保，都有机会获得落户资格。

落户不再是问题，但如果没有房产，户籍该落到哪里？

过去，人才市场设立的集体户口，成为外地大学生落户的首选，但生育考核上的种种限制，为集体户带来了"结婚难、生育难"等问题。为此，2015 年，广州率先在全市各街道建立了政府公共集体户口进行兜底，解决了无房落户群体的后顾之忧，这一模式迅速为全国其他城市所复制。随后，单位集体户、人才公寓集体户等层出不穷，落户在何处已经不成问题。

租房可落户，可以视为落实"租购同权"的关键一环，进一步消除了房产与户口之间的深度捆绑，一定程度上去除了房产背后附着的隐性福利属性。毕竟，国人之所以追逐买房，除了"只涨不跌"的预期之外，房子捆绑的户籍、教育等福利也是主要原因。

■ 超大城市的"退路"

超大城市，被排除在这一轮户籍改革之外？

并非如此。虽说超大城市被归为"例外"之列，但并不意味着失去了放开落户限制的空间。放开学历落户几乎成了除京沪之外所有城市的标配，连广州、深圳这样的超大城市也向大学生敞开了落户之门，一些二线城市甚至放宽到中专门槛。即便是以户籍门槛森严著称的上海，也向清华北大以及交大、复旦、同济和华东师大等 4 所本地高校的应届毕业生敞开了直接落户的大门；而北京也在一些重点行业面向清华、北大、复旦、上海交大、中科大、南京大学、浙江大学 7 所世界前 200 名高校的毕业生有所松绑。

在学历落户松绑之外,以上海、广州、南京为代表的超大特大城市,开始了"放开郊区落户限制"的试点,上海针对5个新城(嘉定、青浦、松江、奉贤、南汇)制定差异化的人口导入和人才引进政策,广州则在白云、黄埔、花都、番禺、南沙、从化和增城等外围7区试行"差异化落户"政策,南京更是一步到位,放开了浦口、六合、溧水、高淳等远郊区的落户限制。

同时,随着都市圈和城市群战略的推进,都市圈户籍准入年限互认也在成为潮流,有城市甚至提出了跨省、跨都市圈户籍准入互认的想法,迈出了"跨省抢人"的新步伐。南京提出,探索与长三角城市群中具备条件的省外城市实施户籍准入年限同城化累计互认。广州更进一步,推动长三角、珠三角等城市户籍准入年限在广州累计认可。

可见,从中小城市到大城市再到超大特大城市,都在以放开落户门槛作为方向。从放开大学生等高学历群体落户,到放开技能人群落户限制,再到放开普通劳动力人口落户限制,抢人大战的出现,为户籍改革带来了加速之力。

■ 为何大范围放开落户?

关于落户问题,可以置于新型城镇化的大背景下进行理解。

经过40多年的快速城镇化,我国城镇化率已经突破60%,从1978年的17.92%增长到2020年的63.8%,最快到2030年左右可以达到70%。大量农民进城、无数年轻人从中小城镇奔向大城市,但人户分离的现象有增无减,常住人口城镇化率与户籍人口城镇化率的差距不断扩大,不仅新生代农民工无法融入城市,而且由此衍生出的春运拥挤、留守儿童、教育资源不平衡等问题也有增无减。

第七次全国人口普查数据显示,全国流动人口为3.75亿人,相比 2010 年增加 1.54 亿。人口大流动，可谓现阶段我国的基本国情，在城镇化趋于成熟之前将会长期存在。因此，建立以居住地为准的户籍登记制度，构建与人口流动相匹配的公共服务体系，不仅关系着新一轮城镇化的进展，还关乎社会公平、要素分配、城市治理、美好生活等社会价值目标的实现。

如果说城镇化关乎全局，那么地方政府放开落户的动力从何而来？

这要从人口形势和产业转型升级的格局说起。随着人口少子化与老龄化的同步到来，劳动力人口不断缩减，人口红利不复存在，整个社会一改"人口负担论"的传统思维窠臼，将人口视为经济增长、提振内需和支撑资产价值的重要因素之一，各地纷纷借助人口流动来对冲劳动力红利下降的不利影响，不可避免会爆发声势浩大的抢人大战。

这场抢人大战，既抢高学历人群，也抢普通劳动力人口。前者关乎产业转型升级的未来，各大城市普遍将新一代信息技术、人工智能、智能装备、新能源、生物医药、新材料作为战略性主导产业，而这些产业无疑都需要高端人才作为支撑。这正是一二线城市不约而同放开学历落户的大背景所在。后者关乎整个城市发展的基本盘，一些承接了劳动力密集产业的中西部省份，普遍需要引导劳动力回流，通过松绑落户吸引更多劳动力就有了现实迫切性。更关键的是，房地产"短期看金融，中期看土地，长期看人口"的论断成为共识，人口数量和增长态势决定了许多地方房价的未来，无论是为了短期的"托楼市"还是为了资产价格长期的稳定，抢人的重要性无论如何强调都不为过。

在这种背景下，谁能拥有更多高素质人才，谁能吸引更多年轻劳动力，谁就拥有更加美好的未来。这正是抢人大战爆发的背景所在，更是零门槛落户正在遍地开花的原因所在。在全面放开落户限制的大背景下，抢人大战将会获得政策的加持，无论是争抢高学历人才还是争抢年轻劳动力，都不再有什么阻碍。

■ 失去含金量的户口

中小城市和普通大城市的户籍正在失去含金量，这是零门槛落户的必然结果。

在城乡二元模式主导的年代，只要是城市户口，无论是大城市还是中小城镇，相比农村户口都有着十足的吸引力，民间曾经以吃"国家粮"或"商品粮"来形象地概括城市户口的特殊福利属性。事实上，即便当所有人都能吃上"商品粮"之后，城市户口背后附着的教育、医疗、住房等公共福利，仍与农业户口有着天壤之别，这也是许多大城市迟迟不愿松绑落户的关键原因所在。

然而，随着全国性人口大流动成为常态，一些公共福利不再与户口相捆绑，只要作为城市常住人口，通过居住证也能获得基本上同等的公共权益，这就使得城市户口不再拥有过去的荣光。相反，在城镇化的时代浪潮里，一些郊区被纳入城市范围，农民依靠拆迁洗脚上楼，获得了进入城市的巨大资本，而一二线城市近郊区更是出现了无数拆迁暴富的典型。即便是远离城市的农村地带，由于土地承包权和宅基地使用权的存在，许多人也未必愿意放弃这些权益作为获得城市户口的条件。

城市户口的含金量正在下降，随着公共服务均等化的实现，户口的光环还会继续减弱。当然，这只是问题的一方面，不是每个城市的户口都有同等的含金量，城市户口整体吸引力的下滑，并不影响一线和强二线城市户口本身的价值。

户口这种东西，总是在稀缺的时候才显得珍贵，当所有城市都大开其门之时，则会迅速失去吸引力。户口之所以重要，表面原因是捆绑了教育等福利，深层原因是城市具有吸引力。换言之，只有城市有吸引力，户口才会值钱。如果城市失去吸引力，那么户口的福利价值也就大打折扣。

这种格局之下，一线及强二线城市的户籍吸引力有增无减。尤其在限购成为楼市调控标配的年代，有没有户口，决定了有没有直通售楼处的资格。而在北上广深等超大特大城市，虽然租购同权的呼声不绝于耳，但有无本地户口，决定了能否获得学位的优先顺序，"人户一致"，即户口与房产都在同一地的，则享有绝对的优先权，有户口无房的次之，而没有当地的户口，则只能通过积分入户或者享受最后的统筹学位，而一旦纳入统筹范围，学位自然不是一流的。

至于北京上海，在严格控制城市人口规模的政策要求之下，除了面向高学历人才有所松绑之外，未来几年恐怕也不会轻易敞开落户大门，这就更凸显了两地户口的含金量。一般而言，在上海，居住证需满7年才有落户的可能，而北京想要落户则要有"进京指标"作为前提，一些重点行业有望针对清华北大等重点高校放开"计划单列"指标，但整个户籍门槛仍旧高不可攀。前些年，北京曾破获一起倒卖进京落户指标的案件，涉事团伙为40多名外省市毕业生违规办理了落户文件与手续，涉案金额达600余万元，平均一个户口数十万元，北京上海户口含金量，由此可见一斑。

所以，零门槛落户时代，户籍含金量发生了翻天覆地的变化。京沪吸引力依旧最强，广深及强二线城市次之，三四线城市几乎失去吸引力。这些城市即便全部零门槛落户，甚至发放补贴，也未必能抢到多少人了。

人口"余额"不足,超大城市能不能继续扩张

一个城市最多能容纳多少人?

从国际城市来看,东京总人口 1400 万,而东京都总人口超过 3600 万,后者占日本全国的三分之一;首尔人口为 1000 万左右,而首都都市圈总人口则超过 2600 万,占韩国的一半以上。

相比而言,以城市而论,我国人口最多的 6 个城市分别是北京、上海、重庆、广州、深圳、成都,其中京沪成渝人口都突破了 2000 万,广州、深圳则超过 1500 万,无论是规模还是增量,都远超许多亚洲其他城市。

人口向大城市、都市圈和城市群集聚是经济规律所在,中国的超大城市还有没有增长空间?

■ 千万人口城市

2020 年第七次全国人口普查数据显示,全国共有 18 个城市常住人口过千万:上海、北京、重庆、成都、广州、深圳、天津、西安、苏州、郑州、武汉、杭州、临沂、石家庄、东莞、青岛、长沙、哈尔滨。

从七普数据来看,中国人口最多的 6 个城市,分别是上海、北京、重庆、成都、广州和深圳(见图 6-5)。

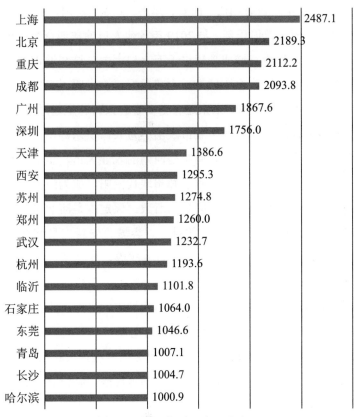

图 6-5 2020 年千万人口大市

注：重庆为主城都市区人口

数据来源：各地人口普查公报

重庆是相对特殊的存在。重庆本身就是直辖市，下辖 38 个区县，面积超过 8 万平方公里，相当于深圳的 40 倍左右，而深圳只有 10 个区。重庆从城市面积、辖区规模和城镇化率上看，更像一个中等省份，因此以覆盖 21 个区的重庆主城都市区作为同等城市对比更为合适。2020 年，重庆全市人口超过 3000 万，主城都市区（21 个区）常住人口规模 2112.2 万，仍旧位居第一梯队。

与 2010 年六普时相比，西安、郑州、武汉、杭州、东莞、青岛、长沙晋级千万人口俱乐部。与 2019 年各地人口抽样调查数据相比，东莞、青岛、长沙三城成功迈过千万人口大关，这些城市要么是省会城市，要么是经济中心城市。七普数据再次说明，人口向中心城市集聚的趋势有增无减，未来还有更多省会人口总量迈过千万大关。

值得一提的是，有两个城市跌出千万人口俱乐部，一个是河南南阳，另一个是河北保定。南阳是河南的农业大市，虽然户籍人口众多，但大量劳动力外流，省会郑州取代南阳，成为河南人口第一大城。保定则是因为雄安新区划出所致。保定本是河北第一大人口城市，但 2017 年，原属保定的雄县、容城、安新三县获批设立雄安新区，如果加上雄安新区 120.5 万人在内，保定常住人口仍然突破千万。

在千万人口城市里，有一个三四线城市的身影：山东临沂，人口总量超过了省会济南和计划单列市青岛。

虽然临沂常住人口破千万，但仍然无法晋级特大超大城市之列，而济南、青岛都已是特大城市。原因不难理解，临沂县域和农村人口过多，城镇化率较低，城区人口规模不足，城市层级远不如济南青岛。所以严格来说，不是临沂的城市人口破千万，而是临沂辖区人口破千万，就城区而言，临沂与省会济南还有相当大的距离。

在主要二线城市里，佛山、宁波、合肥、南京、济南、长春、沈阳人均已接近千万大关，未来 5～10 年不乏晋级千万人口俱乐部的可能。

■ 人口天花板

2500 万是不是中国城市人口的天花板？

从各地发布的 2035 年总体规划来看，北京的天花板是 2300 万人，上海的人口天花板是2500万人，广州的人口天花板是2000万人，深圳的人口天花板是1900万人，成都的人口天花板是2400万（见图6-6）。

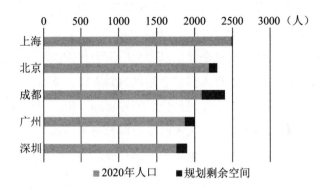

图6-6 主要城市人口规划"天花板"

数据来源：各地人口普查公报、2035总体规划

从2020年普查数据来看，除成都外，北京、上海、广州、深圳剩下的人口增长空间都不足200万人，而这些城市无一不是人口吸引力一流，在外来人口持续涌入的大趋势前，想要按照规划控制人口增速，恐怕存在很大困难。

一个关键的问题是，大城市人口的确不能无限多，但多少是超出了合理水平？还能不能开拓新的承载空间？

大城市人口不可能无限多，无论是资源、生态、环境，还是教育、医疗、交通，都对人口形成了硬约束，而疫情时期大城市"兴师动众"的防范模式，也说明了人口过度聚集的弊端所在。但另一方面，人口集聚形成的规模效应，也会显著降低公共基础设施建设的成本。只有拥有一定人口规模的城市才有资格建设地铁，只有城区人口超过300万的城市才能新建250米以上超高层建筑，这正是出于规模效应和防范债务危机的考虑。

此外，正如上海交通大学教授陆铭所说的，承载力是在不断变化的。西电东送、西气东输改变了大城市的能源供给格局，南水北调也大幅增加了北京的水资源承载力。而光伏、风电、核电的飞速发展，海水淡化技术的日益成熟，都在显著改变传统的资源承载力，为人口增长提供了空间。

事实上，从过往规划来看，以北上广深为代表的超大城市，每一次重要节点的实际普查人口都会超过规划人口。这背后究竟是规划过于保守，还是大城市发展过快，暂时存而不论，至少说明通过规划或行政手段控制人口，大多时候可能都是事倍功半。毕竟，在城镇化的潮流面前，在人口集聚的大趋势面前，在大城市强大的虹吸效应面前，限制手段不仅难以发挥作用，反而还成了城市是否有吸引力的标志。

所以，人口天花板是个动态指标，并不能一概而论。尤其是在都市圈时代，人口在都市圈不同城市之间分布，传统的城市人口承载力思维未必还能适应这一新形势。深圳或许很快触及人口天花板，但市场规律的存在，会让许多人转而到东莞、惠州落户定居，从而促进人口在城市群内部的均衡分配，整个都市圈的人口承载不仅没有饱和，反而还有所提升。

同时，许多超大城市开始重点在郊区打造多中心的发展模式，以分流中心城区人口，从而实现人口在城市内部的均衡布局。上海在"十四五"时期重点发展嘉定、青浦、松江、奉贤、南汇 5 个郊区新城。根据规划，到 2035 年，五个新城将各自集聚 100 万左右的常住人口，新城所在区的生产总值达到 1.1 万亿元，基本建设成为长三角地区具有辐射带动作用的综合性节点城市。

2020 年，上海 5 大新城常住人口只有 220 多万。这意味着到 2035 年，至少还有 280 万左右的增长空间。可见，即便是以控制人口著称的上海,也未必没有增长空间。

■ 京沪在"赶人"?

在大中小城市普遍零门槛落户之际,京沪是少有的明确以控制人口为主基调的城市。

主动控制人口,导致北京、上海的实际人口增量与城市吸引力不相匹配。从人口普查数据为例,2010年到2020年,深圳、广州分别增加713.6万、597.6万人,增幅分别高达68.5%、47.1%,而北京、上海仅增加228.1万、185.2万,增幅仅为11.6%、8%,"十三五"时期,北京、上海均出现过年度常住人口负增长的情形。

北京、上海失去了吸引力?显然不是,这一局面,是两地以严格的落户限制、清退高耗能产业、整治群租房地下室、分流非必要产业等方式进行人口管控的结果。2017年到2020年,北京累计分流退出不符合首都功能定位的一般制造业企业1819家,治理散乱污企业7179家,分流提升商品交易市场和物流中心632个。这些一般制造业企业、交易市场、物流中心,恰恰是就业人口最为密集的区域,分流这些非首都功能,自然也会带动人口外流。

事实上,由于落户门槛过高、房价高企等问题,北京、上海的人口结构,相较广州、深圳等一线城市,已经呈现出典型的少子化+老龄化的特征,户籍人口形势比常住人口形势更为严峻。

根据国家统计局数据,北京、上海出生率已经降到了7‰以下,远低于全国平均水平,更低于广东。而京沪的老龄化率在全国排名居前,2020年,上海老龄化率(65岁及以上人口占比)16.28%,北京13.3%,而全国平均水平为13.21%,广东只有8.58%。

■ 深圳为何重新收紧了

与京沪相比,深圳则经历了从全面松绑到局部收紧的过程。

作为落户门槛最宽松、人口吸引力最强的一线城市,深圳在2021年突然收紧了落户。深圳出台新规,将核准类学历型人才的底线要求调整为全日制本科,技术型人才底线要求调整为"中级职称+全日制大专",本科入户年限从40岁调整为35岁,硕士从45岁调整到40岁,夫妻投靠由满2年调为满5年,老人随迁,子女入户时间由8年调为15年,稳定居住、就业基本年限要求由5年调整为10年,落户门槛全面收紧。

过去,深圳是落户门槛最松的一线城市。京沪大门紧闭,广州只放开到大学本科生落户,而深圳早在2016年就放开了大专学历落户,而且学历落户不设指标数量上限,有来必落,上不封顶。更具"杀伤力"的一点是,凡是高学历人才,落户深圳不仅能获得一笔数万元的人才补贴,而且还能获得直通售楼处的房票资格。虽然很多人最终不免变成了"东莞人""惠州人",但深圳的吸引力仍旧独一无二。一些人到深圳来,是为了找寻未来;还有一些人到深圳落户,则是为了获得房票。

在最松落户新政刺激之下,深圳户籍人口5年增长了近60%。据官方提供的数据,2020年年末,全市在册户籍人口达到587.4万,较2015年增长217.8万。这些新落户群体里,不乏借落户获得房票的买房群体,自然让深圳原本就供求失衡的楼市更是供不应求。为此,2020年深圳出台新政,落户满3年且连缴36个月个税或社保方可买商品住房。

关于收紧落户,深圳市发改委此前在答复人大代表关于放宽落户的建议时表示,深圳入户政策几乎最为宽松,若实施敞口式政策,户籍人口增长或将面临失控局面，最终造成人口剧增，公共服务供需矛盾更加尖锐，同时进一步加剧环境污染、交通拥堵等问题，导致与实现民生幸福城市背道而驰的后果，因此不宜再放宽。

更关键的一点是，深圳人口即将触及天花板，所剩空间无几。深圳在2035城市总体规划中提出，到2035年深圳常住人口规模达到1900万人，建设用地规模为1105平方公里。而2020年人口七普，深圳常住人口就已高达1756万，过去10年平均年增70万人。如果按照2035年1900万的上限计算，深圳未来15年仅剩144万的人口增长空间。

事实上，深圳也意识到了这一点，在公共服务上，当地提出按照更高规模的人口规模进行配置。根据深圳市"2035总规"，按照2300万实际服务管理人口规模配置行政管理、医疗等公共服务和交通、市政等基础设施。这显然是务实之举。

不仅深圳，广州"2035总规"也提出，人口规模控制在2000万人左右，同时按照2500万左右管理服务人口进行基础设施和公共服务设施配置。

所以，面对大城市人口天花板问题，我们既要考虑到承载力的问题，也不能逆经济和城市发展规律而行，为外来人口提供均等化的公共服务，吸引更多年轻人和高学历人才，才是长远发展之道。

二十岁的珠三角,四十岁的长三角

应对人口老龄化,已经上升为国家战略。

从国家层面来说,老龄化是难以阻挡的时代大势,应对老龄化成了当务之急;从地方层面来说,不同地区人口老龄化程度大相径庭,这种悬殊不仅存在于南方与北方、东部与中西部,甚至连东部沿海地区也存在明显分化。

作为中国最成熟的两大城市群,长三角与珠三角的人口老龄化形势迥异。长三角正在慢慢变老,上海、江苏已经步入深度老龄化社会,而广东仍然"年轻",人口出生率位居前列,老龄化率在全国垫底,劳动力人口最为庞大。

人口红利,将成为广东经济继续稳居全国第一的重要支撑力量。

■ 广东 VS 长三角

广东是中国人口第一大省,也是老龄化率最低、劳动力人口规模最为庞大的省份之一。

第七次全国人口普查数据显示,2020 年广东 65 岁以上人口占比为 8.58%,仅高于新疆、西藏,在全国处于垫底位置,远远不及全国平均水平。如果单看珠三角,由于外来人口不断涌入,老龄化率更是低于全省平均水平。

从人口结构来看,广东还是劳动力人口最多的省份。广东

15～59 岁人口占比为 68.80%，比全国平均高 5.45 个百分点。无论是劳动力人口规模还是占比，均位居全国首位，人口红利优势突出。可以说，广东是全国最"年轻"的省份之一。

与之对比，长三角地区老龄化率居高不下。如图 6-7 所示，2020 年，上海、江苏分别高达 16.28%、16.2%，超过 14% 的深度老龄化门槛。安徽老龄化率为 15.01%，同样位居前列，只有浙江略低于全国平均水平。

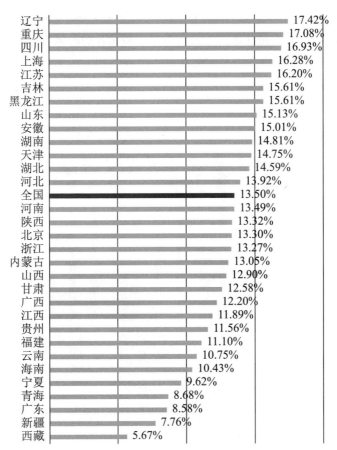

图 6-7　31 省份老龄化率（65 岁以上人口占比）排行

数据来源：第七次全国人口普查公报

在大众的印象里,东北是人口问题最严重的地区。事实上,长三角人口形势的严峻性丝毫不亚于东北地区。不同的是,东北面临人口持续外流的压力,而长三角则是劳务输入的重点区域之一,有源源不断的外来人口托底,长三角的人口问题可以有所缓解。

值得一提的是,全国老龄化第一城不在东北,而在长三角的江苏南通。根据人口七普数据,南通接近1/3的人口超过60岁,65岁以上人口占比高达22.67%,而0~18岁的儿童仅占10.9%。相比而言,东北老龄化率最高的城市为辽宁抚顺,老龄化率为20.27%。南通不是江苏唯一进入深度老龄化社会的城市,泰州老龄化率也达到22.01%,而扬州和盐城分别高达19.99%和19.87%。(见图6-8)

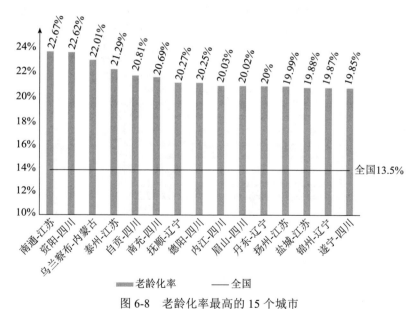

图6-8 老龄化率最高的15个城市

数据来源:各地第七次人口普查公报

据南通当地政府的说法，早在 1982 年，南通就已率先进入人口老龄化，比全国超前 17 年，比江苏全省早 4 年。2000 年以后，南通又率先进入中度老龄化社会，到 2010 年老龄化率已高达 16.51%，2020 年进一步攀升到 22.67%，迈过深度老龄化的门槛。

这背后，最重要的原因是南通生育率长期低迷。早在 2000 年前后，南通出生率就已下滑到 7% 以下，2002 年出生率首次低于死亡率，自然人口首次负增长。虽然 2015 年"全面二孩"政策实施后南通出生率有所反弹，但仍处于低位。

这就带来一个致命的后果，南通总人口长期停滞不前。早在 1990 年，南通总人口就已高达 767 万，2020 年普查数据是 772.6 万，30 年间几乎原地踏步。这背后，还不乏外来人口流入的贡献。

究其根本，南通是生育政策执行最早也是最严的地区之一。南通下辖的如东县是典型代表，该县曾是全国有名的"计划生育红旗县"，独生子女政策比全国早 10 年开始实施。七普数据反映了这一点，如东县 2020 年 65 岁及以上人口占比为 29.98%，60 岁及以上人口占比更是高达 38.91%，一个县接近 4 成人口年龄都在 60 岁以上，这一数据令人吃惊。如东县的老龄化率比南通高了 7 个多百分点，比全国平均水平高了一半以上，已经进入了超老龄化社会阶段。

事实上，在江苏 13 个地市里，仅有苏州老龄化率低于全国平均水平，包括省会南京在内的其他地市全部居高不下。

■ 广东为何这么"年轻"？

广东人口结构的优化是长期发展的结果。

目前，广东常住人口超过 1.26 亿，已经赶超日本。广东并非一开始就是人口第一大省。在改革开放之初，广东只有 5000 多万人口，不及山东、河南、四川等传统人口大省，也少于江苏、湖南等省份。经过40多年的发展，广东人口规模一路飙升，40多年增加了7000多万人口，仅最近10年就增加了2000多万人。

新增人口无疑是广东人口结构年轻化的重要来源。这些人口一部分来源于本省的自然增长人口，另一部分则来源于外来流入的机械增长人口。

广东人口生育率位居全国前列。不仅潮汕地区和粤西地区、北部山区的出生率都明显高于全国水平。这背后得益于相对浓厚的生育文化和宗族观念，广东避免了发达地区人口生育大幅下滑的遭遇，同时在生育政策执行时获得了其他地方不具备的弹性。

与自然增长率相比，外来人口的涌入，为广东人口结构的优化做出的贡献更值得大书特书。

早在20世纪八九十年代，"东西南北中，发财到广东"的说法就不绝于耳，这反映了劳动力人口涌入广东的盛况。这种场景自改革开放开始一直延续至今，到了今天，广东依旧是人口吸引力最强的地区之一。

劳动力之所以涌入广东，一方面是因为广东是第一经济大省，"世界工厂"的地位极具吸引力。20世纪八九十年代，珠三角走的是劳动密集型产业之路，电子、玩具、纺织、服装等代工工厂遍布各地，吸纳了大量年轻的就业人口。

面对全球经济新格局，从2007年开始，广东就率先走上"腾笼换鸟"之路，形成了以电子制造、先进装备制造、汽车制造为主的高新产业体系，这又吸引来以大学生为主的高层次人才。

其中，广州、深圳是广东最大的人口高地。广州是国家中心城市，教科文卫相当发达，而电子、汽车、数字经济等产业相对突出，深圳则是先行示范区，电子、芯片、金融、互联网等实力一流，为人才流入提供了坚实的产业支撑。作为一线城市,广深本身就拥有巨大的吸引力。两个超级巨无霸城市的存在,抬升了广东在全国区域版图中的分量,成了广东人口持续流入的重要入口。

既有强劲的经济产业底气,又有不错的人口生育基本面,老龄化又不至于形成拖累,外来年轻人口不断涌入,这正是未来10年乃至20年广东经济的强劲支撑。

■ 长三角为何"变老"了?

经济发达,人口流入,长三角为何仍旧这么老?

一个直观但并非决定性的原因是,长三角经济发达,财富充盈,加之江南烟雨浩渺,气候宜人,人均预期寿命远远高于中西部地区。人均预期寿命高,老年人口就增多,老龄化率越严重,这十分正常。

然而,问题是同为发达地区,广东的人均预期寿命也不低,但老龄化率却在全国垫底,这显然不是预期寿命长短所能解释的。显然,出生率是关键。

长三角出生率不仅低于全国平均水平,更远远低于广东(见图6-9)。从最近几年的人口出生数据来看,长三角三省一市中,只有安徽人口出生率高过全国,浙江基本持平,江苏、上海均远远低于全国平均水平。

人口出生率过低,背后主要是经济发达、城镇化率高的因素,这是国际惯例。原理也很简单:经济越发达,受教育水平越高,观念就越进步,社会保障体系就越发达,养儿防老的必要性就越小。同时,发达地区生育成本过高,因此父母倾向生育更少的孩子,而在已生育的孩子身上付出更多的投入。

相比生育意愿,当地过去生育政策执行力度过严,无疑是核心因素。以江苏为例,江苏是全国最早执行计划生育政策的省份之一,生育政策相较中西部省份和广东都更为严厉,出生率一直低于全国平均水平。

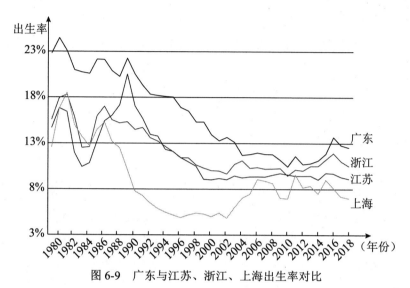

图 6-9　广东与江苏、浙江、上海出生率对比

数据来源:各地统计年鉴

正如前文所说,南通可谓江苏的典型。据《21世纪经济报道》统计,自 2002 年以来,南通连续多年出现自然人口(出生人口-死亡人口)负增长,超少子化与深度老龄化并存十多年之久,人口结构严重失衡。

■ 发达地区的压力

长三角的老龄化程度居高不下,意味着什么?

长三角和珠三角是全国养老金盘子的富盈者,共同肩负着弥补其他地区养老金透支的重任。目前,我国已有多个省份当期养老金收不抵支,部分省份已经透支完所有历史结余,未来将有一半省份面临收不抵支问题,养老金问题愈发严重。

为此，我国建立了养老金中央调剂制度，从富余省份调剂养老金，支持一些入不敷出的省份。广东和长三角，正是这一制度的主要贡献者。与长三角相比，广东贡献更为突出。仅 2020 年，广东就净贡献了养老金中央调剂的三分之一，超过江苏、浙江、上海等地的总和（见表 6-3）。

表 6-3　2020 年养老金中央调剂情况　（单位：亿元）

地　　区	养老金收入	上　缴	下　拨	净贡献
广东省	3500.68	1085.45	439.74	645.71
北京市	2062.80	631.17	168.58	462.59
福建省	548.31	253.95	85.45	168.50
江苏省	2436.17	738.94	586.51	152.43
浙江省	2249.81	593.28	456.79	136.49
上海市	2143.59	504.43	373.90	130.53
山东省	1667.99	510.12	439.41	70.71
贵州省	412.65	110.65	110.65	0
云南省	508.24	114.22	114.22	0
西藏	39.78	14.18	14.18	0
海南省	218.27	39.12	40.48	-1.36
安徽省	915.68	184.79	189.06	-4.27
宁夏	172.83	32.43	37.11	-4.68
新疆	483.90	57.37	65.47	-8.10
青海省	137.16	18.54	26.71	-8.17
天津市	680.64	125.14	133.96	-8.82
陕西省	855.84	125.78	135.89	-10.11
河南省	1197.67	250.33	260.83	-10.50
新疆生产建设兵团	250.78	18.68	29.67	-10.99
广西	618.66	112.81	124.31	-11.50
重庆市	959.90	198.84	217.23	-18.39
甘肃省	343.73	62.44	85.24	-22.8
湖南省	934.49	161.48	187.11	-25.63

续表

地　　区	养老金收入	上　缴	下　拨	净贡献
河北省	1118.07	167.95	197.44	-29.49
江西省	740.31	152.61	192.33	-39.72
山西省	706.42	106.34	150.71	-44.37
四川省	2025.06	342.92	393.49	-50.57
内蒙古	576.30	81.93	167.71	-85.78
吉林省	740.03	86.57	231.76	-145.19
湖北省	1333.76	230.88	417.75	-186.87
黑龙江省	1107.19	95.36	580.92	-485.56
辽宁省	1706.73	189.53	745.11	-555.58

资料来源：财政部

如今，长三角老龄化程度的加剧，势必拖累养老金增长，为未来带来养老压力。随之而来的，广东未来"南金北调"的负担必然随之加重。未来有一天，很有可能变成广东支援全国的格局。

外来人口众多，为广东经济增长做出了巨大贡献，广东养老金支援全国理所应当。但只有一个广东，恐怕难以应付越来越大的养老金支付压力。

所以，当务之急，长三角地区需要进一步刺激生育意愿，同时提升外来人口吸引力，提高人口素质。只有打出这样的组合拳，才能避免老龄化对经济增长带来的负面影响。

人口或将负增长,房地产最大的"灰犀牛"来了

生育政策再次迈出历史性一步。

2021年5月,中共中央政治局召开会议,审议《中共中央、国务院关于优化生育政策促进人口长期均衡发展的决定》,提出进一步优化生育政策,实施一对夫妻可以生育三个子女政策及配套支持措施,有利于改善我国人口结构、落实积极应对人口老龄化国家战略、保持我国人力资源禀赋优势。

这意味着全面三孩正式落地,我国进入"鼓励生育"的新阶段。

■ **从限制生育到鼓励生育**

生育政策面临40年来的最大变局。

自1980年左右开始收紧生育以来,到2011年放开双独二孩、2013年放开单独二孩、2016年放开全面二孩,再到放开三孩,人口政策随着经济社会形势而变化。

事实上,放开生育政策,早已有迹可循。2021年年初印发的国家"十四五"规划,明确提及生育政策:制定人口长期发展战略,优化生育政策,增强生育政策包容性,提高优生优育服务水平,发展普惠托育服务体系,降低生育、养育、教育成本,促进人口长期均衡发展,提高人口素质。

与历次五年规划相比,"十四五"规划最直观的不同当数"计

划生育"这四个字的消失,这是 20 世纪 80 年代以来首次出现这一变化。当时的建议及后来出台的规划纲要均明确提及:坚持计划生育的基本国策。

再往前,2018 年,国家机构调整,五年前成立的国家卫生和计划生育委员会不再保留,而是组建国家卫生健康委员会。同一年,国家卫健委公布新的机构设置情况,三个与计划生育相关的机构——计划生育基层指导司、计划生育家庭发展司、流动人口计划生育服务管理司均被撤销,转而变成人口监测与家庭发展司。可以说,无论是字眼之变,还是实际职责的变化,均已说明生育政策到了变革的十字路口。

政策变化的背后,是国人对待生育的思维发生了翻天覆地的变化。从最早的"人多力量大"到后来的"人口负担论",再到如今的"人口资源论",生育理念已经彻底变了。

■ 低生育之困

放开三孩的背后,是相关生育政策不及预期的体现。

2016 年,全面二孩放开首年,随着生育堆积效应的释放,当年出生人口达到 1883 万人(根据第七次全国人口普查修正后数据),创下了新高。然而,从 2017 年到 2021 年,出生人口一路下滑,2020 年降到 1200 万人,2021 年进一步减少到 1062 万人,与 2016 年相比,少了 800 多万人(见图 6-10)。

同时,民政部有关负责人表示,目前,受多方影响,我国适龄人口生育意愿偏低,总和生育率已跌破警戒线。总和生育率指的是每个妇女一生平均生育子女数。一般而言,总和生育率达到 2.1,才能完成世代更替,保证整体人口水平不下滑,生育率低于 1.5 则意味着跌破警戒线。跌破警戒线犹如掉入陷阱,所以有"低生育陷阱"之说。

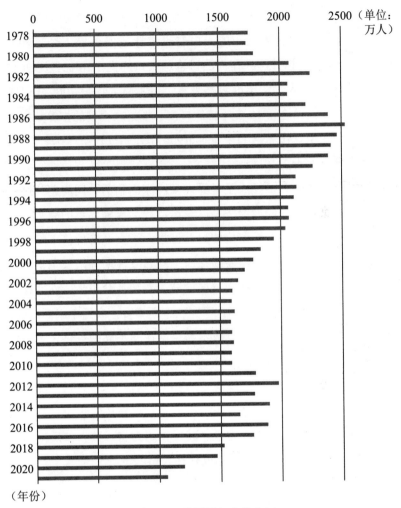

图 6-10 我国历年出生人口

数据来源：国家统计局

根据专家说法，"十四五"时期（2021—2025 年），我国出生人口很有可能跌破 1000 万，届时全国人口将首次出现负增长。社科院报告也曾预测，到 2028 年，中国人口可能会首度出现负增长。不管转折点是在哪一年，都说明人口负增长的风险已经迫在眉睫。

事实上，不仅是中国，连日韩欧美等发达国家也都普遍面临低生育问题。日本总务省公布的人口普查统计数据显示，截至2020年10月1日，包括外国人在内的日本总人口约为1.26亿，比2015年减少约86.8万人。从年度数据来看，日本总人口自2009年以来就开始负增长，已连续10多年持续减少。根据联合国的推算数据，日本总人口在全球排名第11位，自1950年开始进行全球排名以来，日本首次跌出前十。

可以说，低生育已经成了世界许多国家面临的共同问题。这背后的原因不难理解，随着经济高度发达、社会保障体系的完善、男女平等地位的实现以及城镇化的日益推进，子女经济价值下降而抚养成本增加，养儿防老的需要弱化而子女独立性增强，低生育就成为普遍现象。同时，加上社会发展日渐成熟和观念进步，女性地位相对提高，结婚年龄不断推迟，丁克族不断增多，离婚率不断攀升，带动生育率下滑。此外，生育成本高企，在养不起的重负之下，生育意愿大幅降低。

对此，2021年的央行工作论文指出：要认清人口形势已经改变，要认识到人口红利当时用得舒服，事后是需要偿还的负债。要认识到人口惯性是跨代际的巨大力量，其反作用力将导致人口反方向变化；要认识到教育和科技进步难以弥补人口的下降。

这可谓一语中的。

■ 生娃是家事也是国事

有官方媒体曾经直言：生娃是家事也是国事。

放开三孩，解决了"能不能生"的问题，但"愿不愿生""敢不敢生"的问题更为关键。不得不说的是，刺激生育比限制生育难太多了。

限制生育，可以直接施行高压政策，机关单位"一刀切"考核，外加社会抚养费等巨额罚款作为辅助，效果可谓立竿见影。

刺激生育，虽然可以鼓励生，但无法强制生。即便出台相关奖励政策，恐怕效果也十分有限。毕竟，经济发展不同于往日，生育观念不同于过去，养儿防老的需要不同于以往，生育成本更是高不可攀，一点点奖励，就能激起生育的想法？

卫健委提供的数据显示，目前，我国"90后"平均打算生育子女数仅为1.66个，比"80后"低10%。而人口监测数据显示，有生育二孩及以上打算的妇女，仅不足半数实现了再生育。

这方面，日本可谓前车之鉴。日本没有限制生育，结果人口仍旧连续多年负增长。为此，日本出台了一系列政策：儿童补贴、保育设施、职场支援、税收优惠……不一而足，然而收效甚微。

这是经济规律使然，也是"低欲望社会"的常态。与日本相比，我国的生育文化相对浓厚，这是利好所在。但是，房价、教育、医疗等成本的存在，对生育意愿形成了显而易见的抑制效应。官方显然看到了这一点。国家"十四五"规划纲要明确提出：减轻家庭生育、养育、教育负担，释放生育政策潜力。

相关会议进一步强调：促进生育政策和相关经济社会政策配合……要将婚嫁、生育、养育、教育一体考虑……加强税收、住房等支持政策。所以，房地产、学区房、就业等问题，不动不行了。

■ 人口逆转，影响有多大？

人口形势逆转乃至负增长，到底会带来哪些影响？

其一，人口不是负担，而是资源，劳动力供给一旦减少，必然对经济增长形成拖累。

熟悉经济学基本原理的人都知道，经济增长有三大动力源泉：

人口、资本和技术进步。技术进步不会那么快到来，而资本积累也到了一定阶段，如果人口红利不复存在，那么经济增长必然受到影响。提高人口素质和人力资本，或许是替代之道。然而，央行工作论文明确指出，在老龄化和少子化面前，教育和科技依然单薄。

其二，劳动力人口减少，老龄化人口增多，必然对经济增长形成拖累，同时加大财政和整个年轻一代的负担。

中国的养老金采取的是"现收现支"模式，年轻人缴纳的养老金已经用于老年人的养老，未来一旦养老金收支出现缺口，这一代年轻人未来的养老金该如何解决，也就成了难题。

早在2016年，就有7个省份出现当期（年）养老基金收不抵支（河北、内蒙古、辽宁、吉林、黑龙江、湖北、青海）。据测算，到2022年，半数省份养老金将收不抵支，个别省份累计结余耗尽风险加大。

为解决这一问题，国企收益补贴养老金已经在推进，而养老金中央统筹制度也已落地，南方等个别富余省份成了主要贡献者。

其三，延迟退休已经箭在弦上，离落地为时不远了。"十四五"规划提出实施渐进式延迟法定退休年龄。这意味着，研究了多年之后，延迟退休终于到了落地时刻。未来，男性退休年龄有可能陆续从目前的60岁延长到65岁，女性退休年龄从55岁延长到60岁。

■ 房地产最大的灰犀牛？

人口影响房价。

我们面临的不只是少子化的问题，叠加而来的还有老龄化问题。少子化与老龄化，从不同层面对房地产形成了负向推力。

就少子化而言，年轻人不仅是创造者，还是房地产的重要支撑者。出生人口减少，人口一旦负增长，整个社会对于住房需求不再像过去一样迫切，全国将进入住房整体性过剩阶段。一旦楼市没有了足够多的"接盘侠"，高房价恐怕难以维持。

根据《21世纪经济报道》梳理的数据，我国"90后"比"80后"少了1172万，"00后"又比"90后"少了4700多万，"10后"比"00后"少了24万。这意味着，"00后"和"10后"的出生人口，相比"80后"和"90后"，整整少了1.03亿人。未来"20后"，相对"00后"和"10后"，可能还会进一步减少。

就老龄化来说，根据生命周期假说，一个人会将整个生命周期的收入在不同年龄阶段进行分配，在年轻的时候对住房需求更多，同时偏好风险资产，而到了老龄，消费需求则转向了养老、医疗等领域，同时偏好稳定投资。这里隐含的楼市道理是，随着老龄化加剧，当初在繁荣时期购置的大量住房将没有那么多人来承接，资产泡沫一旦没有足够多的人来接盘，资产回报率可能会下降。

这种局面，对于人口流入的大城市影响并不明显。但一般城市可能会面临人口基本盘的压力。届时，没有人口虹吸能力的三四线城市、收缩型城市，将会迎来新的挑战。

第七章 —— 选城市,就是选未来

买房:楼市分化,哪些城市有投资价值
教育:学区房是不是智商税
高考:选城市还是选大学
择业:"985"高校毕业生都去了哪里
定居:回家乡还是大城市
养老:大城市还是沿海小城镇

买房：楼市分化，哪些城市有投资价值

城市分化，楼市也在分化。

过去 20 多年，只要买房基本就能赚得盆满钵满。无论投资的是住宅、公寓、小产权房还是其他类型的房地产，基本都不会亏本。无论是在北上广深，还是在驻马店铁岭，都会尝到房价大涨的甜头。

然而，这一现象正在成为过去，楼市开始步入下半场。经济进入新常态，人口很快面临负增长，城镇化即将触及天花板，而居民杠杆率创下历史新高，遏制房地产泡沫化、金融化成为前所未有的决策"明牌"……

在这种背景下，蒙眼狂奔只会陷入被动，选好城市是房产置业的第一重要之事。

■ 普涨 VS 分化

中国楼市 20 多年的上行史会给人一种错觉：楼市只涨不跌，而一旦楼市上涨，就是全国普涨行情。

事实上，中国房价确实是上行行情（如图 7-1 所示），1998 年到 2020 年，全国商品房均价从 2000 元左右上涨到 10 000 元左右，涨幅约为 4 倍。而以北上广深为代表的一线城市，整体涨幅更是高达 6 ～ 10 倍。

不过，房价并非一直在上涨，也并非不存在区域性的大跌。从

1998 年开始，中国房地产走过 20 多年历程，全国性普涨只有三次：第一次是 2003 年到 2007 年，第二次是 2009 年到 2010 年，第三次是 2016 年到 2018 年上半年，而海南、温州、鄂尔多斯等地均出现过大幅下跌的行情。

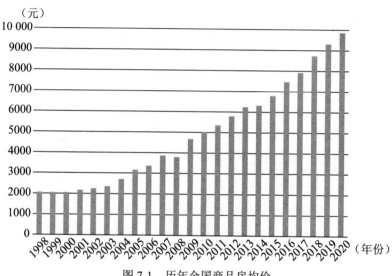

图 7-1 历年全国商品房均价

数据来源：国家统计局、住建部

从 2011 年到 2015 年，除了个别一二线城市房价有波动行情之外，大多数三四线城市都是波澜不惊的。在将近 5 年时间里，大部分城市其实都处于横盘状态。直到 2016 年，在五次降准五次降息的加持之下，一二线城市才出现普涨。而三四线城市，则要更迟一步，直到棚改货币化全面开启之后，才迎来全国性的普涨。

从 2018 年到 2021 年，除了个别热门城市房价出现明显涨幅之外，大多数城市都是横盘行情，一些三四线城市房价更是跌回到几年前的水平。一边是热门城市的抢房热潮，楼市调控不断升级，另一边是冷门城市的无人问津，三四线城市不得不出面救市。

为什么会出现这种局面?

回顾过去三轮大普涨,不难发现,每一轮普涨都需要货币政策的支撑。对比房价走势图可以看到,2000年前后、2008—2009年、2014—2015年各有一轮大规模降息,资金面空前宽松(见图7-2)。第一次和第二次的货币之水还能支撑起全国性的上涨,2015年来的这一次则只能支撑起一二线城市。至于三四线城市,并非降准降息推动,而是来自于PSL贷款所支持的棚改货币化,央行通过PSL贷款向三四线城市定向放水,以支持棚改,于是有了棚改货币化,有了拆迁户带资入市,有了全国性的普涨。

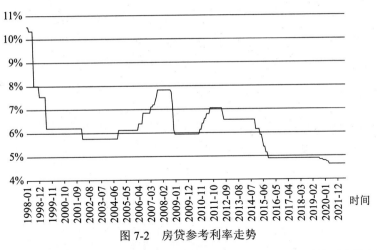

图7-2 房贷参考利率走势

注:2019年8月后为5年期贷款市场报价利率(LPR),此前均为5年期以上贷款基准利率;实际房贷利率根据基准利率上下浮动

数据来源:国家统计局、住建部

可见,货币之水的边际效应越来越弱,再支持一场全国性的普涨所需要的能量,恐怕不是宏观经济所能轻易承受的。未来,楼市普涨将会是小概率事件。分化正在变成大概率事件。

■ 短周期 VS 长周期

楼市有长短周期之别。

从短周期来看，决定楼市走势的最大因素是政策，尤其是金融政策。只要货币增速（M2增速）明显高于经济增速，且楼市调控未及时收紧，那么楼市就不乏上涨动力。这是房地产市场的基本规律，无论中国还是发达国家都是如此。一个典型例证，2021年在新冠肺炎疫情冲击之下，美国多个城市的房价纷纷创下历史新高，背后正是天量放水和通货膨胀的贡献。

就我国来看，1998年至今，中国房价之所以大幅上涨，与M2（广义货币总量）井喷不无关系。图7-3显示，2000—2020年，M2总量从13.4万亿元升到218.68万亿元，20年增长了15倍，M2同比增速一直跑赢实际GDP增速。

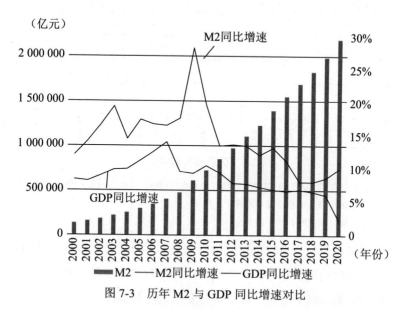

图7-3 历年M2与GDP同比增速对比

数据来源：国家统计局、中国人民银行

就调控政策而言，房地产始终是经济的从属工具，一切的核心都在于经济。经济稳则房地产处于抑制状态，经济波动则房地产必须要稳，经济大波动则房地产要成为最后的定海神针。这就决定了房地产的逆周期性特征，同样也决定了楼市调控与经济形势的负相关性。当然，房地产对于经济的刺激效应面临着边际递减的困境，支撑效应越来越有限，而负面效应越来越突出。

但从长周期来看，楼市最终要回归基本面的约束。这里的基本面，主要指的是经济、人口、城镇化和住房存量。

就经济而言，经过数十年的高速增长之后，中国开始步入高质量发展阶段，经济不再像过去一样动辄两位数地增长，与经济相关的税收、居民收入等增速也在同步放缓，经济从高增长步入高质量发展阶段，楼市自然也会受到影响，房价最终将会与经济增速相匹配。

就人口而言，人口是房价的最终支撑，而年轻人口则是房地产投资的中流砥柱。在日本，20世纪五六十年代的婴儿潮，助推了七八十年代的房地产大繁荣。中国，20世纪70年代到90年代，人口出生井喷，这可以视作中国的"婴儿潮"一代，正是这些人口成为中国房地产"黄金年代"最坚实的支撑。与经济增长、城镇化、货币宽松一道，托起了楼市长达20年的繁荣。

从资产角度看，一个国家年轻人口越多，越容易形成资产泡沫，而老年人增多之后，当初的资产泡沫没有这么多人来接盘，资产回报率可能会下降，这对房地产的影响尤其大。出生人口呈现下滑趋势，老龄化程度不断加深，人口已经呈现"倒金字塔"结构的话，对于房地产将会带来长期而深远的影响。

就城镇化而言，2020年，我国常住人口城镇化率达到63.89%，相比2010年大幅增加14.21个百分点，离70%的城镇化加速阶段的上限空间所剩无几。根据国际经验，当一个国家的城镇化率处于

30%～70%时，将处于加速发展阶段。中国城镇化率突破60%，离70%的上限越来越近，按照目前每年1%的城镇化速度，到2030年前后，我国城镇化率就有望突破70%大关。

城镇化是中国房地产的终极支撑之一。城镇化的能量小了，经济和人口的长期趋势就难以逆转，留给房地产企业的博弈空间由此收缩，而楼市的上涨动能同样受到限制。

再看住房存量，根据任泽平团队的测算，1978—2020年中国城镇住宅存量从不到14亿平方米增至313.2亿平方米，城镇人均住房建筑面积从8.1平方米增至34.7平方米，城镇住房套数从约3100万套增至3.63亿套，套户比从0.8增至1.09，一线、二线、三四线城市分别为0.97、1.08、1.12。

可见，中国住房已经整体性过剩，只有个别一二线城市存在结构性不足。

■ 房价的十字路口

城市房价来到了十字路口，向左走还是向右走，不同城市走出了不同的行情。

分化是大势所趋。这里的分化，不仅指的是一二线城市与三四线城市的分化，也是城市内部不同板块之间的分化，以及楼市调控"因城施策"你紧我松的分化，同时还是炒房客与刚需向左走向右走的分化。

2018—2021年的楼市走势足以说明这一点。深圳广州上海东莞杭州成都成了新一轮房价上涨的急先锋，而天津郑州济南青岛哈尔滨等地则面临长达2～3年的横盘，牡丹江等一些中小城市房价更是跌回到几年前，而一些收缩型城市如鹤岗等地，房价更是跌回到白菜价。

在城市内部，房价涨穿天际的深圳，南山一路领跑，福田、宝安声名大噪，而罗湖盐田多个板块却基本不动。广州的天河珠江新城直追京沪，黄埔南沙借助人才松绑一路飙升，而番禺、增城、花都、荔湾多个板块却还在原地踏步。北京、上海学区房房价一路上涨，其他板块多数还未回到当初的最高点。

城市分化，意味着普涨时代已经结束。楼市普涨，要么有经济、人口和城镇化狂飙突进的时代背景，要么因为大水之下的雨露均沾。当经济进入新常态，人口红利不复存在，而大水越来越遥不可及之时，城市之间必然出现分化。

■ 哪些城市还能投资？

楼市普涨时代告终，分化时代到来，对我们有何警示？

其一，无论楼市基本面如何变化，中心城市仍旧有价值。中国房地产市场，即使出现了总量过剩的现象，即使宏观的人口增长空间日益缩小、城镇化率即将触及红线，但对于中心城市来说，仍会长期存在结构性短缺的现象。这些城市房价或许会出现几年横盘，但在资金、供求和市场情绪刺激之下，最终仍有上行空间。尤其是在一些人口不断涌入而城市土地可开发空间所剩无几的城市，这一趋势会更为凸显。

其二，与大城市毗邻的都市圈成员，仍有相当大的空间。近水楼台先得月，大城市的资源外溢，都市圈是主要承接地，而人口囿于房价高企，则会转向都市圈内，在都市圈内进行置业已经成了潮流。居住在河北燕郊、工作在北京，居住在东莞惠州、工作在深圳，居住在昆山、工作在上海，居住在佛山清远、工作在广州的现象相当普遍……这些都市圈内城市，有望与大城市产生共振效应。

其三，没有人口流入的城市要谨慎。收缩型城市已经成为社会关注的热门概念，说明城市收缩已经相当普遍。有些中小城市，人口持续收缩，经济未来也将面临收缩，资产未来的升值空间令人相当堪忧。这方面，甘肃玉门和黑龙江鹤岗都是教训。

其四，未来，比房价更重要的是安全性和流动性。在楼市里，好的城市必然有好的基本面，有强劲的刚需支撑，有相对合理的房价收入比、租金回报率，和更好的流动性。相反，那些过度依赖外来投机、基本面一塌糊涂、楼市失去流动性的城市则要当心。

所以，不要将资产过度配置于房子上。未来，房地产的角色仍然重要，在货币刺激之下不乏出现新一轮上涨的可能性。但整体而言，不是每个城市都还有上涨空间，也不是每个城市都能靠房子赚得盆满钵满。将资金全部投注于不动产上的风险越来越大，不要再蒙眼买房，也不要再豪赌。

教育:学区房是不是智商税

学区房在中国是个特殊的存在。

一边连着教育,无数家长为孩子是否能"赢在起跑线上"焦虑不已,将名校作为孩子"成龙成凤"的重要通道,而与名校捆绑的学区房一路水涨船高;另一边连着房价,优质学区房相比普通住房存在明显溢价,学区房在楼市上行期的涨幅高过普通住房,而面临楼市下行周期的抗跌性也更强。

然而,最核心的问题在于,学区房与成绩之间有无必然关系?投资学区房,究竟在投资教育、房价,还是鱼和熊掌兼得?

■ 越来越贵的学区房

12平方米360万元,每平方米均价30万元。这里不是寸土寸金的深圳湾,也不是房价冠绝全国的上海黄浦江畔,而是北京西城区的老破小。没有厨房,没有独立卫生间,电线交错,墙面斑驳,均价却高出天际,唯一的原因只有一个:这是学区房。

楼市上行周期,学区房的价格越来越高。北京有学区房在堵车的几分钟期间从580万元涨到了600万元,上海某37平方米学区房标价748万元,单价近20万元,直逼两公里外的顶级豪宅汤臣一品。"11平方米过道学区房挂牌150万元""半地下室学区房卖出1050万元天价"之类的新闻更是不绝于耳。

一般而言，学区房相比普通房子，一般溢价 10%～30%。顶级学区房的溢价，甚至超过 50%。

在一个向来重视教育的国度，每一个家长都担心自己的孩子"输在起跑线"上，家长愿意为了所谓更好的学校付出更高的代价。我国义务教育执行的是"就近入学"规则，一套房子对应一所学校，学校实力强弱悬殊，自然带动对应的学位房价格出现差异。在投资上，正因为教育溢价的存在，学区房一般比普通房子涨得更快，同时拥有更强的抵御楼市风险的能力。任泽平通过对北京 10 年房价走势的追踪发现，大都市圈、地铁房、学区房以及受益于城市外扩的地区涨幅更大。

■ 学区房不会一劳永逸

学区房的存在有其现实背景，但盲目投资学区房也不乏智商税的成分。

就其现实背景而言，教育资源不均衡，优质名校学位成了稀缺资源，供求失衡自然引发家长疯抢，来增加获取优质学位的机会，导致学区房溢价，并形成了恶性循环。

事实上，优质学位固然能提供一流的师资环境、良好的同学及家长圈层，但在应试教育之下，并不能保证直通一流大学。

一个例证是北京海淀区和西城区的高考成绩。西城区是北京名校学区资源最为集中的区域，西城区的学区房价格冠绝全国。然而，西城区连续几年的高考成绩却让人大跌眼镜，西城区高分考生居然不到海淀区的 1/4。据《中国经济周刊》统计，2020 年北京高考，700 分以上考生共 80 人，其中，海淀区 57 人，西城区 14 人，东城区 6 人，朝阳区 3 人。海淀区虽然考生数量在北京各区中位居首位，但这不是高分考生居多的首要原因。从高分考生占比来看，海淀区为 0.47%，西城区为 0.22%，考生数量相差并不太悬殊。

另一个例证是河北衡水中学。2020 年高考，河北总分前十的考生，超过一半来自这里。而 700 分以上考生，衡水中学更是占了 70% 左右。衡水中学与学区房几乎没有关系，而是军事化管理、全面的应试教育、全国寻找拔尖生源的结果。

这或许只是个案，但越来越多的案例说明，学区并不是一劳永逸的。在所有教育投资中，学区房无疑是最大的一笔，也是许多普通家庭无法消化的巨款，这笔投资与收益是否对等，确实需要引发思考。

当然，不得不承认，教育均衡问题不解决，学区房问题可能一直无解。这几年，学区房已经纳入高层决策视野，而相关治标治本之策都在大力推进，诸如多校划片、集团化办学、教师轮岗、租购同权、人地钱挂钩等行之有效的经验，正在推广开来，这些举措将会逐渐改变学区的格局，给学区房投资带来诸多不确定性。

■ 学区房的风险

从普通民众到高层决策层，都已看到学区房存在的问题。2021 年 4 月中共中央政治局会议曾明确提出：防止以学区房名义炒房价。这意味着学区房即将面临"房住不炒"的强约束。事实上，除了"房住不炒"的层面之外，学区房的风险越来越多。

其一，学区资源重新分配的风险。北京正在推进的"多校划片"，意在为全国义务教育改革做出可行性探索。事实上，教育部已经连续多年发布通知，要求在教育资源配置不均衡、择校冲动强烈的地方，积极稳妥采取多校划片模式。

多校划片为学区房投资带来极大的不确定性。一个学区内有优质学校也可能有普通学校，高价买了原来在"一房一校"模式下的学区房，在多校划片之下，很有可能分配到普通学校，巨额投资存在竹篮打水一场空的风险。花二三十万元均价买了学区房，最后可能被分配到只有十来万元房价的学区范围，必将引起学区房价格的重新配置，让"价高者得"的学区投资逻辑开始瓦解。

2021年，北京西城区有关部门明确，2020年7月31日后购房的家庭，不再对应登记入学划片学校，全部以多校划片方式在学区或相邻学区内入学。虽然短期内多校划片必然面临既得利益的阻碍，很难迅速复制到全国，但多校划片已是大势所趋，连作为教育高地中的教育高地的北京西城区都能大刀阔斧推进，遑论其他地方？

其二，政策变动的风险。学区房背后存在的教育溢价，这一溢价瞄准的是名校，有赖于教育政策的稳定性。一旦教育政策变动，那么学区房的教育溢价也会随之变化，风险陡然增加。

教育政策变动越来越频繁。前些年，苏州工业园区在楼市调控压力下，将"五年一学位"调整为"九年一学位"，学位锁定期突然从5年变成9年。深圳有片区均价10万元以上的公寓性质学区房被统一降分，罗湖某名校甚至试图出台"住房面积50平方米以下限制入学"的政策，虽然最后只是虚惊一场，但无疑发出警醒：政策变量，已经成了学位房的重要影响因子。

其三，城市格局洗牌的风险。改革开放40多年，经济大步迈进，每个城市都在扩张，新城区拔地而起，城市中轴线一再发生变化，这必然对学区房格局形成挑战。过去坐拥教育、医疗、交通、商业等优势的老城区，无法避免日益老化的命运，虽有"旧改"加持，但前景势必受到影响。虽然教育优势一时不会消失，但随着城市政务区和商务区的不断转移，城市人口向新区或新中轴线转移，城市的白领和金领群体也随之而转移，从而形成新的教育高地。毕竟，任何区域的教育都是由人来决定的。白领金领群体聚居之地，教育质量一定不会差。

■ 要不要投资学区房

在教育资源仍不均衡的当下，想要终结学区房显然不可能。但越来越多的政策大变局，将学区房的投资属性打得七零八落。还要不要投资学位房？对于这个问题，答案并非"是"和"否"那样泾渭分明。学位房到底还能不能投资，关键要看投资的是什么样的学位房。

其一，不要豪赌顶尖学区房，次顶级的学区房或许性价比更高。学区有多牛，学区房的溢价就有多高。拿出市场30%的溢价去豪赌学区房，反要承受多校划片、指标到区等政策的直接冲击，反倒不如选择溢价相对合理、不属于过度冒尖因此而严打的学区房。

其二，投资单个学位房，不如投资拥有优质教育资源聚集的区域。优质教育资源往往都聚集于中心城区，每个城市都有自己的教育强区，这些区域名校云集，不管是单校划片，还是多校划片，一般都不影响学区房的价值。

其三，在学区房选择上，老破小优于老破大。许多老城区的旧房子，最大的价值就在于学位。买学区房投注的是优质学位溢价以及稀缺教育的升值空间，并非房子本身。相比于老破大，老破小反而是更具性价比的选择。

其四，跟着白领和金领群体走。一个地方的教育是否优质，与学校的底蕴有关，也与家长和社区的氛围有关。白领和金领群体聚居之地，学区质量普遍存在向好的发展优势。所以，一些政务区或商务区的准学位房，性价比反而高过老城区的传统学位房。

其五，扩大护城河，不要只盯学区房一个概念。无论是租售同权，还是多校划片,乃至教师轮岗,都将是改革的大方向,学区房本身的溢价效应必然不及过去那么坚挺。加上"六年一学位"甚至"九年一学位"的锁定效应,学区房的流动性必然随之收缩,这时单纯只具备学区房概念的房子,抗风险能力就难以高估。

不确定性增加,没有更深的护城河,就难以抵御市场风险。有学区,有交通,有商业乃至商务配套的资产,才能获得更深的护城河。

高考：选城市还是选大学

高考，究竟选城市还是选大学？

对于高分考生来说，选大学自然是第一位的，能上北大清华自然不会舍近求远到别的地方；对于排名处于中游，或者在多个高校之间犹豫的考生来说，城市与大学必须做出权衡。而对于一般考生来说，城市的重要性有时候比大学犹有过之。

哪些是高考意义上的好城市？

■ 教育大城

第一类是教育大城和教育强城。

中国有2700多所高校，其中本科院校1200多所，高职院校近1500所。这些高校并非均衡分布于所有城市，而是集中于一二线城市。

具体来看，哪些城市属于教育大城？

一个衡量标准是高校数量。据不完全统计，本科院校最多的城市分别是：北京（67所），武汉（46所），西安（44所），上海（40所），广州（37所），南京（34所），天津（31所），成都（29所），沈阳（28所），杭州（28所），哈尔滨、南昌（27所），郑州、济南、重庆（26所）。

可以看出，北京遥遥领先，是中国首屈一指的高等教育中心，北大、清华自不用说，人大、北航、北邮、北师大的声名同样在外。

北京之外,一些二线城市表现突出,如武汉、西安、南京,综合实力均遥遥领先。

另一个衡量标准是在校大学生数量。以 2020 年数据为例,大学生(本专科生+研究生)最多的 20 个城市分别是:广州、武汉、郑州、成都、重庆、北京、南京、西安、济南、长沙、哈尔滨、南昌、石家庄、上海、昆明、天津、合肥、杭州、兰州、长春(见图 7-4)。

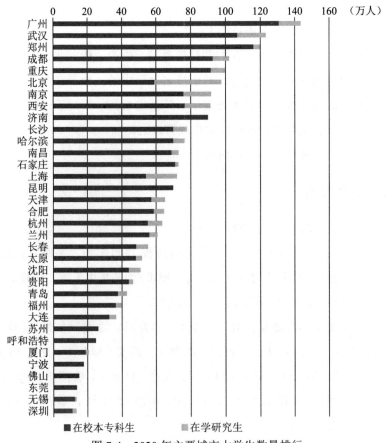

图 7-4　2020 年主要城市大学生数量排行

注:部分城市"在学研究生"数据缺失

数据来源:各地统计公报、统计年鉴

其中，广州、武汉、郑州破百万，在一众城市里遥遥领先。不过，不同城市本科生、专科生和研究生的分布不同，郑州大学生众多，但专科生多于本科生，武汉则是本科生和研究生占优势。

深圳则在上榜城市中处于垫底位置。数据显示，目前深圳仅有10多所高校，2020年本专科在校生11万人、研究生在校生2.28万人，整体不到广州的1/10。

■ 教育强城

第二类是教育强城。大不等于强，高等教育是否强，要看是否有足够多的一流高校和一流人才。

一个指标是研究生数量。在学研究生数量超过10万的城市共有6个：北京、上海、武汉、南京、西安、广州。这几个城市，恰恰是教育资源最为集中的地区，是名副其实的教育强城。

第二个指标是双一流大学。双一流是"985"和"211"的升级版，以5年为建设周期。教育部于2022年公布了第二轮双一流高校名单，共计147所高校入围。与第一轮不同，第二轮不再区分一流高校与一流学科高校，统一为"双一流建设高校及建设学科"，目的是淡化身份色彩，重点在于建设，而非划分"三六九等"。

根据最新名单，如图7-5所示，"双一流"高校最多的十个省份：北京（34所），江苏（16所），上海（15所），广东、陕西、四川（并列8所），湖北（7所），湖南、天津（并列5所），黑龙江、辽宁（并列4所）。

从城市分布来看，双一流高校集中于北京、上海、南京、广州、武汉、西安、成都等城市，而深圳、苏州、宁波、无锡等经济强市各自只有1所高校上榜，佛山、东莞、南通等万亿强市集体"挂零"。

原因不难理解。高等院校往往集中于传统大区中心，由于历史积淀等因素，传统中心城市即使经济优势不再，但教育优势依旧延续，一些后发崛起的"新贵"城市自然不占优势。

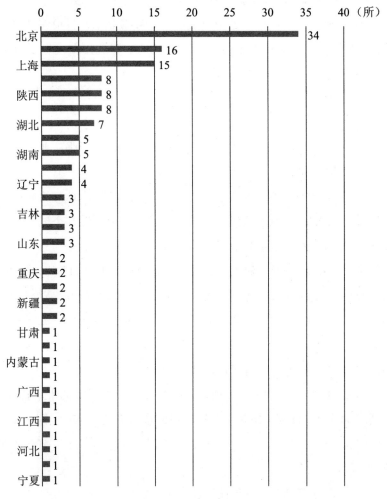

图 7-5 "双一流"大学各地区分布情况

资料来源：教育部

这从与东北地区的对比就可见一斑。东北三省共有 11 所高校上榜，其中不乏哈工大、吉林大学这样的名校，而东北地区目前尚无一个万亿城市。

第三个指标是世界 500 强高校。以最新的"2022QS 世界大学排名"作为参考，跻身世界 500 强的内地高校共有 26 所。北京、上海分别有 6 所和 4 所，总量名列前茅。在京沪之后，南京、广州、武汉、天津都是 2 所，杭州、西安、合肥、厦门、哈尔滨、成都、济南、深圳各 1 所（见表 7-1）。

表 7-1 QS2022 中国内地大学排名

序号	大学	世界排行	城市
1	清华大学	17	北京
2	北京大学	18	北京
3	复旦大学	31	上海
4	浙江大学	45	杭州
5	上海交通大学	50	上海
6	中国科技大学	98	合肥
7	南京大学	131	南京
8	同济大学	211	上海
9	武汉大学	225	武汉
10	哈尔滨工业大学	236	哈尔滨
11	中山大学	260	广州
12	北京师范大学	270	北京
13	南方科技大学	275	深圳
14	西安交通大学	290	西安
15	华中科技大学	334	武汉
16	天津大学	334	天津

续表

序　号	大　学	世界排行	城　市
17	南开大学	358	天津
18	北京理工大学	373	北京
19	北京航空航天大学	383	北京
20	山东大学	403	济南
21	厦门大学	407	厦门
22	华南理工大学	407	广州
23	北京科技大学	414	北京
24	上海大学	436	上海
25	四川大学	451	成都
26	东南大学	465	南京

资料来源：2022 QS世界大学排名

注意，评价基准不同，大学排名存在一定差异。QS世界大学排名以"学术评价40%、雇主声誉10%、师生比例20%、论文20%、国际教职工5%、国际学生5%"为评价基准，其他排名诸如软科、USNEWS、泰晤士排名均可作为参考。

无论是哪一份榜单，都指向了一个共同的结论：中国的大学尤其是一流大学主要集中于北上广以及部分强省会城市，南京、武汉、西安遥遥领先，而深圳、苏州、无锡、佛山等经济强市在高等教育上并不突出。

■ 人口涌入之地

第三类是人口涌入之地。

用脚投票，这是最大的现实。人口流向是经济发达与否的重要标志之一。只有经济产业发达、就业岗位多元化、就业资源充足、薪资水平和升职空间突出的城市才是首选。

2010—2020 年，人口增量最多的城市是：深圳、广州、成都、西安、郑州、杭州、重庆、长沙、武汉、佛山。这些城市的人口增长，一方面来自于高自然增长率，另一方面来自外来人口流入，每年都有大量的劳动力人口和高学历人士奔向大城市，寻找机会，成就梦想。

可以说，人口涌入是城市存在吸引力的结果，而非原因。这些城市即使不是大学生就学所在地，未来也大概率会成为许多择业者的第一选择。如果能将就学城市与择业城市结合而来，那么无疑能在未来少走许多弯路。

■ 有钱的城市

第四类是有钱的城市。

所谓有钱的城市，一个指的是经济强市，另一个则是教育经费充裕的城市。

经济强市以及强省会，要么是教科文卫相当发达，要么是产业优势极其突出，这些地方为大学毕业生提供了源源不断的就业资源。具体而言，这类城市包括：北上广深四大一线城市，重庆、苏州、无锡、佛山、东莞等经济总量居前的经济强市，以及成都、武汉、南京、郑州、长沙、西安等强省会。

当然，城市经济实力并非一成不变，有城市在崛起，有城市在衰落。一些传统的工业强市，在沿海贸易时代被迅速抛下。而一些中西部强省会则从小到大，实现了迅速扩张。

另一种是教育经费充裕的城市。虽然经费不等于教育实力，但没有充足的经费，巧妇也难为无米之炊。

我国高校，可简单分为部属高校和地方高校。从部属高校来看，教育经费最为充裕的 10 所高校是：清华大学、浙江大学、北京大学、中山大学、上海交通大学、复旦大学、山东大学、华中科技大学、东南大学、同济大学。

一般而言，理工科院校教育经费普遍高过文科院校，而高校所在省份财力更为充沛的，教育经费也就相对更为充裕。

还有一些大学作为地方高校而存在，其他不乏经费爆棚的存在。其中，深圳大学、郑州大学是代表。深圳虽然教育资源不发达，与北上广存在巨大差距，但深圳本身经济实力突出、财政实力雄厚，对辖区内龙头高校的扶持力度相当突出。2020 年，深圳高等教育经费投入预算超过 200 亿元。投入规模仅次于北京、上海，仅深圳大学获得的教育经费就超过 60 亿元，追上一些传统名校，超过中西部众多"985"高校。

郑州是强省会的典型。河南是人口大省，但整个河南迄今仍无一所 985 高校，就连 211 高校也只有一所，郑州大学自然能获得更多财政支持。当然，一省只有一所顶尖大学的地方还很多，但只有强省会或经济强市才能提供强大的支持动力。如果本身的经济底子比较弱，那么即便想要支持，也是有心无力。更关键的是，落后地区恐怕连当下的教育优势都无法保持。

■ 几个建议

不要选错城市。

选城市的前提在于已经做好了高校层级的优先排序。按传统的"985""211"模式来看，显然，"985"高校拥有最大的优先级，其次为"211"高校。按"双一流"模式来看，一流 A 类大学优先级最高，一流 B 类次之，一流学科高校再次之。如果在两个"985"或"211"高校之间犹豫，或者选择空间只剩下普通高校，那么选好城市无疑就很重要。

这里有几个原则：其一，尽量到大城市去。大城市不仅教育资源更发达，就业空间也更广阔。无论是为了开阔视野，还是为了未来的工作，大城市都是最基本的。

其二，尽量避开三无城市，既不属于省会，也不是经济强市，更不靠近就业所在地的城市。这些地方过去因缘际会，获得名校落地，但一无财力，二无优势产业，三无充分的就业空间，未来发展可能受限。

其三，重点高校优先选城市，普通高校选城市兼顾选专业。如果分数达到重点线以上，那么选择城市就有了优先级。如果只能触及普通高校，那么选择城市的同时务必要考虑好专业，哪些专业符合未来的发展趋势，哪些专业能实现自己的人生价值，一定要考虑清楚。

其四，城市群时代，不一定都要挤到北上广。北上广的经济、产业和教育无一不发达，但这三大城市竞争也最为激烈。所以，可以退而求其次，选择都市圈或城市群内的高校，如京津冀、长三角和珠三角的高校，既不脱离大城市，又靠近就业所在地，这是更为理性务实的选择。

择业:"985"高校毕业生都去了哪里

中国有600多个城市,其中有300多个地级市,该去哪里就业?

想要回答这一问题,除了看各大城市的经济总量、人口流向、产业结构、就业空间和薪资水平之外,一个不乏现实性的参考依据是各大名校毕业生的就业去向。

985高校的毕业生都去了哪里?

■ 广东、北京、上海吸引力最强

哪里是985大学毕业生的主要就业目的地?

考虑到数据的可得性,我们选取了分布于不同区域的14所"985"大学进行对比(见表7-2)。这14所高校,除了哈尔滨工业大学不是以黑龙江本省作为第一大就业地之外,其他高校的毕业生多数都流向了本省,其中比例最大的当数位于广州的华南理工大学,近8成毕业生留在了广东就业,其次为上海交通大学,超过7成毕业生留在了上海。

相比而言,除了上海交通大学、华南理工大学、四川大学、山东大学留在本省的比例超过50%之外,其他高校留在本地的比例均不足50%,地处东北的哈尔滨工业大学仅为1/8左右,占比最低,而中国科学技术大学留在安徽的比例不到30%,大多数毕业生都流向了上海、广东和江苏。

表 7-2 14所985大学毕业生就业去向

地 区	高 校	留在本省份	非本省份就业 1	非本省份就业 2	非本省份就业 3
京津冀	清华大学	北京 (40.50%)	广东 (17.10%)	上海 (14.20%)	浙江 (4.90%)
京津冀	天津大学	天津 (32.78%)	北京 (17.22%)	广东 (8.13%)	上海 (5.22%)
长三角	上海交通大学	上海 (71.92%)	广东 (6.34%)	浙江 (4.55%)	北京 (3.86%)
长三角	南京大学	江苏 (45.45%)	上海 (12.93%)	浙江 (9.39%)	浙江 (8.22%)
长三角	中国科学技术大学	安徽 (27.30%)	上海 (17.60%)	江苏 (12.60%)	广东 (11.50%)
大湾区	华南理工大学	广东 (78.33%)	浙江 (2.18%)	北京 (1.91%)	上海 (1.77%)
中部	华中科技大学	湖北 (33.91%)	广东 (21.33%)	上海 (7.90%)	北京 (6.20%)
中部	中南大学	湖南 (34.75%)	广东 (19.39%)	湖北 (5.26%)	浙江 (4.57%)
西北	西安交通大学	陕西 (39.68%)	广东 (13.55%)	北京 (7.59%)	上海 (6.73%)
西南	四川大学	四川 (52.47%)	广东 (9.50%)	北京 (4.67%)	重庆 (3.96%)
西南	重庆大学	重庆 (34.81%)	四川 (15.06%)	广东 (10.09%)	上海 (—)
山东	山东大学	山东 (55.54%)	北京 (7.20%)	江苏 (5.90%)	广东 (5.40%)
东北	哈尔滨工业大学	黑龙江 (11.90%)	广东 (19.50%)	北京 (17.10%)	上海 (10.90%)
东北	吉林大学	吉林 (23.86%)	广东 (12.22%)	北京 (10.23%)	上海 (4.93%)

注：除哈工大为2019年本硕毕业生数据，华中科大为2020年本科毕业生数据，其他均为2020年本硕博毕业生数据
资料来源：各高校2020年就业质量报告

在高校的非本省就业地中，广东的出场率最高，为列入统计的所有高校的省外三大就业目的地，其吸引力可见一斑。广东之外，北京、上海、江苏、浙江等地的出场率也不低。北京对北方高校毕业生的吸引力位居前列，上海对长三角高校毕业生具有相当大的吸引力，江苏浙江对不同地区的高校都有一定吸引力，但影响力不及广东、北京和上海。

可以看到，地处安徽合肥的中国科学技术大学，在上海和江苏就业的占比超过了安徽省，这背后一方面是上海作为长三角龙头城市和全球科创中心的强大虹吸效应，另一方面，安徽与江苏毗邻，安徽多个地市成为南京都市圈的成员，江苏对于安徽的人口和人才的虹吸效应均十分突出。

■ 广东对中西部高校吸引力最强

整体来看，广东对全国知名高校毕业生都有较强的吸引力，而对中西部高校的吸引力最强，东北次之。

广东是清华大学、上海交通大学、华中科技大学、中南大学、四川大学、哈尔滨工业大学、吉林大学的省外第一就业目的地。超过17%的清华大学毕业生、超过20%的华中科技大学毕业生、近20%的中南大学毕业生、超过13%的西安交通大学毕业生选择广东作为就业地。

这些毕业生都到了哪些企业？

根据清华大学毕业生就业质量报告，就业人数超过20人的企业有21个，其中广东企业华为、腾讯科技位列前二，就业人数分别高达187人和80人。华中科技大学就业质量报告显示，在主要就业单位中，华为、腾讯、南方电网、美的等广东企业位居前列。西安交通大学也是如此，平安、华为、广汽、南方电网等企业的就业人数位居前列。以南京大学为例,在主要就业单位中,华为、腾讯、招商银行、美的位居前列。

广东是中国经济第一大省,也是制造业第一大省。不仅在电子信息、智能装备、汽车制造、生物医药、互联网、金融等方面有着强大的吸引力,而且坐拥广州、深圳两大一线城市,教育、科技、文化、医疗等行业也相当发达。相比于中西部地区,广州深圳等城市的收入水平相对较高,就业空间大,工作机会多,因此成了许多学子的第一选择。

■ 北京不吃香了?

与广东高校、上海高校毕业生绝大多数留在本地相比,北京顶尖名校毕业生留京就业人数不到一半。

数据显示,2013—2021年,清华大学本科毕业生留京比例从30.7%减少到16.1%,硕士生从56.1%减少到38.4%,博士生变化不大。北京大学本科毕业生留京比例从71.79%减少到42.33%,硕士毕业生从59.01%减少到45.63%,博士毕业生从65.63%减少到53.1%。

这些离开北京的毕业生,多数去了广东、上海、浙江、江苏、四川等地,其中广东占比最高。

毕业生为何在远离北京?

一个原因是北京落户门槛过高。即便是清华、北大的毕业生,想要在北京直接落户也不容易,如果没有"进京指标",落户过程相当漫长。相反,户籍门槛同样森严的上海,已经对清华北大应届毕业生放开了落户的绿色通道,而在广深等城市,大学生落户几乎没有门槛,更不用说清华北大毕业生了。

第二个原因是北京虽然综合实力突出,但并非经济中心和制造中心，与先进制造业相关的就业机会更多集中于广东和上海。北京是政治中心、文化中心、国际交往中心、科技创新中心，各大中央部委、金融决策部门云集于此，互联网、文化、科研等优势相对突出，吸引了全国各地的高学历人才，北大清华超过一半的博士生留京工作就是典型例证。不过，在金融业、高新制造业、信息技术、国际贸易等领域，广东、上海有一定领先优势，吸引了北京顶级名校的毕业生。

第三个原因是顶尖名校的学生纷纷挺进体制，部分选择到地方从政。据统计，北大毕业生到党政机关、事业单位、国有企业的合计占比高达76%，而去民营企业的不到15%。在主要就业单位里，除了大型央企、金融机构总部之外，最多的是各地的省委组织部。2019年，北大毕业生进入河北、福建、四川、广东、河南、山东、浙江、湖南省委组织部的人数分别为84人、55人、41人、26人、24人、19人、18人、17人。

这些因素，都促成了清华北大毕业生向其他省市的流动。

■ 留人大战

与抢人大战相比，京沪粤苏浙之外的省份普遍面临如何"留人"的问题。

作为大学生第二多、双一流学校数量位居前列的中部强省会，武汉多年前就已喊出了"留住百万大学生"的口号，力争打造对大学生最友好的城市。背景正是武汉高校毕业生纷纷向南走，留在湖北省的比例仅为三成左右。为此，武汉出台了一系列的政策，诸如携大学毕业证就可以"零门槛"落户、力争让大学毕业生低于市场价20%买房、研究制定合理的最低年薪制，等等。

与武汉面临同样困境的还有西安、合肥、长沙、兰州、哈尔滨、长春、沈阳等城市。长三角和珠三角对中西部的虹吸效应如此之大，以至于这些省份不得不将"留人"放在重要位置。合肥名校不多，但一个中国科学技术大学足以让其获得建设国家综合性科学中心的入门资格，但中科大的毕业生却只有不到3成留在安徽，合肥面临着上海、杭州、南京乃至广州、深圳等城市的全方位竞争，想要留住人才，除了放宽落户、发放补贴之外，只能从产业升级上着手。合肥先后建立起以家用电器、新型显示、新能源为代表的高新支柱产业，在"留人"上起到了一定作用。

东北城市的困境更为明显。哈尔滨工业大学的实力毋庸置疑，但由于黑龙江经济实力相对薄弱、产业结构过于单一，无法保证与高校人次相匹配的岗位供给，不得不任由高学历人才外流。值得一提的是，哈尔滨工业大学深圳校区录取分已经超过了位于黑龙江的本部，而哈工大深圳校区70%的毕业生选择在粤港澳大湾区就业，深圳、上海、广州、北京、杭州分别占比60.28%、6.38%、4.26%、3.55%、3.55%，这与其本部有大量人员奔向粤港澳大湾区可谓殊途同归，由此不难理解为何深圳特区录取分能超过本部。

经济留人，产业留人，补贴留人，这是坐拥双一流高校的中西部城市、东北城市不得不做出的选择。如果武汉、西安、哈尔滨、长春等地有朝一日能留下50%以上的毕业生，那么城市发展必然能上新台阶。

定居：回家乡还是大城市

每年春节，故乡都要"沦陷"一次。不过，也只是"沦陷"这一次，很快就被回归北上广的步伐打断。

逃离北上广，最终被证明只是一锅"鸡汤"；逃回北上广，则是再现实不过的现实。

在家乡和大城市之间，究竟该如何抉择？

■ 大城市更"宽容"

从乡村到城市，从小城市向大城市，这是城镇化发展的基本规律。

为什么人们要向大城市汇集？不仅是因为这里有一流的公共配套和相对完善的法治文明，高密度的企业和丰富的工作机会，而且因为只有在大城市才能找到丰富多彩的生活，更关键的是，相对于小县城，这里有更多不用靠关系就能成功的可能。

春节回乡的人普遍会感到不适应，亲戚间无处不在的攀比、对于权力的过度推崇……把人们在归途中田园牧歌式的想象打回原形。这倒不是我们变得势利或者孤高，而是两个世界的生存法则不太一样。乡村仍然是一个半熟人的世界，关系在其中仍旧发挥着举足轻重的作用，所以亲戚之间的攀比不免又变成财富与权力的攀比。而在大城市这个相对陌生的世界，关系不再那么紧密，陌生人之间只能接受一套冷漠的规则。

地方越小，关系型社会的束缚就越是严重。在大城市，至少你不依靠关系就能成功的可能性更大一些。

■ 从地铁到文化空间：大城市的馈赠

新鲜事物几乎都是从大城市开始向中小城市蔓延的。

数字货币是从深圳、苏州等地率先试点的，滴滴专车也是率先在北京、广州、深圳等城市上线，共享单车的扩张遵循的也是从一线向二线再到三四线拓展的路径，而麦当劳、星巴克的扩张也是从大城市开始的。即便全国有 200 多个城市生产总值突破了千亿元，但开通地铁的只有几十个城市，一些中小城市做了多年的"地铁梦"却难以实现。

新事物为什么几乎都是从大城市发端的？地铁为何不能向中小城市拓展？

原因很简单，大城市有足够多的人口。更准确地说，大城市有足够多异质性的人口。人口多了，就有了规模优势，交易成本和基础建设成本就会被摊薄。所以我们看到，大城市的地铁和公交线路能够无缝覆盖到角角落落，而小城市连公交车都寥寥无几。除了房价、医疗、教育之外，大城市诸多商品的价格甚至比小城镇还要便宜。

人口有异质性，这就意味着每一种口味都能寻觅到属于自己的天堂。众多的审美个性，决定了再小众的体验都会有存在的基础。这也就是在大城市里能找到各具特色的小酒馆、私厨的原因所在，也是我们能在一条街上吃到粤菜、湘菜、川菜、东北菜、西北菜、江浙菜、客家菜乃至猪肠碌的原因所在。

这在文化上体现得更为突出。虽然每一个城市都会有一座图书馆，但只有在大城市里，你才能看到私人博物馆、美术馆或各式沙龙乃至演唱会。

虽然经济发展和互联网的普及正在不断熨平大城市与小城镇之间的鸿沟，但有些差距始终是无法弥合的。

■ 大城市的问题

大城市的确有很多问题：交通拥堵、环境污染、房价高企、上学难、看病难……

就交通而言，在大城市里，太多的时间都浪费在了通勤上。根据住建部城市交通基础设施监测与治理实验室、中国城市规划设计研究院、百度地图慧眼联合发布的《2020年度全国主要城市通勤监测报告》，超大城市平均通勤时耗41分钟，特大城市37分钟，Ⅰ、Ⅱ型大城市分别为34、33分钟，而平均通勤距离分别为9.3公里、8.3公里、7.4公里、7.4公里（见图7-6）。超过1000万人正在承受60分钟以上的极端通勤之苦，其中，超大城市单程大于60分钟的中心城区通勤人口比重占18%，北京更是高达26%。

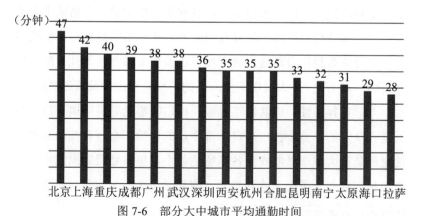

图7-6　部分大中城市平均通勤时间

资料来源：《2020年度全国主要城市通勤监测报告》、百度地图、中规院交通院

相比于房价，交通问题似乎显得没那么沉重。全国共有70多个城市房价突破万元大关，除了一些位于东部发达地区的三四线城市外，几乎所有强省会、经济强市都位列其中。就房价收入比而言，在大城市里，只有"让炒房团有去无回"之称的长沙处于相对合理水平，其他城市都超出了正常范围，最高的深圳房价收入比超过30，意味着一套房子的价格相当于家庭年收入的30倍，一个家庭靠自己的收入，不吃不喝要30年才能买得起一套房。在这样的背景下，许多家庭在城市里只是为了寻找一块落脚之地，难言宜居。

除此之外，教育问题也成了许多家庭的不能承受之重。大城市的教育资源远比中小城市更为丰富，但为此付出的代价也更为高昂。不说学区房动辄数百万元乃至上千万元，单单上培训班就已让许多家庭不堪重负。

这是我们涌入大城市寻找无限可能之时，必然要付出的代价。相比于所能体验的丰富多彩的生活，相比于更大可能的上升空间，相比于虽然显得冷漠但秩序井然的都市法则，这些代价或许都不再是问题。

■ 适合自己的才是最好的

乡村不是田园牧歌式的，大城市也不是想象得那么差劲，不是每个人都有逃离北上广的资本……这是经过这么多年"返乡体"的悲情熏烧后我们应该明白的基本现实。

人们青睐大城市，不仅因为大城市有一流的公共环境有无数的工作机会，还在于大城市更缺少关系社会的羁绊，有依靠奋斗就能成功的更大可能。

与大城市相比，小城市普遍只存在两个行业：体制内和个体户。要么拥抱政府机关、事业单位和国有企业，要么作为个体户，中间几乎没有可供自由选择的就业空间。

如果说大城市的住房、教育、医疗等问题成了重负，那么在新一轮房价上行之时，中小城市的房价早已脱离了合理空间。目前已有部分县城房价破万元，而大多数县城房价都已攀升到6000～8000元，相比于只有三四千元的平均工资，这样的房价负担同样不低。

说到底，适合自己才是最好的。如果想要寻求安稳的生活，且与父母相依相伴，小城市的体制内或许是好的选择。如果想要获取更高的收入、追求更具挑战性的生活，体验更加丰富多彩的人生，大城市或许能提供更多空间。

养老：大城市还是沿海小城镇

中国即将步入深度老龄化社会，养老已经成为上亿人的刚需。

与高考、就业和投资逻辑不同，养老看重的不是经济实力和就业空间，而是生态环境、医疗设施、生活便利性和居住成本。一个地方如果空有良好的生态环境却无相应的医疗配套，或者医疗配套一流但成本高昂且不宜居，都谈不上是养老意义上的好城市。

从空气质量、宜居环境、基础设施和医疗资源来看，大城市与沿海小城镇，究竟哪里适合养老？

■ 空气质量：南方普遍优于北方

随着污染防治攻坚战阶段任务的完成，中国空气质量得到全面改善。多年前让许多大城市备受困扰的雾霾、沙尘暴等问题基本不复存在，空气质量优良的城市越来越多。

根据生态环境部发布的《2020 中国生态环境公报》，全国 337 个地级及以上城市中，202 个城市空气质量达标，占全部城市的 59.9%。如果不扣除沙尘暴影响，达标城市比例为 56.7%。与 2015 年相比，空气达标城市从 73 个增加到 202 个，占比从 21.6% 提升到 59.9%，PM2.5 年均浓度从 50 微克降至 33 微克 / 立方米。

其中，17 个城市优良天数 100%，243 个城市优良天数 80%～100%。空气质量排名最高的 20 个城市分别是海口、拉萨、舟山、厦门、黄山、深圳、丽水、福州、惠州、贵阳、珠海、雅安、台州、中山、肇庆、昆明、南宁、遂宁、张家口、东莞。这些城市多数都是沿海城市、旅游城市，且除了张家口，其他都是南方城市。空气质量排名最后的10个城市分别是安阳、石家庄、太原、唐山、邯郸、临汾、淄博、邢台、鹤壁、焦作（见表7-3）。这些城市全部位于北方，且多数都是资源型城市，以煤炭、钢铁、化工等产业为主，既是空气污染治理的重要对象，也是"碳中和"和"碳达峰"战略落地压力最大的城市。

表7-3 主要城市空气质量排行

排名	城市	排名	城市
1	海口市	倒1	安阳市
2	拉萨市	倒2	石家庄市
3	舟山市	倒3	太原市
4	厦门市	倒4	唐山市
5	黄山市	倒5	邯郸市
6	深圳市	倒6	临汾市
7	丽水市	倒7	淄博市
8	福州市	倒8	邢台市
9	惠州市	倒9	鹤壁市
10	贵阳市	倒10	焦作市
11	珠海市	倒11	济南市
12	雅安市	倒12	枣庄市
12	台州市	倒13	咸阳市
14	中山市	倒14	运城市
15	肇庆市	倒15	渭南市
16	昆明市	倒16	新乡市
17	南宁市	倒17	保定市
18	遂宁市	倒17	阳泉市
19	张家口市	倒19	聊城市
20	东莞市	倒20	滨州市

资料来源：2020中国生态环境状况公报

不难看出，单纯就空气质量而言，南方城市普遍优于北方城市，沿海城市普遍优于内陆城市，而海南、长三角和粤闽浙城市群空气质量普遍优于京津冀、西北和东北地区。

■ 宜居环境：沿海、旅游城市胜出

什么样的城市算是"宜居"？

根据中国科学院发布的《中国宜居城市研究报告 2020》，青岛、昆明、三亚、大连、威海、苏州、珠海、厦门、深圳、重庆宜居指数排名前 10，而北京和广州宜居指数分别为 56.24 分和 56.78 分，分别位居倒数第一名和第二名。

这一排行，是基于城市安全性、公共服务设施方便性、自然环境宜人性、社会人文环境舒适性、交通便捷性和环境健康性等 6 大指标而来。研究表明，城市安全性、环境健康性和交通便捷性已成为当前制约中国宜居城市建设的三大短板，北京、广州等地之所以排名垫底，主要是环境和交通因素所致。

大城市都不乏交通便捷的优势，但却难以摆脱交通拥堵的"城市病"。而中小城市在交通便捷性上处于劣势，这使得许多生态环境不错的旅游城市，受制于交通通达性而未能成为主流选择。如云南西双版纳、贵州兴义等，与北上广深相距遥远，无论是通过航空还是高铁，均需要耗费不少时间和资金，反不如厦门、珠海这些成熟地区交通更为便捷。

事实上，除了这 6 个指标，房价也是衡量城市是否宜居的重要标志之一。生态环境突出的旅游城市房价普遍不低，厦门房价超过广州，三亚房价超过成都武汉，大理丽江房价与二线省会不相上下，即便是位于边境的西双版纳，房价都一度迈过万元大关。

宜居与否，涉及多个层面，但最绕不开的当数生态环境。单纯从自然生态环境来看，宜居城市至少有三个类型：一是气候温和，不热不冷，阳光充足；二是拥有一流海景，水清沙洁，给人以度假的感觉；三是兼具自然和人文底蕴。

第一类城市，云南昆明、贵州兴义、四川攀枝花是代表。昆明有"春城"之称，明代文学家杨慎有"天气常如二三月，花枝不断四时春"之句。昆明年平均气温只有16℃，即便是炎炎夏日，温度也很少超过30℃，冬天下雪更是极为罕见。贵州兴义地处黔、滇、桂三省区交界处，属于亚热带山地季风湿润气候，位于北纬25度、东经104～116度，平均海拔大约为1300米，为全球公认的黄金气候生态带。四川攀枝花虽是因钢铁产业而兴的城市，但地处河谷地带，一年到头阳光明媚，全年日照时数2700小时，冬季温暖，夏季凉爽。

第二类城市，以三亚、珠海、厦门等为代表。面朝大海，春暖花开，海景房让许多人心向往之。中国有1.8万公里的海岸线，拥有海景的城市不计其数，但海景资源质量参差不齐。有些地区海边污染相对严重，海水不够清澈，缺乏好的沙滩，还有一些地区冬季漫长，即使海景资源不错，也很难作为主要养老定居之地。

第三类城市，以云南大理、云南丽江、广西桂林为代表。这些地方既有一流的自然风光，又不乏人文历史底蕴。旅游资源丰富，人文生态良好，加上机场通达全国多个城市，因此成了许多人出游的第一选择。

■ 医疗资源：集中于大城市

中国的医疗资源集中于大城市，尤其是以北上广等为代表的超大特大城市。医院、床位和医师数量，可以衡量各地医疗资源的丰富程度。而医疗是否发达，则要看顶尖医院的数量和集聚度，三甲医院和百强医院可以作为参考。从三甲医院来看，根据国家卫健委提供的数据，目前全国医疗机构高达99.7万个，但三甲医院仅有1516所，而内地目前有300多个地级及以上城市，每个城市平均不足4家。拥有三甲医院最多的十个省份是：广东、山东、四川、江苏、湖北、黑龙江、浙江、辽宁、河南、北京（见图7-7）。

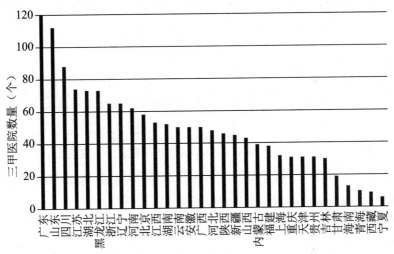

图 7-7　三甲医院分布情况

资料来源：中国社会统计年鉴2020

可见，优质的三甲医院资源主要集中于东部发达地区和一二线大城市，尤以北上广为最。

再看百强医院。三甲医院可以视为医院中的最高层级，那么百强医院则是所有医院中的最优秀者，代表着各城市医疗水平的高度。

根据复旦大学医院管理研究所发布的中国医院排行榜，北京、上海、广州遥遥领先，三大一线城市的百强医院占了近半比例，而另一个一线城市——深圳，则无一入围。在北上广之后，传统省会成为百强医院的最大拥有者。这其中，西安、武汉、杭州、重庆、南京均为 5 所，成都为 4 所，济南、天津、长沙、沈阳都是 3 所。

不难发现，这些城市都是传统的大区中心，也是教育资源相对发达的地区，这些城市入围的医院多数都属于重点高校的附属学院。北京有北大一院、协和，上海有上交瑞金、复旦华山，广州有中大附属医院，武汉则有华中科大的同济医院和协和医院，成都有四川大学的华西医院，长沙有中南大学的湘雅医院。这是历史积累带来的馈赠，也是医科教育反哺医疗实力的最佳例证。

■ 大城市还是沿海小城镇？

大城市有大城市的好处，沿海小城镇有沿海小城镇的优势。

大城市基础设施完善，养老资源尤其是医疗资源充足，但也面临着房价高企、污染严重、生活成本相对高等一系列问题。当然，如果在大城市有了住房和养老金等基础条件，选择靠近医院、公园的社区进行居家养老，不失为理想选择。

即便是选择养老机构，大城市在这方面也有诸多优势。比如老龄化率居高不下的上海将"老年友好型社会"作为建设目标。2020 年全市共有养老机构 729 家，床位 16.12 万张。到 2025 年，养老床位总数将达到 17.8 万张，护理型床位占比达到 60%。

相比而言，沿海小城市空气优良、生态环境一流，且无人口拥挤、交通拥堵、生活成本高等"大城市病"，但小城镇最大的问题在于基础设施不完善、医疗资源不足。一些生态良好或气候适宜的小城市，如云南西双版纳、贵州兴义、四川攀枝花等，地处偏远，离大城市较远，从其他地区抵达不便，这无疑增加了通达成本，减少了其吸引力。还有一些沿海小城镇，论生态论宜居远远超过内陆城市，但由于许多小区居民多为"候鸟群体"，只有冬天入住率才会提高，平时由于人口稀少，无法支撑大规模的公共交通运营，更不足以支撑三甲医院的运营。

乳山地处山东威海市，是名副其实的滨海城市，虽然海景资源不差，但房价却遭遇了跌回"白菜价"的尴尬。一个原因是海景房供给过剩，大量海景房陷入空置的境地，同时由于入住者寥寥，无论是基础设施还是商业配套，都难以跟上。没有人口规模作为支撑，学校开不起来，医院会赔本，商场更不会轻易入驻，由此陷入恶性循环。

能在这几者之间取得均衡的城市并不多，具有代表性的有海南大三亚地区，广东珠海，福建厦门，云南大理丽江等。三亚是我国唯一处于热带地区的滨海城市，海景资源一流，水清沙洁，而且在自贸港政策的支持之下，基础设施日益完善，医疗资源不断升级，商业、产业都在不断发展，适合作为海滨养老的选择。珠海和厦门同样拥有城市发达、基础设施完善、医疗资源充足和海景资源优质的特点，但与三亚一样存在房价过高的短板，不过三亚周边仍有不少选择，大三亚地区有房价相对合理的地方，而厦门、珠海整体房价过高，超出了许多人的承受能力。

当然，对于有条件者，一半时间在大城市养老，一半时间到沿海或旅游城市养老，不失为更加完美的选择，但不是每个人都有这种条件。无论如何，养老一定要将基础设施和医疗资源放在首位，空气质量和宜居环境可作为附加选择。如果鱼和熊掌不可兼得，那么一定要选择最具性价比的地方。

参考文献

[1] 爱德华·格莱泽. 城市的胜利 [M]. 上海：上海社会科学院出版社，2012.

[2] 白吉尔. 上海史：走向现代之路 [M]. 上海：上海社会科学院出版社，2014.

[3] 陈钊，陆铭. 迈向社会和谐的城乡发展：户籍制度的影响及改革 [M]. 北京大学出版社，2015.

[4] 大前研一. 低欲望社会：人口老龄化的经济危机与破解之道 [M]. 北京：机械工业出版社，2018.

[5] 道格·桑德斯. 落脚城市：最终的人口大迁徙与世界未来 [M]. 上海：上海译文出版社，2012.

[6] 樊纲等. 双循环：构建十四五新发展格局 [M]. 北京：中信出版集团股份有限公司，2021.

[7] 黄奇帆. 结构性改革：中国经济的问题与对策 [M]. 北京：中信出版集团股份有限公司，2020.

[8] 黄奇帆. 分析与思考：黄奇帆的复旦经济课 [M]. 上海：上海人民出版社，2020.

[9] 华生. 城市化转型与土地陷阱 [M]. 北京：东方出版社，2013.

[10] 景跃进，陈明明，肖滨. 当代中国政府与政治 [M]. 北京：中国人民大学出版社，2016.

[11] 克劳斯·施瓦布，蒂埃里·马勒雷. 后疫情时代：大重构 [M]. 北京：中信出版集团股份有限公司，2020.

[12] 陆铭. 大国大城：当代中国的统一、发展与平衡 [M]. 上海：上海人民出版社，2016.

[13] 陆铭. 空间的力量：地理、政治与城市发展 [M]. 上海：格致出版社，2013.

[14] 梁建章，黄文政. 人口创新力 [M]. 北京：机械工业出版社，2018.

[15] 林毅夫. 解读中国经济：聚焦新时代的关键问题 [M]. 北京：北京大学出版社，2018.

[16] 李子彬. 我在深圳当市长 [M]. 北京：中信出版集团股份有限公司，2020.

[17] 马光荣. 中国财政分权的成就与代价：地方政府激励的视角 [M]. 北京：中国人民大学出版社，2019.

[18] 彭文生. 渐行渐近的金融周期 [M]. 北京：中信出版集团股份有限公司，2017.

[19] 任泽平，马家进，连一席. 新基建：全球大变局下的中国经济新引擎 [M]. 北京：中信出版集团股份有限公司，2020.

[20] 盛松成，宋红卫，汪恒. 房地产与中国经济 [M]. 北京：中信出版集团股份有限公司，2020.

[21] 藤田昌久，保罗·R.克鲁格曼，安东尼·J.维纳布尔斯. 空间经济学：城市、区域与国际贸易 [M]. 北京：中国人民大学出版社，2013.

[22] 温铁军. 八次危机：中国的真实经验 [M]. 北京：东方出版社，2013.

[23] 吴晓波. 激荡十年，水大鱼大：中国企业2008—2018[M]. 北京：中信出版集团股份有限公司，2020.

[24] 夏磊，任泽平. 全球房地产 [M]. 北京：中信出版集团股份有限公司，2020.

[25] 叶曙明. 广州传 [M]. 广州：广东人民出版社，2020.

[26] 周黎安. 转型中的地方政府：官员激励与治理 [M]. 上海：上海世纪出版集团，2017.

[27] 周其仁. 城乡中国 [M]. 北京：中信出版集团股份有限公司，2017.

[28] 张军，范子英，方红生. 登顶比赛：理解中国经济发展的机制 [M]. 北京：北京大学出版社，2015.

[29]《债务的边界》课题组. 债务的边界 [M]. 北京：中国金融出版社，2020.